全球减贫与发展经验分享系列
The Sharing Series on Global Poverty Reduction
and Development Experience

国际减贫理论与前沿问题
（2023）

Theory and Frontier Issues in International
Poverty Reduction

中国国际扶贫中心　编著

中国财经出版传媒集团

经济科学出版社
Economic Science Press

·北 京·

图书在版编目（CIP）数据

国际减贫理论与前沿问题. 2023/中国国际扶贫中
心编著. —— 北京：经济科学出版社，2023.7
ISBN 978 - 7 - 5218 - 4780 - 2

Ⅰ. ①国…　Ⅱ. ①中…　Ⅲ. ①贫困问题 - 世界 - 文集
Ⅳ. ①F113. 9 - 53

中国国家版本馆 CIP 数据核字（2023）第 090174 号

责任编辑：吴　敏
责任校对：杨　海
责任印制：张佳裕

国际减贫理论与前沿问题（2023）
中国国际扶贫中心　编著
经济科学出版社出版、发行　新华书店经销
社址：北京市海淀区阜成路甲 28 号　邮编：100142
总编部电话：010 - 88191217　发行部电话：010 - 88191522
网址：www. esp. com. cn
电子邮箱：esp@ esp. com. cn
天猫网店：经济科学出版社旗舰店
网址：http://jjkxcbs. tmall. com
北京季蜂印刷有限公司印装
710×1000　16 开　16. 25 印张　260000 字
2023 年 11 月第 1 版　2023 年 11 月第 1 次印刷
ISBN 978 - 7 - 5218 - 4780 - 2　定价：68. 00 元
（图书出现印装问题，本社负责调换。电话：010 - 88191545）
（版权所有　侵权必究　打击盗版　举报热线：010 - 88191661
QQ：2242791300　营销中心电话：010 - 88191537
电子邮箱：dbts@ esp. com. cn）

"全球减贫与发展经验分享系列"
编 委 会

《国际减贫理论与前沿问题 2023》
编写组

中国国际扶贫中心

刘俊文　徐丽萍　贺胜年　刘欢欢　姚　远

南京师范大学

刘　震　赵　星　高富岗　焦　喜　李若彤

蔡人杰　陈新芽　洪　莹　国怡凡

总　　序

　　消除贫困是人类梦寐以求的理想，人类发展史就是与贫困不懈斗争的历史。中国拥有 14 亿人口，是世界上最大的发展中国家，基础差、底子薄，发展不平衡，长期饱受贫困问题困扰。消除贫困、改善民生、实现共同富裕是社会主义的本质要求，是中国共产党的重要使命。为兑现这一庄严政治承诺，100 多年来，中国共产党团结带领中国人民，以坚定不移、顽强不屈的信念和意志与贫困进行了长期艰苦卓绝的斗争。改革开放以来，中国实施了大规模、有计划、有组织的扶贫开发，着力解放和发展社会生产力，着力保障和改善民生，取得了前所未有的伟大成就。2012 年党的十八大以来，以习近平同志为核心的党中央把脱贫攻坚摆在治国理政的突出位置，习近平总书记亲自谋划、亲自挂帅、亲自督战，推动实施精准扶贫精准脱贫基本方略，动员全党全国全社会力量，打赢了人类历史上规模空前、力度最大、惠及人口最多的脱贫攻坚战。

　　脱贫攻坚战的全面胜利，离不开有为政府和有效市场的有机结合。八年间，以习近平同志为核心的党中央加强对脱贫攻坚的集中统一领导，发挥中国特色社会主义制度能够集中力量办大事的政治优势，把减贫摆在治国理政的突出位置，为脱贫攻坚提供了坚强政治和组织保证。广泛动员市场、社会力量积极参与，实施"万企帮万村"等行动，鼓励民营企业和社会组织、公民个人参与脱贫攻坚，促进资金、人才、技术等要素向贫困地区集聚。截至 2020 年底，现行标准下 9899 万农村贫困人口全部脱贫，832 个贫困县全部摘帽，12.8 万个贫困村全部出列，区域性整体贫困得到解决，完成了消除绝对贫困的艰巨任务，建成了世界上规模最大的教育体系、社会保障体系、医疗卫生体系，实现了快速发展与大规模减贫同步、经济转型与消除绝对贫困同步。

一直以来，中国始终是世界减贫事业的积极倡导者、有力推动者和重要贡献者。按照世界银行国际贫困标准，改革开放以来，中国减贫人口占同期全球减贫人口70%以上，占同期东亚和太平洋地区减贫人口的80%。占世界人口近五分之一的中国全面消除绝对贫困，提前10年实现《联合国2030年可持续发展议程》减贫目标，不仅是中华民族发展史上具有里程碑意义的大事件，也是人类减贫史乃至人类发展史上的大事件，为全球减贫事业发展和人类发展进步作出了重大贡献。

中国立足自身国情，把握减贫规律，走出了一条中国特色减贫道路，形成了中国特色反贫困理论，创造了减贫治理的中国样本。坚持以人民为中心的发展思想，坚定不移走共同富裕道路，是扶贫减贫的根本动力。坚持把减贫摆在治国理政突出位置，从党的领袖到广大党员干部，目标一致、上下同心，加强顶层设计和战略规划，广泛动员各方力量积极参与，完善脱贫攻坚制度体系，保持政策连续性、稳定性。坚持用发展的办法消除贫困，发展是解决包括贫困问题在内的中国所有问题的关键，是创造幸福生活最稳定的途径。坚持立足实际推进减贫进程，因时因势因地制宜，不断调整创新减贫的策略方略和政策工具，提高贫困治理效能，精准扶贫方略是打赢脱贫攻坚战的制胜法宝，开发式扶贫方针是中国特色减贫道路的鲜明特征。坚持发挥贫困群众主体作用，调动广大贫困群众积极性、主动性、创造性，激发脱贫内生动力，使贫困群众不仅成为减贫的受益者，也成为发展的贡献者。

为防止出现返贫和产生新的贫困，脱贫攻坚战全面胜利后，中国政府设置了5年过渡期，着力巩固拓展脱贫攻坚成果，全面推进乡村振兴。按照党的二十大部署，在以中国式现代化全面推进中华民族伟大复兴的新征程上，中国正全面推进乡村振兴，建设宜居宜业和美乡村，向着实现人的全面发展和全体人民共同富裕的更高目标不断迈进。中国巩固拓展脱贫成果和乡村振兴的探索和实践，将继续为人类减贫和乡村发展提供新的中国经验和智慧，为推动构建没有贫困的人类命运共同体贡献中国力量。

面对国际形势新动向新特征，习近平总书记提出"一带一路"倡议、全球发展倡议等全球共同行动，将减贫作为重点合作领域，致力于推动构建没有贫困、共同发展的人类命运共同体。加强国际减贫与乡村发展经验分享，助力全球减贫与发展进程，业已成为全球广泛共识。为此，自2019年起，中国国际扶贫中心与比尔及梅琳达·盖茨基金会联合实施国际合作项目，始终坚持站在未来的角度、政策的高度精心谋划项目选题，引领国内外减贫与乡村发展前沿热点和研究走向。始终坚持将中国减贫与乡村发展经验与国际接轨，通过国际话语体系阐释中国减贫与乡村振兴道路，推动中国减贫与乡村发展经验的国际化传播。至今，已实施了30余个研究项目，形成了一批形式多样、影响广泛的研究成果，部分成果已在相关国际交流活动中发布。

为落实全球发展倡议，进一步促进全球减贫与乡村发展交流合作，中国国际扶贫中心精心梳理研究成果，推出四个系列丛书，包括"全球减贫与发展经验分享系列""中国减贫与发展经验国际分享系列""国际乡村发展经验分享系列"和"中国乡村振兴经验分享系列"。

"全球减贫与发展经验分享系列" 旨在跟踪全球减贫进展，分析全球减贫与发展趋势，总结分享各国减贫经验，为推动《联合国2030年可持续发展议程》、参与全球贫困治理提供知识产品。该系列主要包括"国际减贫年度报告""国际减贫理论与前沿问题"等全球性减贫知识产品，以及覆盖非洲、东盟、南亚、拉丁美洲及加勒比地区等区域性减贫知识产品。

"中国减贫与发展经验国际分享系列" 旨在讲好中国减贫故事，向国际社会分享中国减贫经验，为广大发展中国家实现减贫与发展提供切实可行的经验。该系列聚焦中国精准扶贫、脱贫攻坚和巩固拓展脱贫攻坚成果的经验做法，基于国际视角梳理形成中国减贫经验分享的知识产品。

"国际乡村发展经验分享系列" 聚焦国际乡村发展历程、政策和实践，比较中外乡村发展经验和做法，为全球乡村发展事业提供交流互鉴的知识产品。该系列主要包括"国际乡村振兴年度报告"

"乡村治理国际经验比较分析报告""县域城乡融合发展与乡村振兴"等研究成果。

"中国乡村振兴经验分享系列"聚焦讲好中国乡村振兴故事，及时总结乡村振兴经验、做法和典型案例，为国内外政策制定者和研究者提供参考。该系列主要围绕乡村发展、乡村规划、共同富裕等议题，梳理总结有关政策、经验和实践，基于国际视角开发编写典型案例等。

最后，感谢所有为系列丛书顺利付梓付出辛勤汗水的相关项目组、出版社和编辑人员，以及关心和支持中国国际扶贫中心的政府机构、高校和科研院所、社会组织和各界朋友。系列丛书得到了比尔及梅琳达·盖茨基金会的慷慨资助以及盖茨基金会北京代表处的悉心指导和帮助，在此表示衷心感谢！

全球减贫与乡村发展是动态的、不断变化的，书中难免有挂一漏万之处，敬请读者指正！

刘俊文

中国国际扶贫中心主任

2023 年 8 月

目　　录

第三部分　全球化发展与减贫新机遇

第一部分

减贫与发展前沿问题

经济增长是否能够减少多维贫困？[*]

——来自中低收入国家的证据

普伽·巴拉苏巴拉马尼安、弗朗西斯科·布尔奇、丹尼尔·马勒巴[**]

摘　要：长期以来，有关经济增长与贫困之间关系的文献大多从绝对贫困的视角进行实证研究，而忽视了经济增长与多维贫困之间的关系。本文以中低收入国家为样本，通过收集 1990～2018 年 91 个中低收入国家的不平衡面板数据（这是迄今为止的最大样本容量及时间跨度），测算 G-CSPI 和 G-M0 这两个多维贫困指数，并评估多维贫困与经济增长之间的弹性关系。在回归分析中，对数据进行一阶差分后估计出多维贫困的增长弹性，研究发现，使用 G-CSPI 指数的多维贫困的增长弹性为 -0.46，使用 G-M0 指数则为 -0.35。这表明，GDP 每增长 10%，将使多维贫困减少约 4%～5%。然而，这一作用机制存在异质性，在第二个时间段（2001～2018 年）和初始贫困水平较低的国家，多维贫困的增长弹性更高。此外，比较分析表明，绝对贫困对经济增长的弹性是多维贫困的 5～8 倍。最后，我们得出研究结论：经济增长是缓解多维贫困的重要手段，且经济增长对多维贫困的影响远低于对绝对贫困的影响，应积极制定各类社会政策来缓解多维贫困。

关键词：多维贫困；经济增长；收入贫困；计量经济学分析；跨国分析

一、引　言

关于仅靠经济增长能否、在多大程度上以及在何种条件下能够显著缓解贫

---

　　[*] 本文原文请参见 https://www.sciencedirect.com/science/article/pii/S0305750X22003096。

　　[**] 作者简介：普伽·巴拉苏巴拉马尼安（Pooja Balasubramanian）、弗朗西斯科·布尔奇（Francesco Burchi）、丹尼尔·马勒巴（Daniele Malerba）均供职于德国发展与可持续研究所（IDOS）。

困等重要问题，学术界存在着多种不同的看法。评估优先发展的必要性并确定哪种增长能有效地缓解本国的贫困至关重要，因为它涉及《联合国2030年可持续发展议程》中两个可持续发展目标（SDG）之间的联系，即"在全世界消除一切形式的贫困"（SDG1）与"促进持久、包容和可持续经济增长、充分的生产性就业以及人人获得体面工作"（SDG8）。

已有文献尚未就经济增长对贫困的影响得出一致的结论，差异主要集中在以下几方面：一是计量方法（如国际或国内时间序列分析）；二是研究样本国家；三是贫困衡量标准。由于第三点特别重要，我们根据相对贫困和绝对贫困这两种不同的概念和衡量贫困程度的不同方法，对现有情况进行了研究。

一些研究采用了相对贫困的衡量方法，将重点放在底层的贫困人口，评估全球背景下贫困对经济增长的弹性关系，即估算由于经济增长1%而导致的收入贫困的百分比变化。多拉尔和克雷（Dollar and Kraay, 2002）以及其他学者，如罗默和古格蒂（Roemer and Gugerty, 1997），盖洛普、拉德列和华纳（Gallup, Radelet and Warner, 1999），发现了一致的弹性关系：最底层1/5人口的收入与平均收入成比例增长。在最近的一项研究中，多拉尔、克莱恩伯格和克雷（Dollar, Kleineberg and Kraay, 2016）基于更多的国家和数据，参考多拉尔和克雷（Dollarg and Kraay, 2002）的方法，测算了底层20%和底层40%贫困人口的收入对经济增长的单位弹性。虽然这种分析增长与贫困关系的方法在很大程度上推动了相关政策的出台，但也引起了一些争议。首先，最底层1/5人口的实际经济状况因国家而异，因为这一群体可能包括来自富裕国家的全球中产阶级和最贫穷国家的极端赤贫人口（Foster and Székely, 2008）。其次，学者们对这些结果的解释及其在政策领域可能的误用表示担忧，最贫穷的1/5人口的收入与平均收入成比例增加，这实际上意味着这部分人口与其他人口之间的绝对差距在增加（Ravallion, 2001; Klasen, 2006）。

另一部分文献采用了绝对贫困的衡量标准，使用基于国际极端贫困线的贫困发生率或贫困差距（Ravallion and Chen, 1997; Ravallion, 2001; Adams, 2004）。这些跨国研究表明，用贫困发生率衡量的贫困—增长弹性通常小于 -2，即GDP增长1%导致贫困人口比例下降2%左右。

这些文献一致指出，在检验贫困—增长弹性时，必须考虑到随时间变化的不平等情况（Bourguignon, 2003; World Bank, 2005; Klasen, 2006; Adams,

2004；Fosu，2015；Crespo Cuaresma，Klasen and Wacker，2022）。对于收入贫困—增长弹性而言，不平等的作用非常简单：当不平等减少时，经济增长有助于减少与收入相关的贫困。此外，许多研究发现，收入不平等的变化会影响贫困—增长弹性（Adams，2004；World Bank，2005；Fosu，2015）。

我们赞同贫困的多维观点，参与了关于经济增长与贫困之间关系的更广泛讨论。经过几十年的学术和政策辩论（例如，Sen，1985，1992；UNDP，2010），《联合国2030年可持续发展议程》提出贫困是一种多维现象。可持续发展目标1（SDG1）有两个主要目标：目标1.1涉及绝对贫困，而目标1.2要求将"陷入各种形式贫困的各年龄段男女和儿童减半"。因此，了解经济增长在缓解多维贫困方面的作用至关重要。然而，关于这一关系的实证研究却极少。大部分研究定性地描述了一国GDP和多维贫困的趋势，并讨论了两者之间的关系，而没有采用正式的统计推断（Djossou，Kane and Novignon，2017；Tran，Alkire and Klasen，2015）。只有少数研究使用截面数据来研究GDP变化与多维贫困的简单相关性。例如，在研究印度各邦的情况时，塞思和阿尔基尔（Seth and Alkire，2021）发现GDP的绝对变化与全球多维贫困指数（MPI）之间存在微弱的负相关。阿尔基尔等（Alkire et al.，2017）发现27个撒哈拉以南非洲国家的经济增长与多维贫困变化之间没有显著关系，而布尔奇等（Burchi et al.，2019）在51个中低收入国家样本中发现了微弱的负相关关系。

桑托斯、达鲁斯和德尔比安科（Santos，Dabus and Delbianco，2019）试图评估经济增长和多维贫困的因果效应。他们使用1999～2014年78个国家的情况，使用一阶差分法（FDE）得出经济增长对全球MPI的负面影响（Alkire and Santos，2014）。

我们通过研究经济增长对中低收入国家多维贫困的影响，补充了这一领域的文献缺失。我们通过两个指数来衡量多维贫困：全球相关敏感贫困指数（G-CSPI）和全球M0（G-M0）（Burchi et al.，2021，2022）。这两个指数与全球MPI相比有一个重要优势：它们是在个人层面而不是在家庭层面计算的，涵盖15～65岁的人口。此外，这两个指数关系紧密：G-CSPI是分布敏感的，因为它解释了贫困人口之间的不平等，但无法进一步分解以评估每个维度的相对贡献，而G-M0则相反。因此，使用这两个指数，我们可以检查结果的稳健性，并且在类似的情况下得出更可靠的结论。

　　我们基于更多的国家（91个）和更长的时间段（1990～2018年）进行研究，目的是估算贫困—增长弹性，检查这种弹性是否随时间变化，比较收入和多维贫困的弹性。

　　我们的分析结果显示，经济增长对多维贫困具有统计上显著的负面影响，但其弹性远低于1，甚至低于桑托斯等（Santos et al.，2019）的研究中测算出的弹性。我们发现，GDP增长10%会使多维贫困减少4.6%或3.5%，这取决于我们是否使用G-CSPI或G-M0作为因变量。而且，结果存在异质性：与前一个时间段相比，2001～2018年的弹性更高，且初始贫困水平较低的国家的弹性也更高。另外，经济增长在减少基于收入的贫困方面的能力大大高于减少多维贫困的能力。收入贫困对增长的弹性比多维贫困的弹性高5～8倍，这取决于所采用的多维贫困的衡量标准。

　　本文其余部分的结构如下：第二部分说明了数据来源和多维贫困指数构建方式，第三部分介绍了计量模型，第四部分为研究结果，第五部分是研究结论。

二、数据*

（一）多维贫困指数

　　本研究使用了两个新的多维贫困指数：G-CSPI和G-M0（Burchi et al.，2021；Burchi et al.，2022）。它们考虑了贫困的三个同等重要的基本维度：教育、工作和健康。不能读或写的人被视为被剥夺了教育维度；同样，从事低质量、低收入工作的个人或失业者被定义为工作维度的贫困。此外，鉴于获得安全饮用水或适当卫生设施在预防和治疗多种疾病中起着至关重要的作用，无法获得这些服务的个人被视为被剥夺了健康维度（Cameron et al.，2021）。① 与MPI（Alkire and Santos，2014）和世界银行（2018）最近在家庭层面计算的多

---

　　* 本文的补充数据请参见：https：//\/doi. org\/101016\/j. worlddev. 2022. 106119。
　　① 布尔奇等（Burchi et al.，2021）提供了有关G-CSPI的维度、指标、阈值、权重和总体结构的详细信息。

维贫困衡量标准不同，G-CSPI 和 G-M0 是在个人层面构建的。[①] 这是一个关键特征，因为它不需要对家庭成员之间的资源或能力分配进行任何假设。同时，必须强调的是，这些指数仅涵盖 15～65 岁的人口，相当于中低收入国家人口的约 64%（Burchi et al.，2022）。

我们使用这两种不同的指数，因为它们采用了两种不同的贫困衡量标准，各有优劣。G-CSPI 使用里平（Rippin，2014，2017）构建的衡量更大的家庭的相关敏感多维贫困的指数 CSPI，用于序数/二进制变量的情况。这一衡量标准隐含地使用了多维变量，因此，如果一个人被剥夺了所考虑的任一维度（此处为三个维度），那么他们就被视为多维贫困。给定 n 个个体（$i = 1, \cdots, n$），CSPI 可以表示为：

$$CSPI = \frac{1}{n} \sum_{i=1}^{n} \left[c_i(x_i; z) \right]^2 \tag{1}$$

其中，c_i 是个人 i 被剥夺的维度总和除以剥夺维度的总数（3），也称为个人加权剥夺计数。该个体加权剥夺计数取决于个体成就向量 $\left[x_i = (x_{i1}, x_{i2}, x_{i3}) \right]$ 和维度分界线向量 $\left[z = (z_1, z_2, z_3) \right]$。[②] 因此，CSPI 是个体加权剥夺计数的平方平均值。[③]

例如，与全球 MPI 所使用的多维调整后的贫困发生率（或 M0）相比，CSPI 的主要优势之一是它能够解释贫困人口之间的不平等，因此，它符合《联合国 2030 年可持续发展议程》的"不让任何一个人掉队"的总体原则。这意味着，可能如人们预期的那样，如果贫困人口的贫困程度降低，则 CSPI 会增加，而 M0 保持不变，甚至会下降。CSPI 对不平等很敏感，并且可以分解为是贫困发生率（人数）、贫困强度（贫困人口中的平均剥夺份额）和贫困不平等（包括不平等的广义熵测度）的结果（Rippin，2014，2017）。因为兼具

---

① 必须强调的是，虽然有关教育和工作的信息是在个人层面收集的，但有关获得安全饮用水和适当卫生设施的信息却是在家庭层面收集的。根据之前的研究（Vijaya et al.，2014；Espinoza-Delgado and Klasen，2018），我们认为这些服务是真正的公共产品（具有非竞争性和非排他性），并假设不同的家庭成员可以平等获得这些服务。

② 在这个公式中，我们不考虑权重，因为三个维度的权重相等（见前文）。

③ C-SPI 是更广泛的相关敏感多维贫困指数的特例，其中参数 γ 为 2（Rippin，2017）。必须强调的是，在这种情况下，C-SPI 的值与达特（Datt，2019）最近制定的多维贫困指数的值一致，其参数 α 和 β 分别为 0 和 2。这也与查克拉瓦蒂和德安布罗西奥（Chakravarty and D'Ambrosio，2006）早些时候提出的社会排斥衡量相一致。

上述显著优势，CSPI 和相关敏感贫困指数已被广泛用于多维贫困的实证研究（例如，Bérenger，2017；Rippin，2016；Espinoza-Delgado and Klasen，2018；Espinoza-Delgado and Silber，2021）。

本研究采用的另一个指数 G-M0 使用调整后的贫困发生率（或 M0）作为贫困衡量标准（Alkire and Foster，2011）。然而，对于 MPI 而言，M0 使用了"中间的"多维度分界线（k），相当于使用 0.33 作为加权指标，而此处我们使用的是等于 1 的分界线：若某人的上述三个维度指数的任意一个被剥夺，则这个人就被视为处于多维贫困。因此，我们测算出的贫困数值是没有进一步筛选的，即不包括低于第二分界线的被剥夺的个体（Datt，2019）。① 这也意味着，G-CSPI 和 G-M0 的贫困发生率相同。此外，如前所述，M0 度量对不平等不敏感。而 G-M0 还具有 G-CSPI 中缺失的一个重要特征，它可以按维度进行全面分解，以评估每个维度对多维贫困的相对贡献。通过使用这两个指数，我们可以更有力地评估贫困—增长弹性。

通过使用国际收入分配数据库（I2D2），测算了许多国家不同时间点的 G-CSPI 和 G-M0。该数据库是世界银行使用具有国家代表性的家庭调查（如生活水平衡量研究调查和家庭预算调查）生成的全球数据库，其包括一组标准化的社会经济和人口变量。② 这些指数已被用于研究 54 个国家的多维贫困趋势（Burchi et al.，2022）。

在我们的研究中，使用 1990~2018 年的数据。因为 1990 年之前的贫困估计仅适用于少数国家，而 2018 年是这些数据可用的最新年份。最终样本由 91 个国家组成，这些国家至少有两个不同年份的多维贫困数据，从 1990~2018 年，彼此之间的间隔至少为五年。因此，本研究使用迄今为止观察到的最大样本。最后，必须强调的是，我们的两个指数是在所有国家和年份相同的三个维度上计算的，从而确保了时间和空间的高质量可比性。在桑托斯、达鲁斯和德

---

① 阿尔基尔和福斯特（Alkire and Foster，2011）还认为，在维度和指标较少的情况下，这一衡量标准可以与工会方法一起使用。

② I2D2 涵盖了 1300 多个家庭调查，并已被用于计算 700 多个调查的 G-CSPI 和 G-M0。因此，其覆盖率大大高于人口与健康调查（DHS）和用于计算全球 MPI 的多指标类调查。此外，I2D2 中包括的许多家庭调查都是世界银行用来计算收入贫困的调查，而这在人口与健康调查数据中是不可能的，因为这些数据不提供收入或消费信息。这使得对收入和多维贫困的比较分析更加科学合理，如本研究第四部分所做的分析。

尔比安科（Santos，Dabus and Delbianco，2019）的研究中，这种数据的可比性较低，计算许多国家/年份的 MPI 时没有使用这种指标。

（二）数据结构和其他变量

数据集被分成两个时间段，时间段被定义为两个调查年之间的时间（Cox，2007）。因变量是每个时间段的多维贫困衡量标准的对数的平均年度变化，这代表了年度（复合）比例变化。在主要分析中，我们根据时间长短，使用了两种不同类型的时间段。

基于亚当斯（Adams，2004）以及多拉尔等（Dollar et al.，2016）的研究，我们的第一组研究考虑了两个贫困观察值之间的最小差距为五年的情况并允许对多维贫困的变化进行中期分析。第二组研究是长期的，我们只考虑每个国家在最后一年和第一年之间贫困衡量标准的变化，且时间间隔至少等于五年。此处，每个国家只有一个观察值。

自变量之一是人均 GDP 的平均年度差异，以 2010 年不变美元价格计，数据取自《世界发展指标》。另一个自变量是不平等，通过基尼系数衡量，数据来源于联合国大学世界发展经济学研究所（UNU-WIDER）的世界收入不平等数据库（WIID）。该数据库包含跨国信息，还包括通过估算获得的未进行家庭调查年份的不平等估计数。[①]

根据桑托斯等（Santos et al.，2019）的研究，我们假设人均 GDP 和基尼系数的变化与多维贫困的变化之间存在滞后效应。虽然收入贫困与 GDP（总收入）和不平等有直接、系统的关系，但这并不适用于多维贫困。最终，经济增长和收入不平等对多维贫困的影响可能会随着时间的推移而逐渐显现。因此，某一年的多维贫困估计数与该年前五年的人均 GDP 和平均基尼系数有关，如 2010~2015 年多维贫困的变化与 2005~2009 年和 2011~2014 年人均 GDP（和基尼系数）的变化相关。

最后，我们对同一样本国家和年份的多维贫困—增长弹性与收入贫困—增长弹性进行比较。使用平方贫困差距指数来衡量收入贫困，因为它与 G-CSPI

---

① 当我们关注多层面的不平等而非收入不平等时，关于要考虑的不平等类型，还有一个悬而未决的问题（Sen，1992）。由于长期以来无法获得其他方面（如教育、健康或营养）的不平等情况的跨国数据，我们根据桑托斯等（Santos et al.，2019）的研究，使用了收入不平等这一数据。

的多维贫困都是分布敏感的（Burchi et al.，2022）。我们将使用 G-M0 获得的结果与使用基于收入的贫困的贫困差距指数获得的结果进行比较。我们关注极端收入贫困，基于每人每天 1.90 美元的国际贫困线，经 2011 年购买力平价调整。为了获得尽可能多的收入贫困数据，我们使用了世界银行的 PovcalNet 数据集，该数据集还包括未进行调查的年份的插值贫困估计数。

（三）样本

样本涵盖 91 个国家，分布在东欧和中亚、拉丁美洲和加勒比地区、东亚和太平洋地区、撒哈拉以南非洲和南亚五个区域。表 1 提供了每个区域的国家数量、可用期数，以及我们在每个区域内获得信息的第一年和最后一年。样本中，撒哈拉以南非洲有 34 个国家，而南亚只有 6 个国家。考虑到调查年数，拉丁美洲和加勒比地区涵盖的时间跨度最大（1990~2018 年）。不同国家（五年）的期数有所不同，一些拉丁美洲和加勒比地区国家最多有 5 期，而撒哈拉以南非洲的许多国家只有 1 期。附录中的附表 1 提供了每个国家可用信息的进一步详情。

表 1　　　　　　　　　　　样本的基本信息（五年期）

区域	国家数量（个）	期数（期）	第一年	最后一年
东亚和太平洋地区	13	24	1990 年	2016 年
东欧和中亚	18	32	1995 年	2018 年
拉丁美洲和加勒比地区	20	72	1990 年	2018 年
南亚	6	9	2001 年	2017 年
撒哈拉以南非洲	34	63	1991 年	2017 年
合计	91	200	—	—

三、方　法

我们使用非平衡面板数据测算 91 个国家的多维贫困指数及增长弹性系数。回归发现，多维贫困的波动在一定程度上是由（滞后的）人均 GDP 的变化导致的。借鉴测算贫困的增长弹性系数的已有文献，使用一阶差分法（FDE）（Adams，2004；Ravallion and Chen，1997；Santos，Dabus and Delbianco，2019）进行实证研究。[①]

设置模型如下：

$$logP_{i,t} = \alpha_i + \beta logGDPpc_{i,\hat{t}} + \gamma_t + \varepsilon_{it} \tag{2}$$

其中，$P_{i,t}$ 是对国家 $i(i = 1,\cdots,n)$ 在时间 $t(t = 1,\cdots,t)$ 的多维贫困的衡量。α_i 是一个固定效应，它解释了每个国家 i 的不可观测的时间不变特征，这些特征会影响贫困水平的差异；β 是时间 t 前五年贫困相对于人均 GDP（$GDPpc_{i,\hat{t}}$）的弹性；γ_t 指固定时间 t 的变化，其中时间表示年份；ε_{it} 是误差项，包括贫困变量中的测量误差。

通过取式（2）的一阶差分，可得：

$$\Delta logP_{i,t,t-1} = \gamma + \beta_1 \Delta logGDP_{i,\hat{t},\widehat{t-1}} + \Delta\varepsilon_{i,t,t-1} \tag{3}$$

其中，$\Delta logP_{i,t,t-1}$ 是 $t - 1$ 和 t 之间观察到的贫困的年度比例变化。如前所述，我们假设经济增长对多维贫困的影响要一定时间后才能显现；这就是为什么我们关注消除贫困的前几年的经济增长变化。具体来说，$\Delta logGDP_{i,\hat{t},\widehat{t-1}}$ 表示在 $t(\hat{t})$ 之前的五年和 $t - 1(\widehat{t-1})$ 之前五年观察到的平均 GDP 的年度比例变化。此外，$\Delta\varepsilon_{i,t,t-1}$ 代表每个国家误差项的变化。使用差分法进行估计将消除式（2）中的固定效应项 α_i。因此，差分法解决了遗漏变量的偏差，这种偏差为来自时间不变的不可观察因素的存在所导致的。在式（3）中，多维贫困的变化率被回归到人均 GDP 的平均变化率上；我们可以直接将 β_1 解释为贫困的增长弹性。此处，还增加了用基尼系数衡量的不平等的百分比变化。最后，我们对异方差进行控制；对于五年时间段，我们使用与每个国家的观察数量成反比的权重，以确保结果不是主要由拥有更多期数的国家推动。

此外，我们根据多拉尔等（Dollar et al.，2016）在货币贫困情况下提出的方法，分析结果是否随时间变化。本文将整个时间段划分为两个子时段：1990 ~

---

① 鉴于我们不能排除不同时间点增长估计的误差项是相关的，因此 FDE 优于固定效应估计。事实上，在这些条件下，FDE 提供了更有效的估计，因为它解释了特定时期内误差项的差异（Song and Stemann，1999）。

2000 年和 2001～2018 年。通过在回归中使用权重，根据特定时间段中期数长度的情况，分别将期数分配给各个时间段。然后，分别估算了 1990～2000 年和 2001～2018 年的式（3）。

我们将整个研究时段划分为两个特定的子时段，因为 21 世纪初是一个转折点。在 20 世纪 90 年代的前半段，国际货币基金组织（IMF）和世界银行的结构调整计划仍在进行中，其影响至少在 21 世纪末才能显现出来。这一时期的特点通常是低增长和减贫进展小，有几个国家的贫困程度甚至不断增加（Thomson et al.，2017；Oberdabernig，2013；Klasen，2004）。自 2000 年以来，随着"联合国千年首脑会议"的召开和关于联合国千年发展目标共识的达成，国际形势发生了很大变化。这大大提高了人们对消除收入贫困以及改善福利的非货币层面（主要是健康和教育）的关注。在新千年之交，减贫进展更加显著（Asadullah and Savoia，2018）。这一进程随着《联合国 2030 年可持续发展议程》而继续推进，在该议程中，减贫和包容性增长发挥着重要作用。因此，我们认为 2000 年后增长将有助于进一步减少贫困，但我们无法通过实证评估联合国千年发展目标框架的引入是否最终导致了两个子时段的弹性差异①。

四、结　果

（一）描述性统计

表 2 显示了主要相关变量的描述性统计数据：多维贫困、收入贫困（有或无插值数据）、人均 GDP 和不平等的年度比例变化。该表分为两组。第一组有 200 个观察结果，显示了五年期的样本。该样本中每个国家的观察次数从 2 到 5 次不等，平均为 3 次。第二组包括用于评估跨国贫困—增长关系长期趋势的样本的描述性统计数据，每个观察值代表本数据集中的一个国家

---

① 请注意，桑托斯等（Santos et al.，2019）的研究仅针对 1999～2014 年，因此无法评估千年发展目标开始前后，增长对多维贫困的影响是否不同。

（因此总计 91 个）。在这种情况下，每个国家一期的长度很重要；平均为 14
年，总体从 5 年（缅甸、苏丹和突尼斯）到 27 年（巴西、巴拉圭和智利）
不等。

表 2　　　　　　　描述性统计：选定变量的年度百分比变化

变量	期数	平均值（%）	标准差
第一组：五年期			
G-CSPI 变化	200	-2.339	0.055
G-M0 变化（k=1）	200	-1.687	0.042
多维贫困发生率变化	200	-1.073	0.033
人均 GDP 变化	200	2.638	0.026
基尼系数变化	200	-0.221	0.012
收入贫困发生率变化（插值）	197	-8.042	0.146
贫困差距变化（插值）	197	-9.134	0.169
贫困差距的平方变化（插值）	197	-10.11	0.195
第二组：长期			
G-CSPI 变化	91	-2.501	0.040
G-M0 变化（k=1）	91	-1.761	0.029
多维贫困发生率变化	91	-1.181	0.022
人均 GDP 变化	91	2.740	0.025
基尼系数变化	91	-0.133	0.009
收入贫困发生率变化（插值）	89	-7.869	0.095
贫困差距变化（插值）	89	-9.061	0.121
贫困差距的平方变化（插值）	89	-10.194	0.150

注：每组的观察结果表示贫困、不平等和增长变量的年度变化。

根据布尔奇等（Burchi et al.，2022）的研究结果，在这两种类型的时期中
所有的多维贫困指标都有所下降。五年期 G-CSPI 的平均年度变化是 -2.3%，而
基于收入的贫困——以可比的贫困差距平方衡量——为 -10.11%，方差较大
（标准偏差为 0.195）。滞后的五年期人均 GDP 增长 2.6%。五年期基尼系数每
年下降 0.2%。

我们还通过散点图分析了五年期样本的人均 GDP 变化模式和多维贫困变化模式（见图 1）。正如预期的那样，绝大多数时期（200 个中的 133 个，约占 67%）位于图 1 的左上象限，这表明滞后的人均 GDP 增长与 G-CSPI 下降相关。然而，相当多的时期（200 个中的 43 个，约占 21.5%）位于右上象限，这表明 GDP 的增长与多维贫困的增加相关。

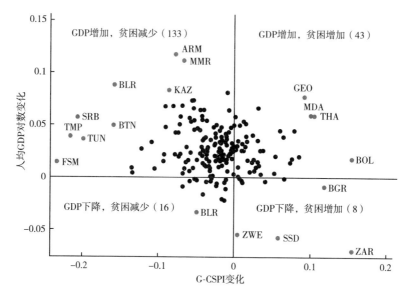

图 1　人均 GDP 和 G-CSPI 五年年度变化散点图（n = 200）

注：国家代码参照国际标准代码。

表 3 按区域显示了多维贫困和 GDP 的变化方向。我们发现，与总体样本一致，拉丁美洲和加勒比地区、欧洲和中亚五年期中有 2/3 的时间显示贫困减少，GDP 增加。这一比例在东亚和太平洋地区（83%）和南亚（100%）更高，但在撒哈拉以南非洲（54%）则更低。在超过 1/4 的时间里，撒哈拉以南非洲的 GDP 和贫困都有所上升，凸显出单靠经济增长来减少一个地区多维贫困的能力有限。考虑到撒哈拉以南非洲的多维贫困程度最高，这一问题尤为突出（Burchi et al.，2022）。

表 3　　　　　　　按区域划分的多维贫困和 GDP 的变化方向（五年期）

变量		GDP 增长									
		否	是	否	是	否	是	否	是	否	是
贫困增加	否	2	21	7	49	1	20	6	34	0	9
		6.3%	65.6%	9.7%	68.1%	4.2%	83.3%	9.5%	54%	0	100.0%
	是	1	8	1	15	0	3	6	17	0	0
		3.1%	25%	1.4%	20.8%	0	12.5%	9.5%	27%	0	0
区域		欧洲和中亚		拉丁美洲和加勒比地区		东亚和太平洋地区		撒哈拉以南非洲		南亚	

（二）一阶差分模型的回归结果

可从三个不同层面对回归结果进行分析。首先，我们研究了多维贫困变化与经济增长之间的关系（Santos，Dabus and Delbianco，2019），然后通过控制不平等的变化来考虑贫困—增长弹性的稳健性。其次，我们研究了跨国贫困—增长弹性是否随时间发生显著变化，以及其对多维贫困初始水平的依赖性。最后，我们比较分析了多维贫困—增长弹性和基于收入的贫困—增长弹性。

1. 多维贫困—增长弹性

表 4 给出了 G-CSPI 和 G-M0 变化与（滞后）人均 GDP 变化之间关系的一阶差分估计。我们根据有贫困数据的连续两年和非重叠年之间的时间段，对两种不同的方法进行了分析。模型 1 和模型 2 侧重于两种不同时期的 G-CSPI。然后，模型 3 和模型 4 使用了 G-M0 进行重复分析。

表 4　　　　　　多维贫困—增长弹性（贫困指标：G-CSPI 和 G-M0）

变量	G-CSPI		G-M0	
	（1）	（2）	（3）	（4）
	五年期	每个国家一期	五年期	每个国家一期
人均 GDP 变化	-0.460**	-0.290*	-0.351**	-0.207
	(0.192)	(0.173)	(0.145)	(0.126)
常数	-0.014**	-0.017***	-0.009**	-0.012***
	(0.006)	(0.006)	(0.005)	(0.004)

变量	G-CSPI		G-M0	
	（1）	（2）	（3）	（4）
	五年期	每个国家一期	五年期	每个国家一期
观察值	200	91	200	91
R^2	0.049	0.031	0.050	0.030

注：括号中为稳健的标准误差；*** 表示 $p < 0.01$，** 表示 $p < 0.05$，* 表示 $p < 0.1$。

五年期（模型 1 和模型 3）的贫困—增长弹性，在使用 G-CSPI 时为 -0.46，在使用 G-M0 时为 -0.351，都在 5% 的水平上显著。这意味着 GDP 增长 10%，多维贫困减少 4.6%（或 3.51%）。R^2 显示，滞后的人均 GDP 约占两个贫困指标（G-CSPI 和 G-M0）变化的 5%。这些系数甚至小于有关这个主题的唯一的实证研究（Santos，Dabus and Delbianco，2019）中得出的系数，该研究所得出的弹性为 -0.56。G-CSPI（-0.29）和 G-M0（-0.21）（表 4 中的模型 2 和模型 4）的长期弹性都明显较低，且使用 G-CSPI 的模型 2 仅在 10% 的水平下显著。

我们使用两个指数中的一个单一组成部分——贫困发生率（见附表 2）进行进一步的稳健性检验。在这种情况下，多维贫困—增长弹性也显著为负，且幅度较小，使用五年期的模型为 -0.24。对三个不同因变量的结果进行比较后发现，一旦研究超越对简单贫困发生率的分析，且将贫困程度和贫困人口之间的不平等纳入考量，经济增长对多维贫困的影响就会更大。这一发现与桑托斯等（Santos et al.，2019）用横截面模型获得的结果一致，但与其用一阶差分获得的结果不同。几乎每一项针对收入贫困的实证研究都有类似的结果：贫困的综合衡量指标，如贫困差距和贫困差距平方，比贫困发生率更能快速地对经济增长做出响应（Ravallion and Chen，1997；Adams，2004；Foster and Székely，2008；Mphuka et al.，2017；Nguyen and Pham，2018）。这似乎表明，无论是根据收入还是其他维度来确定，最贫穷（严重贫困）的人从增长中受益的比例都高于中等贫困者。

最后，我们使用修订后的 G-CSPI 进行了不同的敏感性分析。通过修改过维度、阈值或权重的衡量，获得了新的结果变量。结果表明，弹性介于 -0.32 和 -0.56，因此与表 4 所示结果一致。这些额外结果以及修订后的 G-CSPI 的解释见附表3。

2. 贫困—增长—不平等三角

在表5中，我们给出了估算结果，其中包括基尼系数的变化。我们重点关注五年期，通过研究观察到贫困—增长弹性在使用 G-CSPI 时为 -0.449，在使用 G-M0 时为 -0.343。因此，与表4所示的弹性相比，弹性基本保持不变，但在5%的水平下，两者仍然显著。[①] 多维贫困发生率也同样如此（见附表4）。有趣的是，不平等的变化并没有促成多维贫困的变化。对此有两种可能的解释。一是不平等和多维贫困之间可能不存在直接关系，因为基尼系数对分布中间的情况十分敏感，而本研究的多维贫困衡量标准涵盖了绝对极端贫困。二是除了货币层面之外，其他层面的不平等可能对多维贫困产生了更显著的直接影响。然而，鉴于数据的局限性，这很难从经验上进行验证。

表5　　　　多维—贫困—增长不平等三角（贫困指标：G-CSPI 和 G-M0）

变量	G-CSPI		G-M0	
	（1）	（2）	（3）	（4）
	五年期	每个国家一期	五年期	每个国家一期
人均 GDP 变化	-0.449 ** (0.190)	-0.293 * (0.174)	-0.343 ** (0.139)	-0.213 * (0.119)
基尼系数变化	-0.273 (0.637)	0.043 (0.679)	-0.205 (0.569)	0.070 (0.565)
常数	-0.014 ** (0.007)	-0.017 *** (0.006)	-0.010 ** (0.005)	-0.012 *** (0.004)
观察值	200	91	200	91
R^2	0.053	0.032	0.053	0.031

注：括号中为稳健的标准误差；*** 表示 $p < 0.01$，** 表示 $p < 0.05$，* 表示 $p < 0.1$。

3. 异质性分析

通过将整个时期划分为两个子时段：1990 ~ 2000 年和 2001 ~ 2018 年，我

[①] 我们对桑托斯、达鲁斯和德尔比安科（Santos, Dabus and Delbianco, 2019）的有限样本进行了估算，该样本有基尼系数的数据，并发现贫困—增长弹性系数在模型中包括和不包括不平等的情况下大致相同。因此，他们的结果还表明，将不平等纳入考量并不影响多维贫困的增长弹性。

们研究所考察的弹性是否以及在多大程度上随时间而变化。在图 2 的 G-CSPI 部分，我们使用五年期（左侧）和两年期（右侧）以及 G-CSPI 作为贫困指数，绘制了这两个时间段的贫困—增长弹性。虽然我们使用五年期作为首选模型，但这仅针对本次分析。我们将其与较短的时间段结合起来，以便在这两个子时段中可对更多的国家进行观察。具体来说，当使用两年期时，我们考虑了贫困观察中至少有两年差异的所有变化。如图 2 所示，五年期和两年期的结果相似。我们观察到，1990～2000 年的贫困—增长弹性接近于零。相比之下，我们注意到 2001～2018 年的贫困—增长弹性显著为负（－0.40，p 值 = 0.035）；1990～2000 年的负系数更大。在使用 G-M0 分析时，2001～2018 年的弹性较低（－0.31，p 值 = 0.03）（见图 2 的 G-M0 部分）。

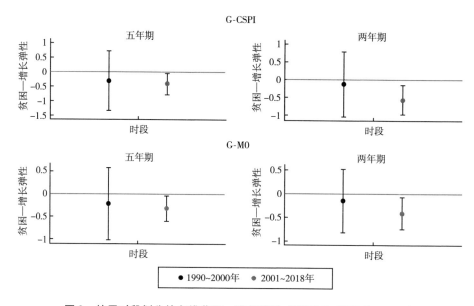

图 2　按子时段划分的多维贫困—增长弹性（基于 G-CSPI 和 G-M0）

这些结果符合我们的预期，并且对于确定了 2000 年后促进减贫的因素的其他研究（Asadullah and Savoia，2018；Oberdabernig，2013）进行了补充。

在进行第二个异质性分析时，我们研究了弹性是否随多维贫困的初始水平而变化。关于收入贫困的实证研究表明，在初始贫困较高的国家，贫困对增长的反应较小（Amini and Dal Bianco，2016；World Bank，2010；Loayza and Raddatz，2010；Fosu，2010，但仅针对区域一级）。据我们所知，目前没有实证研究针对多维贫困问题进行过调查。

我们使用第一年多维贫困指数的（加权）中位数作为阈值，在低贫困国家和高贫困国家之间进行样本划分。这意味着，根据所使用的多维贫困的具体指数，这两类国家的样本可能会有微小差异。我们还使用贫困指数的平均值、第 40 百分位和第 60 百分位作为阈值进行了稳健性检查，以区分低贫困国家和高贫困国家。

表 6 显示，G-CSPI 和 G-M0 中初始贫困率较低的国家弹性规模更高，约为两倍。这些结果对用于国家分组的不同阈值具有稳健性（另见附表 5）。简言之，经济增长对这两类国家至少在 10% 的水平上有显著的影响。但根据收入贫困的研究结果，与高贫困国家相比，这种影响在低贫困国家更为显著。

表 6　　　　　　　按初始多维贫困水平划分的多维贫困—增长弹性
（基于 G-CSPI 和 G-M0）

变量	G-CSPI		G-M0	
	（1）	（2）	（3）	（4）
	低 G-CSPI（中位数）	高 G-CSPI（中位数）	低 G-M0（中位数）	高 G-M0（中位数）
人均 GDP 变化	− 0.673 *（0.387）	− 0.378 **（0.183）	− 0.584 **（0.279）	− 0.235 *（0.134）
常数	0.001（0.012）	− 0.024 ***（0.009）	0.005（0.008）	− 0.020 ***（0.007）
观察值	115	85	115	85
R^2	0.085	0.037	0.102	0.025

注：括号中为稳健的标准误差；*** 表示 p<0.01，** 表示 p<0.05，* 表示 p<0.1。

4. 收入贫困—增长弹性

最后，我们比较了收入和多维贫困的贫困—增长弹性。我们使用与 G-CSPI 相当的贫困差距平方指数；同样，我们将 G-M0 指标与收入贫困差距进行了比较。我们对 89 个国家的收入和多维贫困人口比例的结果进行了分析。与之前的模型（91 个国家）相比，本研究样本量略少，这是因为在获取阿富汗和柬埔寨的收入贫困数据方面遇到了困难（来自世界银行的 PovcalNet 插值数据集）。我们还使用非插值收入贫困数据对有限样本进行了稳健性分析。[①] 我们仅针对五年期的模型（即我们的首选模型）进行估计。

通过研究，我们发现无论多维贫困衡量标准如何，收入贫困—增长弹性的幅度都远大于多维贫困—增长弹性（见表7）。收入贫困差距的平方变化对经济增长的弹性估计为 - 2.36，而使用 G-CSPI 估计为 - 0.46；收入贫困差距的平方变化对经济增长的弹性估计为 - 2.3，而使用 G-M0 为 - 0.35。因此，收入贫困的结果要高出 5 ~ 6 倍，而使用贫困发生率则要高出 8 倍。这些差异大于桑托斯等（Santos et al.，2019）使用较小样本检测到的差异。

表7　　　　　多维贫困—增长弹性与收入贫困—增长弹性（五年期）

变量	模型 1	模型 2	模型 3	模型 4	模型 5	模型 6
	G-CSPI	贫困差距平方	G-M0	贫困差距	多维贫困人数	收入贫困人数
人均 GDP 变化	- 0.459 ** (0.201)	- 2.357 *** (0.658)	- 0.356 ** (0.151)	- 2.297 *** (0.538)	- 0.258 ** (0.114)	- 2.176 *** (0.433)
常数	- 0.014 ** (0.006)	- 0.023 (0.019)	- 0.009 ** (0.005)	- 0.020 (0.015)	- 0.006 * (0.003)	- 0.019 (0.012)
观察值	197	197	197	197	197	197
R^2	0.047	0.073	0.049	0.101	0.041	0.145

注：括号中为稳健的标准误差；*** 表示 $p < 0.01$，** 表示 $p < 0.05$，* 表示 $p < 0.1$。

我们仅使用收入贫困的非插值估计数来观察结果（见附表6），从而进一步将研究结果与他人的研究结果进行比较。在这种情况下，多维贫困—增长弹性变得微不足道，而收入贫困弹性变得稍大，大约为 - 2.4。[②] 这进一步支持了如下结论：增长在货币领域比在其他维度对减贫更为重要。最后，即使控制了不平等的变化，弹性仍保持不变（见附表7）。

---

① 对于这一具体分析，与之前的研究不同，我们可以计算相同国家和相同年份的多维和收入贫困—增长弹性，无须数据插补。

② 很少有国家的收入贫困比例变化很大，特别是由于初始水平很低。我们通过从分析中删除这些观察结果进行了一些稳健性检查，发现这并没有改变弹性系数的重要性和大小。

五、结　论

在本研究中，使用两个新的多维贫困指数（G-CSPI 和 G-M0）重新审视了贫困—增长关系。我们使用 91 个中低收入国家近 30 年（1990～2018 年）的不平衡面板数据集，这是迄今为止用于评估经济增长在减少多维度贫困方面作用的最大样本和时间跨度。

实证分析表明，经济增长减少了多维贫困。具体而言，我们观察到，使用 G-CSPI 和 G-M0 得出的多维贫困对增长的弹性分别为 0.46 和 0.35，例如 GDP 增长 10%，多维贫困约减少 4%～5%。与桑托斯等（Santos et al. ，2019）从较小的国家样本和更短的时间框架中检测到的弹性相比，本研究所得到的弹性更低。与之前对绝对贫困的一些研究（Bourguignon，2003；Ravallion，2005；Fosu，2015）相反，即使在控制了不平等的变化后，多维贫困—增长的弹性也几乎保持不变。

再者，我们分析了结果是否会随所研究的特定时期和初始贫困水平而变化。我们的估计表明，2001 年之前的时期和从 2001 年开始的时期（对应千年发展目标的开始）的结果不同。在 20 世纪的最后十年，经济增长对多维贫困没有显著影响；相反，在 2001～2018 年，这种影响是显著负面的。与绝大多数关于收入贫困的实证研究结果一致，我们的研究结果表明，对于初始贫困水平较低的情况，经济增长能够更大程度缓解多维贫困。

最后，我们比较了收入贫困和多维贫困的贫困—增长弹性。这些估计表明，基于收入的贫困对增长的弹性比多维贫困的弹性高 5～8 倍，这取决于所使用的具体贫困衡量标准。收入弹性和多维贫困的差异略高于桑托斯等（Santos et al. ，2019）得出的结果。

总之，我们的研究结果表明，经济增长是缓解多维贫困的重要手段，但其效果远低于对绝对贫困的影响。因此，旨在实现可持续发展目标 1、具体目标 1.2 的国家必须确定政策或采取干预措施来减少这些其他维度的贫困。鉴于新冠疫情对绝对贫困和多维贫困产生了负面影响，相关政策及干预政策尤为迫切。因此，今后应侧重于政策研究，从可能对多维贫困产生重大影响的社会政策入手进行分析。[①]

参 考 文 献

Adams, R. H. (2004). Economic growth, inequality and poverty: Estimating the growth elasticity of poverty. World Development, 32 (12), 1989 – 2014. https://doi. org/10. 1016/j. worlddev. 2004. 08. 006.

Alkire, S. , & Foster, J. (2011). Counting and multidimensional poverty measurement. Journal of Public Economics, 95, 476 – 487. https://doi. org/10. 1016/j. jpubeco. 2010. 11. 006.

Alkire, S. , & Santos, M. E. (2014). Measuring acute poverty in the developing world: Robustness and scope of the multidimensional poverty index. World Development, 59, 251 – 274. https://doi. org/10. 1016/j. worlddev. 2014. 01. 026.

Alkire, S. , Jindra, C. , Aguilar, G. R. , & Vaz, A. (2017). Multidimensional poverty reduction among countries in Sub-Saharan Africa. Forum for Social Economics, 46, 178 – 191. https://doi. org/10. 1080/07360932. 2017. 1310123.

Amini, C. , & DalBianco, S. (2016). Poverty, growth, inequality and pro-poor factors: New evidence from Macro Data. The Journal of Developing Areas, 50 (2), 231 – 254. https://doi. org/10. 1353/jda. 2016. 0080.

Asadullah, M. N. , & Savoia, A. (2018). Poverty reduction during 1990 – 2013: Did millennium development goals adoption and state capacity matter? World Development, 105, 70 – 82. https://doi. org/10. 1016/j. worlddev. 2017. 12. 010.

Bérenger, V. (2017). Using ordinal variables to measure multidimensional poverty in Egypt and Jordan. The Journal of Economic Inequality, 15, 143 – 173. https://doi. org/10. 1007/s10888-017-9349-7.

Borga, L. G. , & D'Ambrosio, C. (2021). Social protection and multidimensional poverty: Lessons from Ethiopia, India and Peru. World Development,

---

① 博尔加和德安布罗西奥（Borga and D'Ambrosio, 2021）初步证明了社会保障计划对埃塞俄比亚、印度和秘鲁这三个国家的多维贫困的影响。

147. https：//doi. org/10. 1016/j. worlddev. 2021. 105634 105634.

Bourguignon, F. (2003). The Poverty-Growth-Inequality Triangle. Working Paper, No. 125, Indian Council for Research on International Economic Relations (ICRIER), New Delhi. Retrieved from https：//www. econstor. eu/bitstream/10419/176147/1/icrier-wp-125. pdf.

Burchi, F. , Espinoza-Delgado, J. , Rippin, N. , & Montenegro, C. E. (2021). An individual-based index of multidimensional poverty for low-and middle income countries. Journal of Human Development and Capabilities, 22 (4), 682 – 705. https：//doi. org/10. 1080/19452829. 2021. 1964450.

Burchi, F. , Malerba, D. , Montenegro, C. E. , & Rippin, N. (2022). Assessing trends in multidimensional poverty during the MDGs. Review of Income and Wealth. https：//doi. org/10. 1111/roiw. 12578.

Burchi, F. , Malerba, D. , Montenegro, C. E. , & Rippin, N. (2019). Comparing Global Trends in Multidimensional and Income Poverty and Assessing Horizontal Inequalities. Bonn：Deutsches Institut für Entwicklungspolitik Discussion Paper. Deutsches Institut für Entwicklungspolitik.

Cameron, L. , Chase, C. , & Contreas Suareza, D. (2021). Relationship between water and sanitation and maternal health：Evidence from Indonesia. World Development, 147. https：//doi. org/10. 1016/j. worlddev. 2021. 105637 105637.

Chakravarty, S. R. , & D'Ambrosio, C. (2006). The measurement of social exclusion. Review of Income and Wealth, 52, 377 – 398. https：//doi. org/10. 1111/j. 1475-4991. 2006. 00195. x.

Cox, N. J. (2007). Speakingstata：Identifying spells. The Stata Journal, 7 (2), 249 – 265. https：//doi. org/10. 1177/1536867x0700700209.

Crespo Cuaresma, J. , Klasen, S. , & Wacker, K. M. (2022). When do we see poverty convergence? Oxford Bulletin of Economics and Statistics. https：//doi. org/10. 1111/obes. 12492.

Datt, G. (2019) . Distribution-sensitive multidimensional poverty measures. The World Bank Economic Review, 33, 551 – 572. https：//doi. org/10. 1093/wber/lhx017.

Dollar, D., & Kraay, A. (2002). Growth is good for the poor. Journal of Economic Growth, 7, 195 –225. https：//doi. org/10. 1023/A：1020139631000.

Dollar, D., Kleineberg, T., & Kraay, A. (2016). Growth still is good for the poor. European Economic Review, 81, 68 – 85. https：//doi. org/10. 1016/j. euroecorev. 2015. 05. 008.

Djossou, G. N., Kane, G. Q., & Novignon, J. (2017). Is growth pro-poor in benin? evidence using a multidimensional measure of poverty. Poverty & Public Policy, 9 (4), 426 –443. https：//doi. org/10. 1002/pop4. 199.

Espinoza-Delgado, J., & Klasen, S. (2018). Gender and multidimensional poverty in Nicaragua：An individual based approach. World Development, 110, 466 – 491. https：//doi. org/10. 1016/j. worlddev. 2018. 06. 016.

Espinoza-Delgado, J., & Silber, J. (2021). Using Rippin's approach to estimate multidimensional poverty in central America. In G. Betti & A. Lemmi (Eds.), Analysis of socio-economic conditions insights from a fuzzy multi-dimensional approach. Routledge.

Foster, J. E., & Székely, M. (2008). Is economic growth good for the poor? Tracking low incomes using general means. International Economic Review, 49 (4), 1143 – 1172. https：//doi. org/10. 1111/j. 1468-2354. 2008. 00509. x.

Fosu, A. K. (2010). Inequality, income, and poverty：Comparative global evidence. Social Science Quarterly, 91 (5), 1432 – 1446. https：//doi. org/10. 1111/j. 1540-6237. 2010. 00739. x.

Fosu, A. K. (2015). Growth, inequality and poverty in sub-saharan Africa：Recent progress in a global context. Oxford Development Studies, 43 (1), 44 – 59. https：//doi. org/10. 1080/13600818. 2014. 964195.

Gallup, J., Radelet, S., & Warner, A. (1999). Economic growth and the income of the poor. Consulting Assistance on Economic Reform II, Harvard Institute for International Development, Discussion Paper.

Klasen, S. (2004). In Search of the holy grail：How to achieve pro-poor growth? In B. Tungodden and N. Stern (Eds.) Toward Pro-Poor Policies. Aid, Institutions, and Globalization, 63 –93. Washington, DC：The World Bank.

Klasen, S. (2006). Macroeconomic policy and pro-poor growth in Bolivia. Ibero America Institute for Econ. Research (IAI) Discussion Papers 143. Retrieved from https://ideas. repec. org/p/got/iaidps/143. html.

Loayza, N. V. , & Raddatz, C. (2010). The composition of growth matters for poverty alleviation. Journal of Development Economics, 93, 137 – 151. https://doi. org/10. 1016/j. jdeveco. 2009. 03. 008.

Mphuka, C. , Kaonga, O. & Tembo, M. (2017). Economic Growth, Inequality and Poverty: Estimating the Growth Elasticity of Poverty in Zambia, 2006 – 2015. International Growth Centre.

Nguyen, C. V. , & Pham, N. M. (2018). Economic growth, inequality, and poverty in Vietnam. Asian-Pacific Economic Literature, 32 (1), 45 – 58. https:// doi. org/10. 1111/apel. 12219.

Oberdabernig, D. A. (2013). Revisiting the effects of IMF programs on poverty and inequality. World Development, 46, 113 – 142. https://doi. org/10. 1016/j. worlddev. 2013. 01. 033.

Ravallion, M. , & Chen, S. (1997). What can new survey data tell us about recent changes in distribution and poverty? The World Bank Economic Review, 11 (2), 357 – 382. https://doi. org/10. 1093/wber/11. 2. 357.

Ravallion, M. (2001). Growth, inequality and poverty: Looking beyond average. World Development, 29 (11), 1803 – 1815. https://doi. org/10. 1016/ S0305-750X (01) 00072 – 9.

Ravallion, M. (2005). A poverty-inequality trade off? The Journal of Economic Inequality, 3 (2), 169 – 181. https://doi. org/10. 1007/s10888-005-0091-1.

Rippin, N. (2014). Considerations of Efficiency and Distributive Justice in Multidimensional Poverty Measurement. Doctoral Thesis, University of Goettingen. URL: https://ediss. uni-goettingen. de/bitstream/handle/11858/00-1735-0000-0022-5E2E-B/Rippin _ Efficiency% 20and% 20Distributive% 20Justice _ Online% 20Publication. pdf? sequence = 1.

Rippin, N. (2016). Multidimensional poverty in Germany: A capability approach. Forum for Social Economics, 45, 230 – 255. https：//doi. org/10. 1080/ 07360932. 2014. 995199.

Rippin, N. (2017). Efficiency and distributive justice in multidimensional poverty issues. In R. White (Ed.) Measuring Multidimensional Poverty and Depriva-tion (pp. 31 – 67) New York：Palgrave Macmillan, 2017. doi：10. 1007/978-3-319-58368-6_3.

Roemer, M. , & Gugerty, M. K. (1997). Does economic growth reduce poverty? Cambridge, MA：Harvard Institute for International Development.

Santos, M. E. , Dabus, C. , & Delbianco, F. (2019). Growth and poverty revisited from a multidimensional perspective. The Journal of Development Studies, 55 (2), 260 – 277. https：//doi. org/10. 1080/00220388. 2017. 1393520.

Sen, A. K. (1985). Commodities and capabilities. Netherlands：North-Holland.

Sen, A. K. (1992). Inequality Re-examined. Oxford, UK：Clarendon Press.

Seth, S. , & Alkire, S. (2021). multidimensional poverty and inclusive growth in India：An analysis using growth elasticities and semi-elasticities. OPHI Working Papers 137. Oxford Poverty and Human Development Initiative (OPHI). University of Oxford.

Song, S. H. , & Stemann, D. (1999). Relative efficiency of first difference estimator in panel data regression with serially correlated error components. Statistical Papers, 40 (2), 185 – 198. https：//doi. org/10. 1007/BF02925517.

Thomson, M. , Kentikelenis, A. , & Stubbs, T. (2017). Structural adjust-ment programmes adversely affect vulnerable populations：A systematic-narrative review of their effect on child and maternal health. Public Health Reviews, 38 (1), 13. https：//doi. org/10. 1186/s40985-017-0059-2.

Tran, V. Q. , Alkire, S. , & Klasen, S. (2015). Static and dynamic dis-parities between monetary and multidimensional poverty measurement：Evidence from Vietnam. Measurement of Poverty, Deprivation, and Economic Mobility. Emerald Group Publishing Limited.

UNDP (2010). Human Development Report 2010. The Real Wealth of

Nations：Pathways to Human Development. New York：UNDP.

Vijaya，R. M.，Lahoti，R.，& Swaminathan，H.（2014）. Moving from the household to the individual：Multidimensional poverty analysis. World Development，59，70 – 81. https：//doi. org/10. 1016/j. worlddev. 2014. 01. 029.

World Bank（2005）. World Development Report：Equity in Development. New York：Oxford University Press.

World Bank（2010）. Global Monitoring Report 2010：The MDGs after the Crisis. Washington DC：World Bank.

World Bank（2018）. Poverty and Shared Prosperity 2018：Piecing Together the Poverty Puzzle（p. 2018）. Washington DC：World Bank Publications.

附　　录

附表 1　　　　用于五年期估算的国家和调查年份的详细列表

国家	区域	年份	期数
阿尔巴尼亚	东欧和中亚	2002～2008	1
亚美尼亚	东欧和中亚	1998～2003，2003～2008，2008～2018	3
保加利亚	东欧和中亚	1995～2001，2001～2007	2
波黑	东欧和中亚	2001～2007	1
白俄罗斯	东欧和中亚	1995～2000，2000～2005，2005～2010，2010～2015	4
格鲁吉亚	东欧和中亚	2003～2010	1
约旦	东欧和中亚	2002～2016	1
哈萨克斯坦	东欧和中亚	2001～2006，2006～2017	2
吉尔吉斯共和国	东欧和中亚	2011～2017	1
科索沃	东欧和中亚	2002～2010，2010～2017	2
立陶宛	东欧和中亚	1998～2003，2003～2008	2
摩尔多瓦	东欧和中亚	1998～2003，2003～2008，2008～2017	3
北马其顿	东欧和中亚	1999～2004	1

国家	区域	年份	期数
波兰	东欧和中亚	1997～2002，2002～2016	2
罗马尼亚	东欧和中亚	2001～2007，2007～2013	2
塞尔维亚	东欧和中亚	2003～2008	1
土耳其	东欧和中亚	2002～2012	1
乌克兰	东欧和中亚	2002～2007，2007～2012	2
阿根廷	拉丁美洲和加勒比地区	1998～2003，2003～2008，2008～2013，2013～2018	4
玻利维亚	拉丁美洲和加勒比地区	1992～1997，1997～2002，2002～2007，2007～2012，2012～2017	5
巴西	拉丁美洲和加勒比地区	1990～1995，1995～2001，2001～2006，2006～2011，2011～2016	5
智利	拉丁美洲和加勒比地区	1990～1996，1996～2003，2003～2009，2009～2015	4
哥伦比亚	拉丁美洲和加勒比地区	1999～2006，2006～2011，2011～2016	3
哥斯达黎加	拉丁美洲和加勒比地区	1994～2000，2000～2005，2005～2010，2010～2015	4
多米尼加共和国	拉丁美洲和加勒比地区	2000～2005，2005～2010，2010～2015	3
厄瓜多尔	拉丁美洲和加勒比地区	1994～2003，2003～2008，2008～2013，2013～2018	4
危地马拉	拉丁美洲和加勒比地区	2000～2006，2006～2011	2
圭亚那	拉丁美洲和加勒比地区	1992～1999	1
洪都拉斯	拉丁美洲和加勒比地区	1991～1996，1996～2002，2002～2007，2007～2012，2012～2017	5
牙买加	拉丁美洲和加勒比地区	1990～1996，1996～2001	2
墨西哥	拉丁美洲和加勒比地区	1992～1998，1998～2004，2004～2010，2010～2016	4
尼加拉瓜	拉丁美洲和加勒比地区	1993～1998，1998～2005，2005～2014	3
秘鲁	拉丁美洲和加勒比地区	1997～2002，2002～2007，2007～2012，2012～2017	4

续表

国家	区域	年份	期数
巴拉圭	拉丁美洲和加勒比地区	1990～1995，1995～2001，2001～2006，2006～2011，2011～2016	5
萨尔瓦多	拉丁美洲和加勒比地区	1991～1996，1996～2001，2001～2006，2006～2012，2012～2017	5
特立尼达和多巴哥	拉丁美洲和加勒比地区	1990～2000，2000～2011	2
乌拉圭	拉丁美洲和加勒比地区	1992～1997，1997～2002，2002～2007，2007～2012，2012～2017	5
委内瑞拉	拉丁美洲和加勒比地区	1995～2000，2000～2005	2
斐济	东亚和太平洋地区	1996～2013	1
密克罗尼西亚联邦	东亚和太平洋地区	2000～2005，2005～2013	2
印度尼西亚	东亚和太平洋地区	1995～2000，2000～2005	2
柬埔寨	东亚和太平洋地区	1997～2003，2003～2008	2
老挝	东亚和太平洋地区	2002～2007，2007～2012	2
缅甸	东亚和太平洋地区	2005～2010	1
蒙古国	东亚和太平洋地区	2002～2007	1
菲律宾	东亚和太平洋地区	1997～2006，2006～2015	2
所罗门群岛	东亚和太平洋地区	2005～2013	1
泰国	东亚和太平洋地区	1990～2000，2000～2006，2006～2011	3
东帝汶	东亚和太平洋地区	2001～2007，2007～2015	2
汤加	东亚和太平洋地区	1996～2009	1
越南	东亚和太平洋地区	1992～1997，1997～2002，2002～2008，2008～2014	4
贝宁	撒哈拉以南非洲	2003～2011	1
布基纳法索	撒哈拉以南非洲	1994～2003，2003～2009，2009～2014	3
博茨瓦纳	撒哈拉以南非洲	2002～2009，2009～2015	2
科特迪瓦	撒哈拉以南非洲	2002～2015	1
喀麦隆	撒哈拉以南非洲	1996～2001，2001～2007，2007～2014	3

续表

国家	区域	年份	期数
刚果共和国	撒哈拉以南非洲	2005～2011	1
科摩罗	撒哈拉以南非洲	2004～2013	1
埃塞俄比亚	撒哈拉以南非洲	2000～2011	1
加纳	撒哈拉以南非洲	1991～1998，1998～2005，2005～2012	3
几内亚	撒哈拉以南非洲	1994～2002，2002～2007，2007～2012	3
冈比亚	撒哈拉以南非洲	1998～2003，2003～2010，2010～2015	3
肯尼亚	撒哈拉以南非洲	1997～2005，2005～2015	2
利比里亚	撒哈拉以南非洲	2007～2014	1
马达加斯加	撒哈拉以南非洲	1993～1999，1999～2005，2005～2010	3
莫桑比克	撒哈拉以南非洲	2002～2008	1
毛里塔尼亚	撒哈拉以南非洲	2004～2014	1
马拉维	撒哈拉以南非洲	2004～2010，2010～2016	2
纳米比亚	撒哈拉以南非洲	1993～2003，2003～2009，2009～2015	3
尼日利亚	撒哈拉以南非洲	1993～2003，2003～2009	2
卢旺达	撒哈拉以南非洲	2000～2005，2005～2010，2010～2016	3
苏丹	撒哈拉以南非洲	2009～2014	1
塞内加尔	撒哈拉以南非洲	2005～2011	1
南苏丹	撒哈拉以南非洲	2009～2015	1
圣多美和普林西比	撒哈拉以南非洲	2000～2010，2010～2017	2
斯威士兰	撒哈拉以南非洲	1995～2000，2000～2009，2009～2016	3
乍得	撒哈拉以南非洲	2003～2011	1
多哥	撒哈拉以南非洲	2006～2015	1
突尼斯	撒哈拉以南非洲	2005～2010	1
坦桑尼亚	撒哈拉以南非洲	1993～2000，2000～2007	2
乌干达	撒哈拉以南非洲	1999～2005，2005～2010，2010～2016	3
南非	撒哈拉以南非洲	2002～2007	1
扎伊尔	撒哈拉以南非洲	1995～2004，2004～2012	2

续表

国家	区域	年份	期数
赞比亚	撒哈拉以南非洲	1998~2004，2004~2010，2010~2015	3
津巴布韦	撒哈拉以南非洲	2001~2007	1
阿富汗	南亚	2007~2013	1
孟加拉国	南亚	2003~2010，2010~2015	2
不丹	南亚	2003~2012，2012~2017	2
斯里兰卡	南亚	2006~2012	1
尼泊尔	南亚	2003~2010	1
巴基斯坦	南亚	2001~2006，2006~2011	2

附表 2 　　　　　　使用贫困发生率的多维贫困—增长弹性

变量	多维贫困发生率	
	（1）	（2）
	五年期	每个国家一期
人均 GDP 变化	−0.244 ** （0.110）	−0.119 （0.091）
常数	−0.006 * （0.003）	−0.008 *** （0.002）
观察值	200	91
R^2	0.038	0.018

注：括号中为稳健的标准误差；*** 表示 $p<0.01$，** 表示 $p<0.05$，* 表示 $p<0.1$。

附表 3 　　　　　稳健性检查——多维贫困—增长弹性（五年期）

变量	（1）	（2）	（3）	（4）	（5）
	经健康 修正的 G-CSPI	经工作 修正的 G-CSPI	经权重−1 修正的 G-CSPI	经权重−2 修正的 G-CSPI	经权重−3 修正的 G-CSPI
人均 GDP 变化	−0.339 ** （0.155）	−0.507 ** （0.225）	−0.561 *** （0.191）	−0.316 （0.217）	−0.538 *** （0.194）

续表

变量	（1） 经健康 修正的 G-CSPI	（2） 经工作 修正的 G-CSPI	（3） 经权重 - 1 修正的 G-CSPI	（4） 经权重 - 2 修正的 G-CSPI	（5） 经权重 - 3 修正的 G-CSPI
常数	- 0.013 ** (0.006)	- 0.008 (0.007)	- 0.020 *** (0.006)	- 0.014 ** (0.007)	- 0.010 (0.007)
观察值	200	200	200	200	200
R^2	0.029	0.032	0.057	0.021	0.063

注：括号中为稳健的标准误差；*** 表示 $p < 0.01$，** 表示 $p < 0.05$，* 表示 $p < 0.1$。
（1）经健康修正的 G-CSPI：所有无法获得饮用水或卫生设施的人被认为在这一维度很贫穷。
（2）经工作修正的 G-CSPI：所有待业或从事"初级职业"或"熟练农业、林业和渔业"的人都被认为在这一维度很贫穷。
（3）经权重 -1 修正后的 G-CSPI：主要 G-CSPI 采用以下权重计算：健康0.4，教育0.4，工作0.2。
（4）经权重 -2 修正的 G-CSPI：主要 G-CSPI 采用以下权重计算：健康0.2，教育0.4，工作0.4。
（5）经权重 -3 修正后的 G-CSPI：主要 G-CSPI 采用以下权重计算：健康0.4，教育0.2，工作0.4。

附表 4　　　多维贫困—增长不平等三角（使用多维贫困发生率）

变量	多维贫困发生率	
	（1） 五年期	（2） 每个国家一期
人均 GDP 变化	- 0.237 ** (0.100)	- 0.123 (0.075)
基尼系数变化	- 0.176 (0.534)	0.053 (0.505)
常数	- 0.006 * (0.003)	- 0.007 *** (0.002)
观察值	200	91
R^2	0.042	0.018

注：括号中为稳健的标准误差；*** 表示 $p < 0.01$，** 表示 $p < 0.05$，* 表示 $p < 0.1$。

附表 5　　　　　　　按初始多维贫困水平划分的多维贫困—增长弹性

（基于 G-CSPI 和 G-M0）

变量	G-CSPI			G-M0								
	(1)	(2)	(3)	(4)	(5)	(6)	(7)	(8)	(9)	(10)	(11)	(12)
	低 G-CSPI（第 40 百分位）	高 G-CSPI（第 40 百分位）	低 G-CSPI（平均值）	高 G-CSPI（平均值）	低 G-CSPI（第 60 百分位）	高 G-CSPI（第 60 百分位）	低 G-M0（第 40 百分位）	低 G-M0（第 40 百分位）	低 G-M0（平均值）	高 G-M0（平均值）	低-GM0（第 60 百分位）	高 G-M0（第 60 百分位）
人均 GDP 变化	-0.830 ** (0.376)	-0.331 * (0.178)	-0.700 * (0.388)	-0.379 ** (0.182)	-0.638 * (0.345)	-0.457 ** (0.185)	-0.689 ** (0.274)	-0.199 (0.128)	-0.576 ** (0.285)	-0.239 * (0.128)	-0.510 ** (0.251)	-0.297 ** (0.122)
常数	0.010 (0.012)	-0.026 *** (0.008)	0.003 (0.012)	-0.024 *** (0.008)	-0.006 (0.011)	-0.019 ** (0.009)	0.011 (0.009)	-0.020 *** (0.006)	0.004 (0.009)	-0.017 *** (0.006)	-0.003 (0.008)	-0.014 ** (0.005)
观察值	91	109	109	91	132	68	92	108	108	92	133	67
R^2	0.126	0.029	0.090	0.037	0.072	0.083	0.137	0.019	0.099	0.027	0.075	0.088

注：括号中为稳健的标准误差；*** 表示 $p<0.01$，** 表示 $p<0.05$，* 表示 $p<0.1$。

附表 6　　　多维贫困—增长弹性与基于收入的贫困—增长弹性（五年期）：

仅非插值收入贫困数据

变量	(1)	(2)	(3)	(4)	(5)	(6)
	G-CSPI	贫困差距平方	G-M0	贫困差距	多维贫困人数	收入贫困人数
人均 GDP 变化	-0.192 (0.307)	-2.372 ** (1.096)	-0.184 (0.238)	-2.510 *** (0.919)	-0.201 (0.190)	-2.688 *** (0.752)
常数	-0.020 ** (0.009)	-0.039 (0.026)	-0.013 ** (0.006)	-0.025 (0.022)	-0.006 (0.005)	-0.008 (0.018)
观察值	149	149	149	149	149	149
R^2	0.006	0.076	0.009	0.117	0.017	0.188

注：括号中为稳健的标准误差；*** 表示 $p<0.01$，** 表示 $p<0.05$，* 表示 $p<0.1$。

附表 7　　　多维贫困—增长弹性与基于收入的贫困—增长弹性（五年期），

以不平等的变化为控制变量

变量	(1)	(2)	(3)	(4)	(5)	(6)
	G-CSPI	贫困差距平方	G-M0	贫困差距	多维贫困人数	收入贫困人数
人均 GDP 变化	-0.445 ** (0.198)	-2.305 *** (0.663)	-0.346 ** (0.145)	-2.255 *** (0.544)	-0.250 ** (0.104)	-2.154 *** (0.444)

变量	（1）	（2）	（3）	（4）	（5）	（6）
	G-CSPI	贫困差距平方	G-M0	贫困差距	多维贫困人数	收入贫困人数
基尼系数变化	−0.277 (0.643)	(0.663) (1.651)	−0.206 (0.572)	−0.865 (1.381)	−0.169 (0.537)	−0.463 (1.035)
常数	−0.014** (0.007)	−0.025 (0.018)	−0.010** (0.005)	−0.022 (0.015)	−0.006* (0.003)	−0.020* (0.012)
观察值	197	197	197	197	197	197
R^2	0.051	0.076	0.052	0.104	0.045	0.147

注：括号中为稳健的标准误差；*** 表示 $p < 0.01$，** 表示 $p < 0.05$，* 表示 $p < 0.1$。

信息能否改善农村治理
和公共服务的提供？*

卡特里娜·科赛克、伦纳德·旺切康**

摘　要： 在过去20年中，信息数量呈指数级增长。在这一背景下，本文探讨了在何时应如何利用信息来改善农村地区的治理和公共服务的提供。信息是政府和公民决策的重要组成部分，因此改善信息的可及性和可靠性将有利于政府工作的落实，其中就包括公共服务的提供。在农村地区，公共服务的提供尤其困难，因为世界上大多数穷人都分布在农村，由于地处偏远，农村地区面临着物流方面的严峻挑战。本文回顾了近期信息革命的特点，包括技术和制度创新如何提高信息获取能力。接着，本文提出一个问题：为什么信息往往不能为改善治理和公共服务提供足够的支持？我们认为，仅有信息是不够的。为了产生实质影响，信息必须被认为是相关的（即内容突出、有较高的信噪比），而且个人必须能够且有动机对信息做出反应。在任何情况下，把这几个因素结合起来都极具挑战性，尤其在农村地区，居民接收、理解信息和对信息采取行动的能力相对较弱。现有研究之所以未能发现信息获取对农村治理和服务提供的重大影响，主要是由于这几个因素存在缺位。我们回顾了48项关于信息对农村治理与公共服务的影响的实证研究，这些研究都支持了上述解释。最后，我们讨论了可以从发展问题研究［包括随机控制试验（RCT）］和发展进程本身得到的更普遍的经验。对信息提供采取干预措施时，我们所设计的目标需要更加保守，需要对干预措施的设计进行更全面的考量。

关键词： 信息；服务提供；治理；农村地区；问责制

　＊　本文原文请参见：https：//www.sciencedirect.com/science/article/pii/S0305750X18302468？via%3Dihub。

　＊＊　作者简介：卡特里娜·科赛克（Katrina Kosec）供职于美国国际食物政策研究中心（IFPRI），伦纳德·旺切康（Leonard Wantchekon）供职于普林斯顿大学。

一、引　言

在过去 20 年里，发展研究中最新颖、最具变革性的特征之一或许正是信息获取的指数级增长。对于研究人员来说，过时的田野调查和"大数据"方法的应用，一方面改变了他们提出问题的方式，另一方面也改变了他们采用的方法和分析的严谨程度（Einav and Levin，2014）。数据的覆盖面、收集频率和可靠性比以往任何时候都要大，而数据传输和处理也变得越来越便宜和便捷。但是，更具革命性的是，信息获取也被看作是实现经济繁荣和良好社会治理的途径。在经济领域，通过市场一体化和减少价格分散与错配的方式，能够改善生产者和消费者的信息集，从而改善两者的福利（Jensen，2007；Aker and Mbiti，2010）；相应地，在政治领域，信息同样可以作为选民的协调措施之一，从而改善选举问责制（Ferejohn and Kuklinski，1990；Fey，1997；Fujiwara and Wantchekon，2013；Keefer and Khemani，2005）。这种认知有可能对基层治理和社会制度产生深远的影响。例如，社交媒体的作用不容小觑（Howard et al.，2011）。正如美国最高法院法官路易斯·布兰代斯（Louis Brandeis）所言："阳光是最好的消毒剂。"

理论上，在农村治理与公共服务提供这一领域，信息可以显著改善发展成果。世界上约有 68% 的穷人生活在农村地区，因此对农村地区的关注至关重要（World Bank，2017）。农村公共服务涵盖农业服务（包括与推广和供水有关的服务）、基础设施建设（包括道路、诊所和学校建设），以及社会服务（如医疗保健、教育和社会保护）等。针对公共服务的投资有可能大大改善个体的生产力、收入水平和福利。这一方面是因为政府对物质和人力资本的投资直接支持了个体生计（例如，农业推广服务培训能帮助农民进行更好的投资，而公共医疗减少了疾病发生率，从而直接提高了劳动生产力），另一方面也因为这改善了个人对未来的预期，从而支持他们进行昂贵但有回报的投资（Kosec and Mo，2017；Kosec and Khan，2016）。除了提供公共服务之外，政府还通过良好的经济治理来支持经济活动。这势必要求有正式与非正式的制度机制保护产权和合同执行（Dixit，2008）。在很多发展中国家，政府往往不能发挥这些作用，甚至还存在扼杀经济活动、助长对政府的不信任的现象。因此，了解信息能否促进，以及如何促进良好的经济治理是一个重要的问题。

农村地区地处偏远，物流运输不便捷，这可能会使政府问责制和公共服务的提供尤其具有挑战性和不稳定性。农村地区的政治、经济一体化程度往往低于其他地区，而且公共服务提供者对服务使用者需求的信息不足，服务使用者对服务提供者的权力和能力的信息不足。在这样的环境中，由于信息不对称，可能损害农村居民的福利（Olken，Banerjee，Hanna and Kyle，2018）。当农村居民的整体教育水平和政治参与度相对较低时，这种情况更有可能出现。尽管面临这些严峻的挑战，但非技能型工人对政府服务的评价通常比技能型工人要高得多（Serrato and Wingender，2014），对那些有市场替代品的政府服务来说尤其如此。例如，对于更富有、劳动技能更高，从而社会地位也更高的公民，教育和医疗卫生部门的公共服务更容易被过度消费（Kosec，2014）。许多类型的公共支出（如现金转移支付）只针对贫困居民。因此，了解信息如何改善农村地区的公共服务也是减贫和经济发展的一个关键问题。

理论上，更多的信息可以减少政府的失误、改善农村公共服务提供和地方治理。在存在信息不对称的情况下，即使政府的初衷是好的，但也可能出现低效甚至错误的政策结果。而向政府提供信息可能有助于克服公共服务使用者和提供者之间的信息不对称。另外，信息的提供也可以帮助中央政府激励下级决策者加强地方治理（Hayek，1945；Kosec and Mogues，2019）。向公民提供信息可以使他们更好地监督政府，激励高质量的公共投资。事实上，只有当个人获得了关于其他司法管辖区的政策信息并能与自己所处的政策环境相比较时，他们才能"用脚投票"，以应对不良经济政策（Tiebout，1956）。当选民可以收集关于当地政策制定者的表现的信息、比较相似司法管辖区的情况时，就可以诱发"标尺竞赛"（yardstick competition），从而激励高质量的公共投资（Besley and Case，1995；Seabright，1996）。当选民拥有信息时，他们也可以更好地阐明政策优先级，并通过选举来支持更广泛的"善治"（Wantchekon，López-Moctezuma，Fujiwara and Lero，2015；Wantchekon，2017）。高质量的信息披露也可以为改善经济治理提供基础，如允许政府发布土地所有权信息或公正地裁决产权纠纷。

尽管理论上信息有很大的潜力来改善公共服务和促进经济发展，但实证证据表明，信息对公共服务有积极影响，也有消极影响。有研究显示了这种积极影响。例如，信息可以帮助中央政府比较下级政府的成果，激励他们做出努力（Jia，Kudamatsu and Seim，2015）；增加选民与媒体和信息的接触，可以提高决策者的反应能力，进而改善治理。然而，其他研究发现，向选民提供信息可能是无效的（Humphreys and Weinstein，2012；Lieberman，Posner and Tsai，2014）、好坏参半的（Chong，Ana and Karlan，2015），甚至是消极的，如抑制选民投票率，降低对政府信息的感知和对治理的影响，或导致庇护主义（clientelism）。此外，给选民提供大量信息的同时，可能需要配套成本昂贵的公民教育活动（Gottlieb，2016），这在农村以及发展中国家的环境中是难以推广的。通过参与式治理提高公民参与度的尝试也导致了好坏参半的结果。

是什么原因导致了旨在改善农村服务提供和治理的信息干预措施时而成功、时而失败？我们认为，仅提供信息是不够的；这些信息还必须满足三个必要条件。首先，它必须与接收信息的个体高度相关，这意味着内容突出且有着高信噪比。其次，个体必须有能力对这些信息采取行动。他们的能力和权限必须使得他们能够根据信息来有意义地改善自己的行为，并影响政府政策的形成。最后，个体必须有对信息采取行动的动机，因为信息能带来回报。我们认为，既往研究中，之所以发现信息获取对农村的公共服务提供和治理缺乏积极、显著的影响，是由于这三个因素中的某一个没有到位。在农村和发展中国家的环境中，个体接收、理解信息和采取行动的能力低下，与此同时将信息的相关性、个体能力和激励结合起来可能尤其具有挑战性。然而，讽刺的是，正是在这样的环境下，提供信息的回报可能是最大的。在本研究中，我们展示了三个条件中的任何一个的缺失都会导致信息无法产生预期的积极效果。

本文的结构如下：第二部分概述了研究的概念性框架。这一框架指出，信息是政府行为者和公民决策的重要组成部分，因此，理论上改善信息的可用性和可靠性可以减少信息不对称并改善治理。在此过程中，这个分析框架借鉴了委托—代理模型和农村公共服务提供中固有的信息不对称问题。第三部分讨论了新的信息革命给这些模型带来的变化，包括它是如何从根本上改变国家和社会之间的信息不对称程度的。第四部分提出了一个问题：为什么信息往往不能帮助改善治理和服务？此外，还概述了我们的主要假说，即信息产生积极影响的必要条件。第五部分提出了一些建议，以创造条件，让有能力、有动机的个体能够获得相关的信息，并对其做出反应。第六部分更详细地讨论了围绕信息提供的理论演变，包括相关性、能力和激励是否可以被视为信息产生有益影响的必要条件和充分条件。第七部分得出结论，并讨论了这些发现对发展研究、随机控制试验方法和更广泛的发展过程的影响。

二、理论框架：信息与治理

（一）信息在治理中起着关键作用

政策制定者需要根据他们所掌握的信息和现有规章制度做出决策，履行重要职能，如税收、支出、制定法律法规等。在民主环境中，公民选举出政治家来履行上述职责，根据他们掌握的信息来评估政治家的表现，并比较政治家及其政党与其他候选人的履职表现，通过改选或连选（不改选）的方式对政治家进行奖惩。同样重要的是，政治家往往既是委托人，又是代理人（Devarajan and Reinikka，2004；World Bank，2004）。在公民—政治家的委托—代理关系中，公民要求作为代理人的政治家对公民负责；但在政治家——线服务提供者的委托—代理关系中，作为委托人的政治家要求一线公共服务提供者对政治家负责。信息对这两种委托—代理关系都很重要。

为了使选举激励机制发挥作用，并激励政治家及时回应公民需求，公民必须了解政治家的职权，以及他们在这些职权方面的表现。如果公民缺乏这种信息，那么他们就不可能将在职的政治家与潜在的竞争对手区分开来，从而导致选举竞争和问责制的失灵。除了创造选举激励，信息还可以刺激公民对公共服务的需求。例如，如果公民知道政府的职能之一是为所有儿童提供免费和高质量的教育，他们就更有可能在投票时要求提供教育服务，或者通过抗议来批评低质量的教育。因此，公民手中的信息对于激励政治家努力参政和确保民主国家的高质量治理与公共服务提供至关重要。

即使在没有选举问责制的专制环境中，公民手中的信息也可能是激励政治家的关键。例如，覆盖广泛、扎根社区的社会团体可以督促政治家遵循非正式的规则和规范，从而创造出非正式的问责制度（Tsai，2007）。而政治家可能希望对公民的偏好做出回应，以避免抗议和其他集体行动的威胁（Chen，Pan and Xu，2016）。由于公民对信息的获取可能会影响社会团体的形成和集体行动，因此，公民的信息灵通与否，会影响专制政府做出不同的选择。

除了公民是否能获得信息的问题，政治家能否获得信息也会影响公共服务的提供和治理。即使政治家有意愿对公民的偏好负责并做出反应，他们也需要首先知道这些偏好是什么、实现预期结果的最有效政策是什么。选举过程本身可以帮助公民表明他们的偏好，但信息传递方面的技术创新（如向政治家发送短信、参与同政治家的在线对话等）或制度创新（如增加市政厅会议的覆盖面和包容性、进行政治分权来让相对熟悉地方情况的官员在公共投资中发挥更重要的作用等）可能有助于政治家获取公民偏好的相关信息。后者也有助于确保政策制定者了解实现预期结果的最有效方法。例如，就公共基础设施项目而言，对最佳材料、建筑公司、项目地点和时间安排的了解将有助于提高项目的质量。

信息的缺乏也会导致政府内部的委托—代理问题（Khemani et al.，2016）。这些问题包括政治领导人和政府官员之间的关系，以及政府官员和一线公共服务提供者之间的关系。政府通常在市场失灵的部门提供公共服务，这意味着基于市场信息的绩效指标相对较少，因此信息不对称会导致问责制失灵。负责执行政府政策的强势官员可能有各种私人动机，如对个别客户的利益有偏好，或者对客户有敌意，这会影响公共服务的效率和质量（Prendergast，2007）。当然，官员也可能出现腐败或缺乏激励的问题。信息有很大的潜力来解决这些委托—代理问题（Khemani et al.，2016）。当然，人们仍然担心官员可能会为了自己的利益，以损害公共产品交付和治理的方式操纵信息。

（二）提供信息的方式多种多样

赫马尼等（Khemani et al.，2016）将"信息透明"定义为公民能够获得关于政府的行动以及这些行动的后果的公开信息。政治家可以通过各种方式向公民提供有关他们的信息，包括职权、预算分配、所取得的成就以及他们的对手所做的工作等。这些信息可以采取官方报告、媒体采访、网站、竞选活动或由基层组织的外联活动等形式传播。公民也可以通过多种方式与政治家和公共服务提供者分享信息，如投票、参加政府举行的会议、写信和请愿、向媒体讲述个人故事、抗议、参与公民组织和竞选等。其他行为者也可以分享和传播信息，如一家能从某项政策决定中获益的私营公司可能希望通过传播信息来组织潜在的盟友、化解潜在的反对者。

当然，同一条信息对不同的人可能有不同的含义，这种差异可能是源于信息接收者的特征（如教育水平或对某一主题的熟悉程度），或信息提供者的特征（如可信度或动机）。因此，考虑信息如何被理解是十分重要的。

然而，重要的是，政治家、公民或其他各方提供的信息不一定起作用。个体和政治家可能根本没有接收到信息，可能认为信息是错误的、有偏差的，也可能从另一个来源收到相互矛盾的信息。信息的调整和定制可能有助于提高信息的相关性、可信度和覆盖面，但难度较高、成本高昂。此外，个人可能缺乏对信息采取行动的权力和能力。例如，地方官员可能对上级政府的决策无能为力，而穷人可能缺乏前往首都、在上级政治家面前抗议的资源。我们将在第四部分进一步阐述这一逻辑，概述要使信息有利于农村治理和公共服务提供所必须满足的三个条件：与接收者的相关性、接收者对其采取行动的能力，以及采取行动的动机。在第五部分，我们将回顾现有的文献，这些文献会解释为什么这三个条件是信息对公共产品或治理产生有益影响的必要条件。我们也认为，这三个条件不太可能是充分条件。

三、信息革命

近年来，快速的技术进步和制度创新使得信息的获取呈爆炸式增长。前者通常来自私营部门，而后者则往往来自公共部门。这两者都有可能增加信息的传播，包括在交通相对不便的农村地区。这样一来，不仅会改变农村居民的生计，而且会改变农村治理本身。

新近的技术创新，如移动电话和互联网，正在发展中国家，尤其是在农村地区广泛使用（Aker and Mbiti, 2010; Donner and Escobari, 2010; Kahn, Yang and Kahn, 2010）。从世界范围来看，过去20年人均移动电话持有量急剧攀升，并在2016年超过了1部/人（见图1）。虽然低收入国家的移动电话持有水平较低，但每100个居民中仍有约60个移动电话用户；也就是说，在低收入国家，单个个体拥有移动电话的概率更高（60%）。此外，无法使用自己的手机的个人往往也可以偶尔借用其他人的手机（Pew Research Center，2015）。图1还显示，在过去20年里，低收入国家的移动电话接入增长率与全球平均增长率相似。

随着个人信息需求的上升和信息技术成本的下降，智能手机正变得越来越普遍。例如，南非的Onyx Connect公司宣布计划销售定价30美元的智能手机，这一低价被认为是"打破了游戏规则"（Scott，2017）。这些低价智能手机无疑有助于推动低收入国家的互联网接入率，逼近高收入国家的水平并达到历史最高水平（见图2）。在过去五年中，高收入国家互联网新用户的增速开始下降，但低收入国家的速度却迅速增长，这一变化有助于缩小贫富国家之间的数字鸿沟。虽然农村地区移动电话和互联网接入的具体数据很有限，但这些数据表明了与低收入国家类似的趋势，即在过去十年中急剧增长。

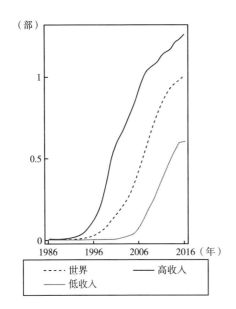

图1　每百人移动电话持有数量

资料来源：World Bank（2017）.

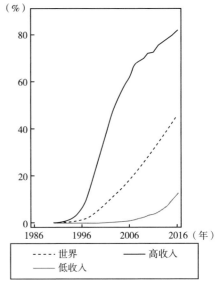

图2　互联网接入率

资料来源：World Bank（2017）.

移动电话不仅仅能够帮助农民、渔民和商人确认货物价格（Aker and Faf-champs，2014；Aker and Mbiti，2010；Jensen，2007）。当埃博拉疫情袭击尼日利亚和利比里亚时，医疗卫生工作者配备了装有GPS功能的智能手机，向控制中心提供信息以实时更新，这在应对疫情的工作中发挥了关键作用（Han-cock，2015）。在中国，手机是B2C电子商务平台的一部分，该平台覆盖面广，将25万家农村商店与客户联系起来，人们可以搜索从电子产品到金融产品等各类商品，且所有商品都由中国快递公司配送（Rowan，2017）。移动电话也在改变我们的支付方式。在全球范围内，数字支付的总价值已经超过2万亿美元，预计到2021年将每年增长16%（Statista，2017）。不过，阿克尔和姆比蒂（Aker and Mbiti，2010）也警告，移动电话不是推动经济发展的灵丹妙药，提供生产性公共投资的机构的支持也至关重要。

不仅互联网接入率处于历史高位，网速也在继续攀升。在2014年、2015年和2016年，全球网速分别增加了30%、23%和15%。虽然增长速度趋于平缓，但每年的增长仍然是巨大的。此外，初始网速较低的国家的增长率最大，这与正在发生的追赶现象一致（Akamai，2015，2016，2017）。

互联网的一个用途是连接公民和政府。一种方式是通过所谓的"电子政务"，这有望从根本上改变国家与社会的互动。例如，在许多地方，公民可以通过网络获得相关信息、下载和提交表格、上传投标书和建议，并对政府的表现提供在线反馈。这些互动的频率往往随着网速的增长而增长（Eurostat，2010），预计未来几年这类互动会变得更加频繁。一些地方的政府也开始允许公民用手机短信联系政策制定者，这已被证明可以提高选民投票率（Aker，Collier and Vicente，2017）。令人鼓舞的是，这种形式的互动已被证明对穷人和边缘化公民最有利，从而拉平了建言献策参与者的收入梯度（Grossman，Humphreys and Sacramone-Lutz，2014）。

更高级别的公职人员也越来越多地使用新技术来监督一线公共服务提供者。例如，在许多情况下，服务提供者现在被要求分享他们的位置坐标，拍摄照片或录制视频。此外，研究表明，这些技术可以改善公务员的表现（Duflo，Hanna and Ryan，2012）。

各地政府也在利用技术来改善其保存记录和公共服务的针对性。例如，2003年，时任世界卫生组织总干事李钟郁说："要使人有价值，我们首先要能够统计人"（李钟郁，2003）。从那时起，技术已经在推动全球加强民事登记和生命统计方面有了实质性进展，影响了人口登记、司法、卫生、统计等政府部门和公民社会的发展（AbouZahr et al.，2015）。除了统计人口外，技术也被用于统计基础设施、住宅和贫困的地区。例如，夜间照明的卫星图像和高分辨率的日间图像被成功用于估计家庭消费和资产（Jean et al.，2016）；这些数据有助于帮助政府估计贫困的发生率，从而能更好地将公共产品分配给最需要的公民。政府也开始使用移动支付（Aker，Boumnijel，McClelland and Tierney，2016）和其他高科技支付机制（如借记卡和智能卡）来开展现金转移支付。这些机制在贫困的农村环境中曾经很少见，而现在已经变得无处不在（World Bank，2015）。

除了信息数量的增长，近年来人们获取信息的能力也在成倍增长。更加强大的计算机以及数据传输和存储便利性方面的进展，特别有利于机器学习领域的发展。机器学习的图像应用，从显微镜到卫星成像，都显示出很好的效果。例如，奎恩等（Quinn，Andama，Munabi and Kiwanuka，2014）的研究表明，在乌干达，可以用智能手机实时、准确地诊断疟疾，节省宝贵的时间和资源。莫汉蒂、休斯和扎拉特（Mohanty，Hughes and Salath，2016）着手根据叶子的照片来识别植物疾病；他们开发了一种能在智能手机上运行的算法，可以在作物疾病蔓延之前准确地检测到。让等（Jean et al.，2016）尝试利用便宜的卫星图像而不是成本高昂的家庭调查来识别几个非洲国家的贫困情况。

当然，大量的信息使得接收者也很难将相关、准确的信息与不相关、不准确的信息区分开来。也就是说，过多的信息可能会带来一些"成本"。假新闻便是这个问题的一个表现。我们知道，如果假新闻符合预先存在的信念和偏见，那么人们就更有可能相信这些假新闻（Allcott and Gentzkow，2017）。幸运的是，信息革命的进一步发展可能有助于解决这个问题；例如，机器学习的应用正被用来检测新闻的真实性并标记假新闻（Conroy，Rubin and Chen，2015）。

在技术进步推动信息革命的同时，制度创新也增加了公民对政策制定过程本身的信息获取能力和影响力。社区驱动发展（Community Driven Development，CDD）倡议、市政厅会议、政府信息透明倡议以及将责任下放到理论上更容易受到公民影响的地方一级等措施都体现了这一点。如果这些举措真正能够为参与者赋权，也就是说，如果通过社区参与产生的政策最终与实施的政策足够接近的话，那么它们有可能进一步增强信息的可及性，并有可能形成一个良性循环。

虽然影响广泛的技术和制度创新正在促进信息的获取，但它们对农村地区的影响却有限。例如，尽管移动支付的使用迅速增加，但只有 8% 的移动支付用户生活在农村地区（Buckle，2017）。个体的物质和人力资本也可能限制他们接收信息或使用新技术的能力。例如，在利用电子政务服务方面存在很大的教育梯度（Eurostat，2010）。这可能会限制信息对农村地区扶贫工作的贡献。这就提出了一个问题：如何在更具挑战性的农村地区充分利用信息的作用？

四、信息何时能带来期望的结果？

信息不是万能的。正如我们在文献综述中所讨论的那样，在不少案例中，无论是为个人还是为政策制定者扩大信息获取渠道的努力都没能惠及农村治理与公共服务的提供。在此，我们为这一事实提供了一个解释：对许多治理相关的政策后果而言，仅靠提供更多信息不足以改善，而是要必须额外满足三个必要条件：信息必须与个体相关、个人必须有权根据信息采取行动、个人必须拥有根据信息采取行动的激励。以下我们将依次分析这些条件，以更好地理解为什么仅靠提供信息可能无法产生期望的结果。

（一）相关性

任何信息都必须被信息接收者认为是与之相关的。所谓相关性，指的是信息涉及对信息接收者来说很重要的问题或关切，而关于其他问题的信息可能会被忽略。这也意味着个人认为这些信息是准确的、可信的、有意义的，以及具体的，尤其是在当今信息越来越丰富且充斥着大量无关信息的环境中。筛选信息并将重要和准确的信息从其他信息中分离出来需要耗费大量的时间，且对教育和技能水平有一定要求，而贫困的、弱势的个人可能缺乏这种能力。尤其是在信息之间相互冲突的情况下，这种时间负担变得更大；个人必须能够在一个信息质量难以保证的情况下区分真信息和假新闻。

现有研究显示，缺乏相关性会使信息无法改善治理和公共服务。例如，博厄斯和伊达尔戈（Boas and Hidalgo，2018）说明了信息必须具有一定重要性。在巴西的 Pernambuca 地区，他们分析了将"市长使用联邦资金来防治蚊子传播的疟疾"的信息提供给选民后的政治影响。他们的研究证明，总体而言，这些信息对选民投票行为几乎没有影响；只有那些有熟人患有小头症（一种婴儿头部明显小于正常值的疾病，通常是由于大脑发育异常造成的）或因蚊虫叮咬而导致疾病的选民，在收到有关政府灭蚊工作的负面信息后，才会通过不投票的方式表达不满。他们的分组研究对这一结论进行了拓展：控制和杀灭蚊虫是一个关注度低的问题，主要与地方病而不是流行病有关，而地方病是难以避免的，因此选民一般不会据此做出反应。虽然国际社会对寨卡病毒感到担忧，但这些易感的当地社区居民反倒不那么担心——确切地说，他们对蚊子传播疾病习以为常。这一研究提醒我们，需要考虑新增信息如何与现有信息和观念相互作用，从而影响个体感知到的信息相关性。

此外，信息与个人高度相关还要求信息具有高信噪比。格罗斯曼、普拉塔斯和洛邓（Grossman，Platas and Rodden，2018）的研究很好地说明了其重要性。他们发现，乌干达的一个新的信息通信技术平台允许公民向当地政府官员发送免费的匿名短信，但这并没有改善政府向公民提供的公共服务，其原因主要是信噪比低：即使决策者认同公民对服务交付结果的关切，并出于选举或其他动机想要采取行动，但投诉通常过于模糊，无论是问题的性质、期望的解决方案、受影响的地理区域，还是其他一些关键细节，都使他们无法采取行动。这就造成了文本信息的无关性。此外，由于信息可以自由发送，而且除了时间外几乎没有成本，个人也很难表明他们所关心的问题的重要性。其结果是，当地政府官员通常把这些信息当作噪音，然后忽略掉这些信息。这项研究提出了这样一个问题：相比毫无成本地提供信息而言，提高提供信息所需的成本是否能够更有效？提高发信息的成本可能有助于让发送者了解信息本身的价值，并可能促使发送者更认真地考虑如何使他们的信息更清晰、更具体。

相关性也可能受到信息发送者身份的制约。例如，巴蒂斯塔、塞瑟和维森特（Batista，Seither and Vicente，2018）对莫桑比克的研究表明，当接触过更完善的政治制度的移民返回家乡后，能给他们身边的人带来更多的政治参与和选举相关知识。但需要注意的是，如果这些移民不是自己的邻居或家庭成员，但经常与其交流沟通，此时带来的改善似乎最大。聊天伙伴似乎提供了关于政治进程及其重要性的高相关性信息和关于多变的社会规范的信息，而这些信息在刺激他们身边的人参与政治方面有很大的影响力。因此，作者提供的证据表明，"家庭成员是最有影响力的信息传递者"的这一传统假设可能是没有根据的，并强调在考虑如何利用公民手中的信息作为改善治理的工具时，需要了解个人的社会网络和互动情况。

相关性还意味着信息是新的、有用的。如果某个信息已经为人所知，或者由于存在其他可信的信息来源而失去作用，那么它就不太可能被采取行动。例如，邦泰等（Buntaine et al.，2018）研究了乌干达各地区的选民选择，发现通过短信提供的关于地方政府预算中违规行为的新信息只影响到对低级别政治家的票选结果。对于更高级别的政治家，选民更依赖其他预先存在的信息来源，因此更有可能无视提供的任何新信息。克里斯蒂恩等（Christian，Kondylis，Mueller，Zwager and Siegfried，2019）也提供了一个例子。他们的研究表明，向农民提供每个作物生长阶段的必要用水量信息，可以消除用水时而过多、时而过少的低效灌溉，并消除在水资源分配方面产生的冲突。然而，额外提供"个人实际用水量"的信息并没有产生额外的效果：要么个人已经知道自己用了多少水（这样这些信息就并不是新的），要么"必要用水量"的信息中已经提供了指导未来用水的所有必要信息，使"个人实际用水量"的信息变得不重要。

最后，信息要具有相关性，就必须能够被理解。阿里亚斯等（Arias，Larreguy，Marshall and Querubín，2018）围绕墨西哥 2015 年的市政选举进行了一项实验，以测试向选民提供在职者业绩信息的效果如何随共享信息的内容和形式而变化。他们发现，与简单地分发有墨西哥市长审计业绩信息的传单相比，将市长的业绩与本州其他市长的业绩进行比较，对信念或投票行为没有产生额外的影响。选民们要么不理解比较的基准，要么相信不同市长的业绩是不相关的。这提醒我们，不应当假设人们会按照我们预想的方式来听取和理解信息。

（二）行动权

收到信息的个人必须有权采取相关的行动。对政策制定者而言，他们的能力和职权必须使他们有能力根据信息有意义地改变自己的行为，从而带来理想的治理和公共服务结果。就公民而言，他们作为公民的权利和他们在社区中的地位——其中精英控制往往存在，而穷人和农村居民的流动性往往很低——必须允许他们对所接收到的信息做出反应。在这里，区分事实上的行动权和法律上的行动权也很重要。尤其是在农村地区和发展中国家，穷人往往缺乏对他们所接收到的信息采取行动的能力或职权。在这种情况下，尽管穷人拥有法律上的行动权，但他们可能缺乏事实上的行动权，而后者往往是判断他们是否被真正赋权的重要标志。

莫格和欧罗芬比依（Mogues and Olofinbiyi，2019）在对尼日利亚农业政策多维治理的研究中说明了将信息与行动权结合起来的重要性。农业部门对生产力和粮食安全，特别是对农村生计来说至关重要。作者对三种不同类型的信息不对称进行了定性和定量分析：当选的政治家和官僚系统之间，政府高层和低层之间，以及公民和政治领导人之间。他们的研究表明，和其他非洲国家一样，在尼日利亚，那些在农业问题上拥有优势信息和专业知识的人往往不能左右农业部门公共资源的分配，甚至不能左右农业内部独立项目与活动的资源分配。决策者的技术知识水平往往较低。此外，虽然从理论上讲，地方决策者的信息应该优于国家决策者的信息，但地方政府的预算却受到国家层面决策者的控制。这种拥有信息的人却无权根据信息采取行动的情况，有助于解释为什么对公民福利没有什么积极影响的政策反倒能够获得通过。要想让信息在类似情况下改善公共服务的提供，就需要将信息和专业知识与政治权力更好地匹配起来。

邦泰、丹尼斯和德维林（Buntaine，Daniels and Devlin，2018）在对乌干达布温迪国家公园附近村庄的一个社区发展项目的研究中证明了公民拥有行动权的重要性。他们发现，向公民发送即时性的、有针对性的信息来解释他们何时以及如何参与社区项目规划，对公民或决策者的行为没有什么影响。在8个月的时间里，他们向当地居民发送了大约60条短信，介绍由公园赞助的收入分享计划是如何运作的、居民何时以及如何参与，但这并没有改善他们的知识水平、项目规划参与度、对政府效率的看法以及对当地机构的满意度。研究表明，发生这种情况是因为信息突出了这些人在传统上被排除在外的事实，并且单纯发送信息并不能帮助个人克服社会障碍、参与到决策中来。在乌干达妇女是边缘化的群体，对她们来说，这些信息甚至起到了反作用，对妇女参与项目规划的可能性产生了重大的负面影响。作者表明，没有行动的信息不可能改善农村治理，在信息发放过程中必须考虑到个人现有的信息集，以及他们在社区中的地位（例如，在社会中的边缘化程度）。

（三）对行为的激励

接收信息的个人必须拥有回应信息的激励。也就是说，根据信息采取行动必须是有回报的，能得到收益的。然而，无论是对决策者还是对公民来说，情况可能都并非如此。对于决策者来说，政治预算周期可以解释他们为什么没有根据信息采取行动：如果投资在决策者任职期间不会产生正收益并使其可以从中受益，那么他们可能不愿意进行这种投资。例如，莫格和欧罗芬比依（Mogues and Olofinbiyi，2019）讨论了公共投资如何偏向于投入到知名度高但回报低或效率低的项目；即使决策者收到了低知名度的项目将在长期内产生高回报的信息，由于选举周期的限制，这些回报可能不足以激励他们做出投资决策。这种决策倾向特别有助于解释对农业公共服务的低投资现象。

同样，伊文思、霍尔特梅耶和蔻赛可（Evans，Holtemeyer and Kosec，2019）的研究表明，更多的信息可能会鼓励地方领导者改善政府信息记录，但他们会偏向于在政府高层和转移支付提供方明确强调的领域这样做。研究特别指出，在坦桑尼亚的一个当地社区管理的现金转移支付项目中，转移支付的前提条件是教育与医疗得到改善，这使得地方官员倾向于更妥善地做好学校和卫生委员会的会议记录。在社区会议较为频繁的村庄，这些会议记录有助于传播有关当地政府表现的信息。但转移支付的前提条件对其他记录的保存没有影响，如安全和财务委员会会议的记录。我们再次看到，政府受到了信息的激励（在本案例中，信息来自社区会议，并可能提供给其他政策制定者），但只存在于他们的努力可见并可能产生直接效益的领域（在本案例中，只有教育和医疗得到改善才能得到进一步的转移支付）。

激励行动还要求我们了解现有的行动障碍（无论是否与信息有关），以及信息是否足以消除这些障碍。若非如此，信息可能不足以对行动产生影响。例如，阿里亚斯等（Arias et al.，2018）发现，与简单地在整个社区分发墨西哥市长的审计业绩信息的传单相比，在分发传单的同时用扩音器宣传，对人们的信念或投票行为没有产生额外的影响。尽管使用扩音器让更多的人知道了传单的发放，但它并没有明显激励选民的协作。这种协作的成本可能很高，或者感知到的回报很低，以至于仅靠信息的增加不足以确保它的发生。在这种情况下，可能需要改变信息传递机制，或者需要一些额外的干预来激励个人根据信息采取行动。

五、综合考虑信息的相关性、行动权与行动激励

一些成功的案例表明，当信息的相关性、行动权和行动激励结合在一起时，可以改善与治理有关的结果。例如，库马尔等（Kumar et al.，2018）的研究表明，在印度，加入互助小组的妇女有更高的概率拥有选民身份、参与选举并投票、参加村委会会议（gram sabha）并相信村委会（gram panchayat）能对她们的需求作出回应。她们也更有可能参与到公共福利计划当中。这些互助小组提供的信息与她们高度相关；小组成员可以从其他成员的劳动和支持中受益，而且在极端贫困的情况下，权利保障制度的建立是很重要的。这些动机也激励着妇女根据信息采取行动。互助小组提供的支持给了妇女采取行动的力量和发声渠道。信息的相关性、行动权和行动激励相结合的结果就是这些妇女在获得社会保护和政治影响方面的改善。

万切克恩和里亚兹（Wantchekon and Riaz，2019）的研究还表明，将信息与行动权和行动激励相结合，可以通过向政府施压以应对粮食危机，为农村贫困人口带来良好结果。他们展示了手机可以作为一种工具，帮助农村居民表达他们的诉求。当农村居民没有动员能力，或者由于政治边缘化而无法在农村有效抗议时，信息技术可以有助于将他们这些城市居民联系起来，从而增强他们的代表性和说服力。手机能更好地将农村居民与其他人联系起来，将信息传递转化为一种整合工具，为农村居民赋权。农村居民出于自身对粮食安全的关注和信息获取的低成本而被激励去向外界求助，而城市居民由于与农村个体的密切关系而受到激励，为农村居民发声。通过这种方式，相关信息、行动权和行动激励的结合可以增进粮食安全。

然而，即使没有行动权和激励措施，信息似乎也能产生可预期的、有益的影响。具体来说，当信息改善的目标是对政策的认知、态度和偏好，而不是政策的具体变化时，单靠信息就可能改善。伊文思等（Evans et al.，2018）提供了一个例子：在坦桑尼亚当地社区管理的有条件现金转移支付项目中，如果项目实施前展开了充分的社区会议，则人们对领导者的信任度提高最多。虽然社区会议和会议上传达的信息不一定为个体提供大量的行动权和激励以采取成本

高昂的行动（毕竟没有证据表明社区会议数量会产生明显不同的结果），但这些会议确实带来信息的充分流动，并通过改善对领导者的看法，帮助现金转移支付项目的实施。然而，这些会议对更具体、更现实的政策效果（如政府的透明度）没有影响。基弗和赫马尼（Keefer and Khemani, 2018）提供了另一个例子：社区广播使得公民偏向于支持政策制定者提供医疗卫生和教育领域的公共产品，而非提供私人转移支付，原因是接触广播会使居民更多地接触到有关医疗卫生和教育重要性的节目。这种政策结果体现的是人们对政策的认知。尽管社区广播没有为人们的行动提供行动权和行动激励，但它提供的信息被认为是与人们的生活相关的，并能够影响人们的观念。当然，一般来说，最重要的政策效果一般与政府提供的公共品、通过和维护的法律有关，而不仅仅是人们的观念。这也表明了个体拥有行动权和激励措施以根据信息采取行动的重要性。

六、是必要条件，还是充分条件？

截至目前，我们认为信息在改善农村治理和服务提供方面存在一些潜在的障碍。具体来说，如果信息不被认为是相关的，如果接收信息的个人没有能力采取行动，或者如果个人没有动机来采取行动，信息可能无法带来积极的影响。表 1 系统性地回顾了相关文献，这些文献支持我们将这三个条件作为必要条件。这里我们总结了本文所引用的 48 个关于信息影响的实证研究，列出了所研究的信息的性质、信息接收者是否认为它是相关的，他们是否能采取行动，他们是否有动机采取行动，以及这些信息对公共服务提供或治理结果的影响（积极的、好坏参半的、无效的或消极的）。在 48 项研究中，有 28 项（即58%）信息产生了整体的积极影响，而有 20 项（即 42%）信息产生了混合、无效或消极的影响。然而，我们发现，当三个条件中的任何一个缺失时，信息都没有产生积极影响。在发现产生混合、无效或消极影响的研究中，这三个条件中至少有一个是缺失的（在这 20 个研究中，三个条件平均有 1.25 个缺失）。这为我们解释这三个条件（相关性、行动权和行动激励）非常必要提供了证据。

表1 信息对政府治理与服务提供影响的实证研究总结

作者	国家	信息类型	信息产生的后果	信息产生的影响	相关性	行动权	行动激励
Ahrend (2002)	跨国研究	免费报刊发行	腐败	积极	是	是	是
Aker et al. (2017)	莫桑比克	短信传播、揭发选举不当行为的短信和热线电话、免费报纸传阅	选民投票率、选举问题、问责制下的选民参与	积极	是	是	是
Banerjee et al. (2011)	印度	关于现任政府表现和候选人资格的政策效果报告	选民投票率、选票占有率	积极	是	是	是
Batista et al. (2018)	莫桑比克	关于移民回迁的信息	候选人合格程度、选民投票率、政治参与情况	积极	是	是	是
Besley and Case (1995)	印度	报刊传阅与选举问责制	公共食物分配，灾难性救济	积极	是	是	是
Besley and Case (2002)	美国	当地政策制定者的税收决策行为、与相邻的州的对比	选举结果、税率变化	积极	是	是	是
Brunetti and Weder (2003)	跨国研究	免费报刊发行	腐败	积极	是	是	是
Duflo et al. (2015)	肯尼亚	对有合同制教师的小学的学生家长进行赋权	公务员教师的努力、合同制教师的公平待遇	积极	是	是	是
Duflo et al. (2012)	印度	教室监控设备	教师出勤率	积极	是	是	是
Evans et al. (2018)	坦桑尼亚	关于现金转移支付项目的社区论坛	对领导者的信任	积极	是	是	是
Ferraz and Finan (2008B)	巴西	各市转移支付款项使用的随机审计	现任者在选举中的腐败	积极	是	是	是
Fujiwara and Want Chekon (2013)	贝宁	作为总统选举的一部分，用市政论坛取代群众集会	选民投票率、选票占有率	积极	是	是	是

续表

作者	国家	信息类型	信息产生的后果	信息产生的影响	相关性	行动权	行动激励
Gottlieb (2016)	马里	通过选民课程提高当地政府责任、地方执政能力	集会表现、对政府的态度	积极	是	是	是
Grossman et al. (2014)	乌干达	对通信技术进行补贴	按收入分位的信息服务	积极	是	是	是
Howard et al. (2011)	突尼斯、埃及	社交媒体的影响	政治相关的博文数量	积极	是	是	是
Jia et al. (2015)	中国	向上级政府提供省级经济增长信息的作用	将省级干部推选到更高级别	积极	是	是	是
Keefer and Khemani (2005)	印度	识字率、自主性与公开透明	健康与教育投入、集体行动、公共品支出	积极	是	是	是
Keefer and Khemani (2018)	贝宁	社区广播的可及性	信息的私人收益取代了公共收益	积极	是	是	是
Kosec and Mogues (2019)	埃塞俄比亚	中央—地方政府的现有信息不对称	信息推送的成果	积极	是	是	是
Kumar et al. (2018)	印度	女性自主社群的参与情况	当地政府参与率、投票规则、公共活动参与度	积极	是	是	是
Olken et al. (2017)	印度尼西亚	通过邮件传递现金转移支付项目信息	家庭获得平均津贴	积极	是	是	是
Peisakhin and Pinto (2010)	印度	《信息权法》要求联邦和各邦办公室都要有专门的员工来处理公众的询问	贫民窟居民获得配给卡的情况	积极	是	是	是
Reinikka and Svensson (2004)	乌干达	学校系统对公立学校补助金计划的认识	管理赠款的官员获取的资金	积极	是	是	是
Reinikka and Svensson (2005)	乌干达	报纸宣传鼓励家长监督公立学校补助资金的滥用情况	入学率和学生学习	积极	是	是	是

续表

作者	国家	信息类型	信息产生的后果	信息产生的影响	相关性	行动权	行动激励
Wantchekon and Riaz (2019)	跨国研究（非洲）	作为连接性代表的移动电话覆盖率	粮食产出、参与选举、集体行动	积极	是	是	是
Strömberg (2004)	美国	电台普及率和节目	获得新政救济资金	积极	是	是	是
Wantchekon (2017)	贝宁、菲律宾	以政策为导向的竞选信息，并通过市政厅会议听取选民的意见	选票份额，投票率	积极	是	是	是
Wantchekon et al. (2017)	菲律宾	市政厅、议事论坛作为国会选举中的竞选方法	选票份额，按人口统计	积极	是	是	是
Humphreys and Weinstein (2012)	乌干达	向选民提供关于议会成员表现的记分卡	议员的连任机会和表现	无效	否	是	是
Humphreys et al. (2012)	刚果民主共和国	一个由社区驱动的重建计划，使个人接触到更好的治理和社会凝聚力的概念	善治、透明度、信任和社会凝聚力的相关措施	无效	是	否	是
Lieberman et al. (2014)	肯尼亚	家长了解孩子在识字和算术测试中的表现，并就如何更多地参与学习提出建议	帮助学校和儿童学习过程的公共和个人行为	无效	否	否	是
Mogues and Olofinbiyi (2019)	尼日利亚	专家和当选官员之间、各级政府之间以及选民和官员之间现有的信息不对称现象	农业资源分配模式	无效	是	否	是
Ravallion et al. (2015)	印度	关于大型扶贫项目中个人权利的娱乐性电影	参与率，对项目、就业、工资的看法	无效	是	否	是
Arias et al. (2018)	墨西哥	关于执政党表现的传单信息（用扩音器宣布和额外的基准）	执政党的得票率	混合	否	是	否
Banerjee et al. (2010)	印度	关于现有教育机构的信息，对社区成员进行有关儿童测试的培训，以及培训志愿者以在补习营授课的信息	社区参与、教师努力、学习成果	混合	是	否	是

续表

作者	国家	信息类型	信息产生的后果	信息产生的影响	相关性	行动权	行动激励
Boas and Hidalgo（2018）	巴西	关于市长使用联邦资金防治蚊虫传播疾病的信息	投票行为	混合	否	是	是
Buntaine et al.（2018）	乌干达	向当地社区成员发送关于布温迪国家公园收入分享计划的短信	参与布温迪国家公园发展项目，对当地机构的满意度	混合	是	否	是
Casey et al.（2012）	塞拉利昂	社区发展倡议，以刺激有效治理中的"边做边学"	公共产品的提供、经济成果、少数族裔参与的性质	混合	是	否	是
Chaudhury and Parajuli（2010）	尼泊尔	参与性的学校管理权力下放，使学校的管理更加知情	教育机会和公平，学习成果，学校管理成果	混合	是	否	是
Chong et al.（2010）	墨西哥	关于执政者腐败、支出行为和社会项目的信息	选民投票率、执政者选举结果	混合	是	否	否
Conroy et al.（2015）	墨西哥	执政者的业绩信息	选民投票率、执政者选举结果	混合	是	否	否
Christian et al.（2018）	莫桑比克	向农民提供的一般用水指南，包括实际用水情况和不包括实际用水情况	水资源不足的冲突	混合	否	是	是
Driscoll and Hidalgo（2014）	格鲁吉亚	民主促进活动，包括如何提出正式投诉和监督选民登记的细节	公民行动主义、选民投票率	混合	否	是	是
Grossman et al.（2018）	乌干达	向政府官员发送匿名信息的平台	提供服务的结果	混合	否	是	是
Olken（2007）	印度尼西亚	要求政府对所有乡村道路项目进行审计，并为个人参与社区监督提供基层信息	支出报告中的差异	混合	是	否	否
Cruz et al.（2016）	菲律宾	市长选举竞争中，候选人的支出计划、拟议拨款和承诺的细节	贿选	消极	是	否	是

续表

作者	国家	信息类型	信息产生的后果	信息产生的影响	相关性	行动权	行动激励
Jung et al. (2012)	乌干达	鼓励投票，并在投票后提供有关手指印的信息	选民投票率	消极	是	否	是
Protik et al. (2018)	卢旺达	加强公民参与计划促进了公民对地方治理的参与	对政府的感知、影响和满意度，对政府会议和事务的认识	消极	否	是	是

　　然而，任何有关信息如何影响农村服务提供和治理及其演变的理论都可能表明，这三个条件并不充分。即使信息接收者能够根据信息采取行动，其他行为者也可能有能力阻止他们实现服务提供或治理的改善。关键在于，信息缺乏是否真的是首要的制约因素？如果不是，那么即使有人采取行动，提供信息也可能不会产生有益的影响。例如，在一个民主的政治体系中，知情的公民旨在对公共官员进行问责，那么只有在该官员有能力、有意愿并且能够采取适当的行动时，信息才能带来积极后果。一系列的个人喜好和政治动机可能会扰乱这一点。归根结底，激励机制必须存在于两方面：一方面是那些希望实现政策改进的人，另一方面是那些有能力促进或阻止政策改进的人。

　　另一个原因是，考虑到不同信息的性质，具备这三个条件可能还不足以确保改善服务和治理。有些信息有可能破坏法律和社会秩序。例如，如果政府宣布的统计数据表明因偷税漏税而被抓的概率很低，那么这类信息可能会增加逃税，从而减少用于提供公共产品的资金；或者，如果政府宣布自身缺乏对应紧急状况的能力，那么这类信息甚至可能会煽动混乱，破坏政府的维稳能力。这些例子强调了仔细考虑信息相关理论的重要性，对政策制定者、实践者以及研究者来说都是如此。

七、结　论

　　本文旨在推动关于信息如何影响基层治理和农村发展的研究议程。信息传播的普及和质量的提高带来了关于信息影响的新问题，同时也为研究人员提供了更好的工具和数据来回答社会发展的基本问题。信息的可用性不断提高，也带来了机制创新和其他激励公民参与政策制定过程的尝试。本文给政策制定者、发展实践者和研究人员提供了新的见解，即如何利用信息来改善农村服务的提供和治理。相关文献强调了认真对待制度环境、信息类型和信息传输机制的重要性。我们从相关文献中了解到，仅有信息是不够的；信息必须同时满足三个条件：与信息接收者相关、信息接收者必须有能力采取行动、有动机采取行动。当这三个要素中的任何一个缺失时，信息就不会产生预期的、有益的效果。

这就提出了一个重要的问题：哪些条件能带来信息相关性、行动权和激励机制？营造这些条件是很有挑战性的，尤其是在农村地区和发展中国家，那里的教育水平、流动性（以及公民"用脚投票"的能力）和问责机制往往处在低水平。政府拥有巨大的权力，既可以帮助实现这些条件，也可以阻碍这些条件的形成。一方面，当政府参与到建立政府网站、为获取通信技术提供补贴、公开发布信息和鼓励公民对话，或以其他方式让公民参与决策等活动中时，可以帮助实现这些条件。另一方面，政府也可以破坏这些条件的形成。例如，政治家可能会参与贿选，以确保拥有相关信息的选民有能力利用这些信息来获取有效和高效的公共开支，但却缺乏这样做的激励（Cruz et al.，2016）。虽然政府发挥着重要作用，但即便在没有政府的明确支持（甚至政府的反对）的情况下，非官方的行动者在实现这三个目标方面也很关键。例如，媒体、基层公民组织、非政府组织和发展实践者，甚至研究人员，都可以在存在行动权和行动激励的情况下提供相关信息。这些行动者还可以通过公民教育和能力强化活动，帮助个人了解如何利用现有的正式和非正式制度来获得行动权，以实现政策变革。

为了使得信息能够产生影响，本文指出，在随机控制实验和其他涉及信息的实验中，必须考虑将信息与真正的行动权和激励措施匹配起来，以便对其采取行动。而社区驱动的发展和政府提案也必须同样纳入一个制度架构，以确保知情的个人确实能获得发言权和影响力。将所有这三个因素（相关性、行动权和行动激励）结合起来无疑具有挑战性，不仅在于一类行为者（如政府）可能会抵制另一类行为者（如公民社会）的努力，更在于要把这三个因素结合起来，就必须事先知道信息可能产生的影响，而人类行为具有天然的不可预测性，且有无数的因素可能对其产生影响。对于研究人员来说，这突出了定性工作在随机控制实验设计和理论研究方面的重要性。然而，这也表明，我们有理由对信息促进社会责任的前景保持乐观。至少在短期内，更温和的目标可能更合适（例如，增加知识，而非立即改变行为或政策）。对持续性信息干预的长期研究则可能有助于说明哪些潜在途径能够改变公共服务提供情况和政策设计。对于政府和从业人员来说，试点干预措施是有益的，它能帮助人们密切关注各种利益相关者和可能影响信息相关性、行动权和行动激励的政策环境的各个方面。

　　尽管在理想状态下，应当同时将信息的相关性、行动权和行动激励结合在一起，但值得一提的是，有时信息可能具有内生价值。当个人缺乏行动权且认为信息不相关时，提供信息可以帮助改变这种情况。通过接触这些信息，个人可能开始意识到其相关性，并且最终可能寻求行动权来采取行动。例如，在美国，民权领袖利用接收到的个人权利信息来动员个人采取行动，甚至带来制度上的改变。这凸显出信息的重要性不仅在于当下的相关性和个人在当下的权力和行动激励，也在于它们在未来可能发生的变化。

参 考 文 献

Ahrend，R.（2002）．Press freedom，human capital and corruption. DELTA working paper（2002 – 11）．

Akamai（2015）．Akamai's［state of the internet］Q1 2015 report．

Akamai（2016）．Akamai's［state of the internet］Q1 2016 report．

Akamai（2017）．Akamai's［state of the internet］Q1 2017 report．

J. C. Aker，R. Boumnijel，A. McClelland，N. Tierney. Payment mechanisms and antipoverty programs：Evidence from a mobile money cash transfer experiment in niger. Economic Development and Cultural Change，65（1）（2016），pp. 1 – 37．

J. C. Aker，P. Collier，P. C. Vicente. Is information power? Using mobile phones and free newspapers during an election in Mozambique. Review of Economics and Statistics，99（2）（2017），pp. 185 – 200

J. C. Aker，M. Fafchamps. Mobile phone coverage and producer markets：Evidence from west Africa. The World Bank Economic Review, 29 (2) (2014), pp. 262 – 292.

J. C. Aker, I. M. Mbiti. Mobile phones and economic development in Africa. The Journal of Economic Perspectives, 24 (3) (2010), pp. 207 –232.

H. Allcott, M. Gentzkow. Social media and fake news in the 2016 election. Journal of Economic Perspectives, 31 (2) (2017), pp. 211 –236.

Arias, E., Larreguy, H., Marshall, J., & Querubín, P. (2018). Does the content and mode of delivery of information matter for electoral accountability? Evidence from a field experiment in Mexico.

A. V. Banerjee, R. Banerji, E. Duflo, R. Glennerster, S. Khemani. Pitfalls of participatory programs: Evidence from a randomized evaluation in education in India. American Economic Journal: Economic Policy, 2 (1) (2010), pp. 1 –30.

Banerjee, A. V., Kumar, S., Pande, R., & F. Su (2011). Do informed voters make better choices? Experimental evidence from urban india.

C. Batista, J. Seither, P. Vicente. Do migrant social networks shape political attitudes and behavior at home? World Development, 117 (2018), pp. 328 –343.

T. Besley, R. Burgess. The political economy of government responsiveness: Theory and evidence from India. The Quarterly Journal of Economics, 117 (4) (2002), pp. 1415 –1451.

T. Besley, A. Case. Incumbent behavior: Vote seeking, tax setting and yardstick competition. American Economic Review, 85 (1) (1995), pp. 25 –45.

T. Boas, D. Hidalgo. Electoral incentives to combat mosquito-borne illnesses: experimental evidence from Brazil. World Development, 113 (2018), pp. 89 –99.

A. Brunetti, B. Weder. A free press is bad news for corruption. Journal of Public Economics, 87 (7) (2003), pp. 1801 –1824.

Buckle, C. (2017). 7 in 10 Mobile Payment Users Live in Urban Environments. https://blog. globalwebindex. net/chart-of-the-day/7-in-10-mobile-payment-users-live-in-urban-environments/.

M. T. Buntaine, B. Daniels, C. Devlin. Can information outreach increase participation in community-driven development? A field experiment near Bwindi National

Park, Uganda. World Development, 106 (2018), pp. 407 – 421.

M. T. Buntaine, R. Jablonski, D. L. Nielson, P. M. Pickering. SMS texts on corruption help Ugandan voters hold elected councillors accountable at the polls. Proceedings of the National Academy of Sciences of the United States of America, 115 (26) (2018), pp. 6668 – 6673.

K. Casey, R. Glennerster, E. Miguel. Reshaping institutions: Evidence on aid impacts using a preanalysis plan. The Quarterly Journal of Economics, 127 (4) (2012), pp. 1755 – 1812.

Chaudhury, N. & Parajuli D. (2010). Giving it Back: Evaluating the Impact of Devolution of School Management to Communities in Nepal.

J. Chen, J. Pan, Y. Xu. Sources of authoritarian responsiveness: A field experiment in china. American Journal of Political Science, 60 (2) (2016), pp. 383 – 400.

Chong, A., Ana, L., Karlan, D., Wantchekon L. (2015). Does corruption information inspire the fight or quash the hope? A field experiment. Journal of Politics. http://www.jstor.org/stable/10.1086/678766.

A. Chong, A. L. De La, O. D. Karlan, L. Wantchekron. Information dissemination and local governments' electoral returns, evidence from a field experiment in Mexico. Yale University, New Haven, CT (2010).

Christian et al., 2019. Christian, P., Kondylis, F., Mueller, V., Zwager, A., & Siegfried, T. (2019). Water when it counts: Reducing scarcity through irrigation monitoring in central Mozambique.

N. J. Conroy, V. L. Rubin, Y. Chen. Automatic deception detection: Methods for finding fake news. Proceedings of the Association for Information Science and Technology, 52 (1) (2015), pp. 1 – 4.

Cruz, C., Keefer, P., & Labonne J. (2016). Incumbent advantage, voter information and vote buying. Technical report, IDB Working Paper Series.

S. Devarajan, R. Reinikka. Making services work for poor people. Journal of African Economies, 13 (suppl1) (2004), pp. i142 – i166.

A. K. Dixit. economic governance. S. N. Durlauf, L. E. Blume (Eds.), The new palgrave dictionary of economics, Palgrave Macmillan, Basingstoke (2008).

S. Djankov, C. McLiesh, T. Nenova, A. Shleifer. Who owns the media? Journal of Law and Economics, 46 (2) (2003), pp. 341 – 382.

J. Donner, M. X. Escobari. A review of evidence on mobile use by micro and small enterprises in developing countries. Journal of International Development, 22 (5) (2010), pp. 641 – 658.

J. Driscoll, F. D. Hidalgo. Intended and unintended consequences of democracy promotion assistance to georgia after the rose revolution. Research & Politics (2014), (April-June): 1 – 13.

E. Duflo, P. Dupas, M. Kremer. School governance, teacher incentives, and pupil-teacher ratios: Experimental evidence from kenyan primary schools. Journal of Public Economics, 123 (2015), pp. 92 – 110.

E. Duflo, R. Hanna, S. P. Ryan. Incentives work: Getting teachers to come to school. American Economic Review, 102 (4) (2012), pp. 1241 – 1278.

L. Einav, J. Levin. Economics in the age of big data. Science, 346 (6210) (2014), p. 1243089.

Eurostat (2010). Statistics explained.

D. Evans, B. Holtemeyer, K. Kosec. Cash transfers increase trust in local government. World Development, 114 (2019), pp. 138 – 155.

J. A. Ferejohn, J. H. Kuklinski. Information and democratic processes. University of Illinois Press (1990).

C. Ferraz, F. Finan. Exposing corrupt politicians: The effects of Brazil's publicly released audits on electoral outcomes. The Quarterly Journal of Economics, 123 (2) (2008), pp. 703 – 745.

M. Fey. Stability and coordination in duverger's law: A formal model of preelection polls and strategic voting. American Political Science Review, 91 (1) (1997), pp. 135 – 147.

T. Fujiwara, L. Wantchekon. Can informed public deliberation overcome clientelism? Experimental evidence from benin. American Economic Journal: Applied Economics, 5 (4) (2013), pp. 241 – 255.

J. Gottlieb. Greater expectations: A field experiment to improve accountability in mali. American Journal of Political Science, 60 (1) (2016), pp. 143 – 157.

G. Grossman, M. Humphreys, G. Sacramone-Lutz. I wld like u WMP to extend electricity 2 our village: On information technology and interest articulation. American Political Science Review, 108 (3) (2014), pp. 688 – 705.

G. Grossman, M. Platas, J. Rodden. Crowdsourcing accountability: ICT for service delivery. World Development, 112 (2018), pp. 74 – 87.

Hancock, M. (2015). Mobile technology on the Ebola frontlines. https://www.thisisafricaonline.com/News/Mobile-technology-on-the-Ebola-frontlines.

F. A. Hayek. The use of knowledge in society. American Economic Review, 35 (4) (1945), pp. 519 – 530.

Howard, P. N., Duffy, A., Freelon, D., Hussain, M. M., Mari, W., & Maziad, M. (2011). Opening closed regimes: what was the role of social media during the arab spring?

M. Humphreys, R. S. de la Sierra, P. Van derWindt. Social and economic impacts of Tuungane. Final report on the effects of a community driven reconstruction program in eastern democratic republic of congo, Columbia University, New York (2012).

M. Humphreys, J. Weinstein. Policing politicians: Citizen empowerment and political accountability in Uganda preliminary analysis. Columbia University and Stanford University (2012).

N. Jean, M. Burke, M. Xie, W. M. Davis, D. B. Lobell, S. Ermon. Combining satellite imagery and machine learning to predict poverty. Science, 353 (6301) (2016), pp. 790 – 794.

R. Jensen. The digital provide: Information (technology), market performance, and welfare in the south indian fisheries sector. The Quarterly Journal of Economics, 122 (3) (2007), pp. 879 – 924.

R. Jia, M. Kudamatsu, D. Seim. Political selection in china: The complementary roles of connections and performance. Journal of the European Economic Association, 13 (4) (2015), pp. 631 – 668.

Jung, D. , Ferree, K. E. , Gibson, C. , & Dowd, R. A. (2012). Getting out the vote, uganda style: Social and political context and turnout in an african election. APSA 2012 Annual Meeting Paper.

J. G. Kahn, J. S. Yang, J. S. Kahn. Mobile health needs and opportunities in developing countries. Health Affairs, 29 (2) (2010), pp. 252 – 258.

P. Keefer, S. Khemani. Democracy, public expenditures, and the poor: understanding political incentives for providing public services. The World Bank Research Observer, 20 (1) (2005), pp. 1 – 27.

Keefer, P. , & Khemani, S. (2018). Media's influence on citizen demand for public goods. Unpublished manuscript.

S. Khemani, E. Dal Bo, C. Ferraz, F. Finan, C. Stephenson, S. Odugbemi, D. Thapa, S. Abrahams. Making politics work for development: Harnessing transparency and citizen engagement. World Bank Policy Research Report (2016). http: // www. worldbank. org/en/research/publication/making-politics-work-for-development

K. Kosec. Relying on the private sector: The income distribution and public investments in the poor. Journal of Development Economics, 107 (2014), pp. 320 – 342.

K. Kosec, H. Khan. Understanding the aspirations of the rural poor. In D. Spielman, S. Malik, P. Dorosh, N. Ahmad (Eds.), Agriculture and the Rural Economy in Pakistan: Issues, Outlooks, and Policy Priorities, University of Pennsylvania Press (2016).

K. Kosec, C. H. Mo. Aspirations and the role of social protection: Evidence from a natural disaster in rural Pakistan. World Development, 97 (2017), pp. 49 – 66.

Kosec, K. & Mogues T. (2019). Decentralization without representation. Manuscript submitted for publication.

Lee, J. -W. (2003). World Health Organization director-general, 2003 – 2006, address to WHO staff.

N. Kumar, K. Raghunathan, A. Arrieta, A. Jilani, S. Chakrabarti, P. Menon, A. Quisumbing. Social networks, mobility, and political participation: The potential for women's self-help groups to improve access and use of public entitlement schemes in India. World Development, 114 (2018), pp. 28 – 41.

E. S. Lieberman, D. N. Posner, L. L. Tsai. Does information lead to more active citizenship? Evidence from an education intervention in rural kenya. World Development, 60 (2014), pp. 69 – 83.

G. Mansuri, V. Rao. Localizing Development: Does Participation Work? World Bank Policy Research Report. (2013), https://openknowledge.worldbank.org/handle/10986/11859.

Mogues, T., & Olofinbiyi, T. (2019). Budgetary influence under information asymmetries: evidence from Nigeria's subnational agricultural investments. Manuscript submitted for publication.

S. P. Mohanty, D. P. Hughes, M. Salath. Using deep learning for image-based plant disease detection. Frontiers in Plant Science, 7 (2016), p. 1419.

B. A. Olken. Monitoring corruption: Evidence from a field experiment in Indonesia. Journal of Political Economy, 115 (2) (2007), pp. 200 – 249.

B. A. Olken, A. Banerjee, R. Hanna, J. Kyle, S. Sumarto. Tangible information and citizen empowerment: Identification cards and food subsidy programs in Indonesia. Journal of Political Economy, 126 (2) (2018), pp. 451 – 491.

L. Peisakhin, P. Pinto. Is transparency an effective anti-corruption strategy? Evidence from a field experiment in India. Regulation & Governance, 4 (3) (2010), pp. 261 – 280.

Pew Research Center (2015). Cell phones in Africa: Communication lifeline.

C. Prendergast. The motivation and bias of bureaucrats. American Economic Review, 97 (1) (2007), pp. 180 – 196.

A. E. Protik, I. Nichols-Barrer, J. Berman, M. Sloan. Bridging the information gap between citizens and local governments: Evidence from a civic participation strengthening program in Rwanda. World Development, 108 (2018), pp. 145 – 156.

J. A. Quinn, A. Andama, I. Munabi, F. N. Kiwanuka. Automated blood smear analysis for mobile malaria diagnosis. Mobile Point-of-Care Monitors and Diagnostic Device Design, 31 (2014), p. 115.

M. Ravallion, D. van de Walle, P. Dutta, R. Murgai. Empowering poor people through public information? Lessons from a movie in rural India. Journal of Public Economics, 132 (2015), pp. 13 – 22.

R. Reinikka, J. Svensson. Local capture: evidence from a central government transfer program in Uganda. The Quarterly Journal of Economics (2004), pp. 679 – 745.

R. Reinikka, J. Svensson. Fighting corruption to improve schooling: Evidence from a newspaper campaign in Uganda. Journal of the European Economic Association, 3 (2-3) (2005), pp. 259 – 267.

Rowan, D. (2017). How an army of postmen is turning China's rural stores into the world's largest retail network. http://www.wired.co.uk/article/ule-china-retailers.

Scott, K. (2017). Is africa's 30 smartphone a game changer? CNN.

P. Seabright. Accountability and decentralization in government: An incomplete contracts model. European Economic Review, 40 (1) (1996), pp. 61 – 89.

J. C. S. Serrato, P. Wingender. Estimating the incidence of government spending. Mimeo (2014), p. 2014.

Statista (2017). FINTECH Market report.

D. Strömberg. Radio's impact on public spending The Quarterly Journal of Economics, 119 (2004), pp. 189 – 221.

C. M. Tiebout. A pure theory of local expenditures. Journal of Political Economy, 64 (5) (1956), pp. 416 – 424.

L. L. Tsai. Solidary groups, informal accountability, and local public goods provision in rural china. American Political Science Review, 101 (2) (2007), pp. 355 – 372.

L. Wantchekon. Policy deliberation and voter persuasion: estimating intrinsic causal effects of town hall meetings. Journal of Development Effectiveness, 9 (3) (2017), pp. 295 – 304.

World Development, 117 (2019), pp. 344 – 356.

Wantchekon, L., López-Moctezuma, G., Fujiwara, T., Lero, C.P., &

Rubenson D. （2015）. Policy deliberation and voter persuasion experimental evidence from an election in the Philippines.

World Bank （2004）. World development report 2004：making services work for poor people.

World Bank （2015）. Reaching the poorest through strengthening the social safety net system in Pakistan.

World Bank （2017）. World Development Indicators. https：//data. worldbank. org/data-catalog/world-development-indicators.

振兴韩国可持续智慧农业、
促进产学研合作研发[*]
——国家投资框架

李度妍、金敬焕[**]

摘　要：人口、经济和环境问题，包括气候变化、人口老龄化、城乡差距日益扩大以及新冠疫情的冲击，使得农业生产和粮食系统变得十分脆弱。韩国已将智慧农业定为国家战略投资对象，希望扩大研发投资、开发融合技术并推行商业化，推广可持续智慧农业，增强全球竞争力。本文从公共基金、研究领域、技术、地区、组织架构和利益相关者等角度，对智慧农业研发投资现状进行研究。本文考察了 2015～2021 年间 17 个地区、8 个技术集群的 5 646 个智慧农业公共研发项目，总价值达 1.4085 亿美元。此外，本文还对草莓这一智慧农业的代表性作物进行了案例研究，并提出了一个潜在的合作网络，体现出该研究框架在促进智慧农业和建立可持续研发合作生态系统方面的实用性。我们所提出的框架可以让利益相关者从不同角度了解和监控研发投资状况。此外，鉴于对需要在智慧农业领域进行可持续合作的技术领域和地区的任务有了深入的了解，我们建议中央和地方政府制定政策以加强可持续智慧农业模式。

关键词：智慧农业；合作；国家投资计划；政府投资框架；生态系统；草莓产业

一、引　言

近年来出现的短期、长期环境挑战，如气候变化、高昂的能源成本、有限

　＊　本文原文请参见：https：//doi.org/10.3390/su14116452。

　＊＊　作者简介：李度妍（Doyeon Lee）供职于韩国科学信息技术研究中心数据分析部门，金敬焕（Keunhwan Kim）供职于韩国科学技术大学高性能计算研究所。

的水和耕地资源、农村劳动力的持续外流，以及新冠疫情的冲击，导致农业生产和粮食系统极度脆弱，增加了全球粮食安全风险。为应对多方挑战，欧盟、美国、日本和韩国等制定了相应的政策，希望通过优化金融投资和制度安排，实现农业部门的数字化转型，以提高长期的抗灾能力和可持续性。这一愿景涵盖了多个新概念，如"智慧农业"（smart agriculture）、"精准农业"（precision agriculture）、"精准耕作"（precision farming）、"数字农业"（digital agriculture）和"农业4.0"（agriculture 4.0），但它们都旨在采用智慧系统、基于农业生产数据提供运营解决方案，从而提高农业活动的效率。

第一，在欧盟地区，欧盟委员会于2018年6月提出了新的共同农业政策（CAP）立法提案。这一提案概述了一项更有效的政策，即支持数字化转型、转向精准农业和智慧农业，从而在确保环保的同时提高农业经济竞争力。新的共同农业政策的实施主要通过大规模投资于欧盟研发（R&D）项目计划。这些研发项目可以促进粮食和能源开发、向小农户提供精准农业技术、鼓励可持续利用土地以改善土壤健康，以及推广可持续的水产养殖方法等。

第二，在美国，私营企业与高校或州立合作推广专家的合作是推动精准农业、智慧农业及相关技术和信息系统发展的主要动力。因此，并不存在专门的全国性政策来为智慧农业提供解决方案。不过，目前一项估值4 280亿美元的国家农业和粮食政策（即"2018年农业法案"）已在2018年至2023年得到应用。这项政策的重点是投资基础设施，将宽带互联网接入扩大到农村地区，从而促进了精准农业技术的发展，提高了小农户的生产率和盈利能力。

第三，2016年6月，日本政府在"日本振兴战略"中将农业作为产业结构改革的关键领域，希望通过促进智慧农业和数字化转型来实现农业部门扭亏为盈。此外，政府还为实施该计划做出了切实努力，投资国家创新计划和项目，集合各主要参与者，在数据的系统采集、分析以及农业机器人方面实现跨学科合作。此外，日本各地对水稻生产、田间温室栽培、水果、茶叶和畜牧业等多个项目的支持，展示了最新智慧农业技术和解决方案的实际应用情况。

第四，韩国政府在2014年和2019年的两个农林粮食科技发展五年综合计划（分别是2015～2019年第二个五年计划和2020～2024年第三个五年计划）中涉及国家农业、粮食政策。2018年，新上任总统强调要把智慧农业作为八大国家战略产业之一来培育，并提出了一系列国家智慧农业战略，如智慧农场拓展计划、基于大数据和人工智慧（AI）的智慧农业拓展综合措施、2050 年农业食品碳中和推进战略等。

这些国家和地区的政府追求可持续农业发展，将其作为维持国家安全和自然资源的一个方面，这一做法能产生显著的利益。这些政府均强调提高生产力的相关技术，如机械化和数字化耕作与粮食系统，对于防止环境退化、支持农业与气候发展至关重要。然而，韩国与欧盟、美国和日本等工业化国家和地区不同，韩国的农业耕地面积较少，小规模自耕农比例较高，且韩国实行以园艺设施和畜牧业为中心的智慧农业政策。韩国的现有研究强调，要加强国家智慧农业政策，在决策过程中应注重全面的公共基金战略。因此，有必要了解当前的公共投资情况，尤其是要从技术角度出发，以制定更好的智慧农业政策或战略。

大多数关于智慧农业解决方案的应用研究主要集中在技术方面，即如何应用相关技术来改善农业实践、生产活动，以及作物收获后的相关流程，如物流过程质量监测和农产品实时可追溯性。同时，近期社会科学和政策领域对智慧农业的概念和实证研究提供了重要的研究结果，包括农场如何采用智慧农业相关技术及其对耕作方法的影响、对数字化供应链的影响，以及农业生产系统规则和制度的变化等。然而，针对系统性公共投资和决策如何促进智慧农业发展这一问题，仍然缺乏相应的研究。因此，必须减少顾问、决策者和研究人员等不同利益相关者之间的冲突，促进农业、粮食系统和农村地区的可持续发展。

因此，本文调查了韩国智慧农业在公共资金、组织和地区方面的现状，包括回顾了韩国的国家农业政策，并描述了其中的挑战；梳理了有关智慧农业信息框架的文献；建议使用基于相关数据的机器学习技术开发信息框架，并确定智慧农业的研究领域，这些研究领域可为更好地分配资金和智慧农业的地区合作提供基础认识；提供了相关见解和实例，以支持更好的智慧农业政策。

（一）韩国智慧农业政策的背景

在韩国，人口结构变化对农业产生了重大影响。自 21 世纪初以来，韩国经济增长放缓，人口老龄化导致人力资源不足，年轻人从农村流失，城乡差距日益扩大，农村社区面临严峻挑战。近 60% 的农民年龄在 65 岁以上，预计这一平均年龄还会增加。鉴于这些挑战，农业政策侧重于从技术上提高农业生产力和竞争力。2015 年，政府统一了之前由农业、粮食和农村事务部（MAFRA）多个部门运作的智慧农场实施系统；随后，政府制定了一项国家计划，以发展基于信息和通信技术（ICT）的高科技农业。

2014 年 12 月，农业、粮食和农村事务部公布了《第二个农业、林业和食品科技发展综合计划（2015～2019 年)》，以加强对四个关键研究领域的 50 项核心战略技术的公共投资。这些领域包括先进农林机械技术、智慧化精准农业生产实现技术、盈利性种植工厂的商业模式开发，以及智慧化农业用水综合控制系统。该计划旨在使韩国农业获得全球竞争力。根据该计划，智慧农业三个高级阶段的目标如下：第一阶段（2015～2018 年），提高便利性，实现远程控制；第二阶段（2019～2020 年），提高生产率，减少投入，更加自动化的供水控温系统；第三阶段（2021 年至今），可持续发展能力的提高，任何人都可以基于高产量、高质量的既往数据并利用人工智能技术来经营农场。

2016 年 4 月，农业、粮食和农村事务部为扩大智慧农业概念范围、加速政策推广指明了具体的方向。智慧农业的范围从温室种植业、畜牧业扩大到果园、露天田地和种植工厂。2017 年 11 月，新内阁将智慧农业选为创新增长的八个战略投资领域之一。2018 年 4 月，农业、粮食和农村事务部公布了"智慧农业扩展计划"，并提出建设"智慧农业创新谷"，作为农业发展基地，结合技术创新、市场开发和青年创业，发挥农民、公司、高校和研究机构之间的协同作用。第一阶段（金堤、尚州）和第二阶段（秘阳、五兴）的试点地区分别于 2018 年 8 月和 2019 年 3 月确定（见图 1）。

2019 年 12 月，农业、粮食和农村事务部公布了《第二个农业、林业和粮食科技发展综合计划（2020～2024 年)》。该计划选定了 5 个重点研究领域和 12 个核心战略技术领域。该计划强调加强研发活动，提高生产力，促进农业食品价值链的发展。此外，2021 年 12 月，韩国政府宣布以大数据和人工智能（AI）为基础扩展智慧农业的综合措施。

有学者（Jang and Kim, 2019）建议从以下几个方面来完善智慧农业政策。一是从技术角度看，应重点发展智慧农业设备的核心——复杂环境控制器技术，实现智慧农业设备技术的本地化，提高技术兼容性。政府应进一步建立智慧农业设备的市场联动平台，发展战略联盟和本地化技术，发展国内各企业之间的战略联盟。二是从组织角度看，农民、高校、研究机构、中央和地方政府之间应协同治理，开发农业领域的先进技术，加强参与者的能力和作用，满足市场需求。因此，智慧农场创新谷计划（见图1）将对农业部门和地方经济产生重大的连锁反应。

<table>
<tr><td>全罗北道金提（21.3公顷）</td><td>庆尚北道尚周（42.7公顷）</td></tr>
<tr><td>
• 与韩国农村振兴厅和种子中心合作，开发研究谷
• 培育有多种保健功能的食品新品种
• 重点领域：信息通信技术
• 主要农作物：莴笋、芦笋、黄瓜、茄子、草莓
</td><td>
• 建立了以农场为中心的出口中心
• 打造能为青年返乡、发展和定居提供一站式支持的模式
• 打造方便青年租房的文化街区
• 重点领域：农业机器人
• 主要农作物：番茄、草莓、黄瓜、葡萄、甜瓜
</td></tr>
<tr><td>全罗南道五兴（33.3公顷）</td><td>庆尚南道秘阳（22.1公顷）</td></tr>
<tr><td>
• 培育亚热带作物，实现进口替代
• 发展农业生产与培养本地居民祖国情结同步
• 重点领域：气候响应系统
• 主要农作物：柿子、甜瓜、番茄、草莓
</td><td>
• 开展作物品种多样化和出口支持研究
• 开设国外农业技术教育课程
• 与周边纳米企业合作以节约能耗
• 重点领域：智慧农场建设
• 主要农作物：金丝草莓、红辣椒、番茄、青椒
</td></tr>
</table>

图1　韩国智慧农场创新谷计划

如前所述，智慧农业的概念有多种表述，在韩国的多个国家计划中都有体现。鉴于政府在2019年将智慧农业的范围从设施园艺和畜牧业扩展到露天农业，韩国科学技术评价和规划研究院从韩国农业的角度将智慧农业定义为包括精准农业、智慧农业和数字农业。尽管如此，它并未涵盖农业食品供应链的数字化。因此，本文对韩国智慧农业的概念重新定义如下：

（1）智慧农业旨在制定农业可持续发展战略，以应对气候变化危机、人口增长导致的粮食危机、有限的资源利用和碳排放等。它采用先进的信息通信技术（人工智能和大数据），远程或自动管理农作物和牲畜的种植和养殖环境，提高农业生产率和质量，并通过国家创新增长战略来减少劳动力，实现未来农业的可持续发展。

（2）"精耕细作"是最古老的农业概念，包括对农田、供水和养分的详细监测。精准农业的核心技术是露天耕作，涉及粮食作物、蔬菜和果树的种植。

（3）智慧农业的核心技术是农业设施，包括植物园艺设施（如温室和塑

料大棚）、大规模养殖牲畜的畜牧设施，以及利用人工照明的封闭式植物栽培设施——种植工厂。智慧农业技术利用物联网（IoT）、大数据和 AI 等技术对设施农业中的农作物和牲畜的生长和养殖环境进行监控，并有助于做出最佳农业决策。

（4）数字农业收集、分析和共享农牧业数据，跟踪生产、加工、物流、流通和消费全过程。数字农业可以大体划分为数字农业数据平台，数字农业分销、物流和消费，数据解决方案和服务技术等领域。在农牧业的分销和物流方面，将大数据、物联网、AI 和云计算等各种信息通信技术结合起来，实现智慧生产、智慧物流系统以及智慧商店。图 2 描述了这些概念。

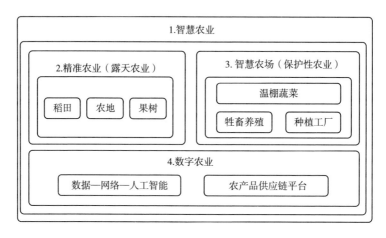

图 2　韩国智慧农业概念一览

（二）理论与实证文献回顾

在决策过程中，决策者必须通过收集信息来减少不确定性，从而实现对目标领域的全面分析，因此学者们专注于建立一个更全面的框架，以理解利益相关者面临与决策或政策内容相关的不确定性的情况。显然，决策中的不确定性与三个属性有关：知识的不完整性、复杂互动的不可预测性和知识框架的分歧。可以说，从原则上讲，知识不完整性所带来的认识不确定性可以通过收集更多的信息来减少。因此，有关决策不确定性的研究侧重于通过制定系统框架来弥补知识的不足。鉴于影响决策过程的公共和私人行为者网络日益复杂，我们考虑了能够弥合目标与现实之间差距的一般方法。这里的假设是，对形势及其影响达成共识，可以协调不同利益相关者的认知，并通过加强沟通来增强公众信心。此外，在政策制定过程中，形势分析是一个重要阶段，它通过对某一主题或问题的历史演变和现状进行分析，从而确定政策目标与实际需求、优质服务和产品提供能力之间的差距。此外，卡什等（Cash et al.，2003）强调，信息若要用于决策，就应具备显著性、可信性和合法性这三个属性。

一些研究环境、医疗保健与健康可持续性的学者提出，在筹资与政策制定方面需要一个决策信息框架。总的来说，这些研究提供了一个证据导向的决策框架，探讨了全面的、多角度的分析方法如何能够使利益相关者共享认知，确定所需的适当信息和标准，并带来各种挑战和合作机会，从而有利于可持续发展。该框架可让利益相关者了解现状、监控进展、应对属于不同技术领域的挑战，表明对生态系统进行合作治理的需要。米德莫尔等（Meadmore et al.，2020）发现，虽然健康研究的资助者一般都参与类似的决策，但他们更注重创新实践，通过促进更多合作和发散性思维来维护核心价值，减少偏见。

同时，在可持续农业研究中，一些科技研究主要关注智慧农业、大数据分析、无人机、人工智能和机器人技术、物联网，以及变革性农业食品供应链系统等主题。然而，在政策领域，对智慧农业研究的需求日益增长，这些研究通过提供有用的信息，为农民、顾问、政策制定者和研究人员等参与者和利益相关者提供支持，从而促进智慧农业的发展。

一种研究方法是，重点研究如何制定更好的智慧农业政策。麦克雷等（MacRae et al.，1990）提出了一个包含各种短期、中期和长期战略的框架，包括研究、传播、培训、市场开发、安全计划和税收规定等措施，支持从传统农业向可持续农业过渡。此外，他们还建议研究广泛采用可持续做法和粮食系统管理的影响。贝瑟特等（Berthet et al.，2018）强调，向可持续农业过渡需要系统性的创新方法，促进研究人员和利益相关者之间、中央和地方之间开展合作，实现农业系统、各部门和价值链中的技术创新，使地方解决方案能够为更大规模的解决方案做出贡献。同样，戴尔和马歇尔（Dale and Marshall，2020）认为，应制定政策框架，促进政府、私营部门和农村地区在地方一级范围内的合作，以确保农业发展。因此，阿达马什维利等（Adamashvili et al.，2020）提出了一个在农业部门成功建立生态系统的框架，政府鼓励主要利益相关者合作，研究和采用新兴技术。例如，通过在供应商、农民、生产商、零售商和政府之间加强信息和知识交流，在农业部门建立数字供应链，加速生态系统的成功发展。同时，努尔等（Noor et al.，2020）强调了公共研究机构在农业中的重要作用，即提供农业扩展服务，提高农民的生产率、收入和就业，并为未来的可持续增长提供知识。因此，应制定政策，使公共研究机构能够通过研究补助金、职位晋升和媒体宣传来激励研究人员，使其不断参与创新。

另一种方法侧重于农业科技研究的投资与基金。在实践中，参与政策制定过程的利益相关者必须获得目标研究领域的历史投资信息，以讨论未来的供资方向。巴恩斯等（Barnes et al.，2001）提出了一个框架，详细阐述了研究阶段（如基础研究、应用研究和发展研究）、类别（如畜牧业、农作物）和类型（如生物技术、机械技术和化学技术）如何帮助确定公共资金的合理流向。同样，莫格斯等（Mogues et al.，2012）认为，有必要通过分析公共投资和支出信息来为农业提供一个框架，因为这些信息会影响利益相关者对农业的投资方向。此外，欧盟委员会还强调通过知识交流、合作、研究与实践，促进欧盟农业和农村地区的转型。为了确保更多的投资，尤其需要制订合作计划来促进跨部门知识交流。因此，有必要制定一个总体性的、灵活的政策框架，改善农业文化和农村地区的状况，使当地条件有利于开展新的研究。根据来自六个欧盟成员国的项目合作伙伴的调查数据和文献综述，斯多佳诺娃等（Stojanova et al.，2021）为未来的智慧乡村项目提出了七项建议，为各地方、地区，以及国家和欧盟层面的政策制定者弥合城乡差距。这些建议重点强调了实施具体资助计划的重要性，尤其是宣传山区和农村地区的吸引力，与利益相关者（如高校和中小型企业）建立联系和网络，并提供新的就业机会。然而，这些论点必须得到证据导向的实证框架的支持。

因此，针对以往研究的局限性，本文提出了智慧农业公共研究资金的信息框架，以确定综合投资情况，从区域和研究领域的角度调查研究资金的分配情况，并提出区域范围内的合作机会。该框架旨在减少因缺乏对某一现象的了解而产生的认识上的不确定性，减少因对某一现象有多种研究框架而产生的模糊性，并确保利益相关者在决策中对政策或战略影响有共同的认知。此外，本文还以智慧农业项目中占比最大的草莓为例，强调提高信息质量，促进私营部门与高校和研发机构的跨区域合作。

（三）研究目的与研究问题

本文认为，应将目标研究领域划分为若干个小领域，研究各子领域的现状和趋势，以建立韩国智慧农业的合作生态系统和研发投资框架。正如之前的研究所指出的，这一程序对于确保通过减少各目标领域知识状况的信息不确定性以加强利益相关者的合作，从而提高国家研发决策的质量至关重要。因此，本文利用所提出的框架，就韩国 17 个地区智慧农业领域的研发活动状况提供了及时、全面和有用的信息。主要研究问题如下：

问题 1：为确定韩国政府在农业研发领域的投资方向，该建议框架可以提供哪些信息？

问题 2：自韩国政府公布主要农业研发政策以来（如 2018 年"智慧农场扩展计划"），韩国政府的投资趋势是否得到了持续实施，这种政府研发投资的实施是否因各个地区和各种创新绩效组织的视角不同而有所不同？

问题 3：所提出的框架能否为各利益相关方提供知识和策略，以确定研发合作生态系统在可持续智慧农业中的作用和潜在合作者？能否通过草莓这一韩国智慧农业的前沿代表性作物项目进行论证？

以下是为解决三个主要问题而需要深入研究的八个子问题：

问题 1-1：2015～2021 年韩国政府在智慧农业方面投入了多少资金？

问题 1-2：从地区角度看，韩国政府对智慧农业的投入有多少？

问题 1-3：韩国政府在智慧农业研发领域的投资趋势如何？

除了分析韩国政府对智慧农业产业的投资方向，还进一步研究了以下几个问题：

问题 2-1：自 2018 年韩国重要的智慧农业战略——"智慧农场扩展计划"公布以来，韩国政府的投资趋势发生了怎样的变化？

问题 2-2：从地区和利益相关者的角度来看，韩国智慧农业的投资状况有何不同？

最后，以下问题通过全面分析智慧农业相关项目（如水果）的详细研究活动，体现了研发合作生态系统与其他利益相关者分享知识的作用和潜在合作伙伴：

问题 3-1：在韩国智慧农业的特定项目（如草莓）中，研发合作生态系统和网络能力是否存在地区差异？

问题 3 - 2：从区域角度看，创新组织（学术界、产业界和研究机构）在草莓等方面的竞争力有何差异？

问题 3 - 3：以草莓为例，智慧农业产业中哪些创新组织可以成为加强当地研发合作生态系统的潜在合作伙伴？

二、研究资料与方法

（一）数据收集与预处理

本文利用国家研发门户网站，即"国家科技信息服务网"（National Science & Technology Information Service）展开研究。该网站提供了韩国国家研发项目的计划、项目和人力资源等信息，可以帮助我们确定与智慧农业相关的研发项目。相关国家研发项目的标题和摘要被翻译成英文。随后，我们与高校、研究机构专家一起提取了与智慧农业相关的关键词及其变体，确定了检索词。表1列出了我们采用的数据集。我们初步收集了 2015 ~ 2021 年国家资助的 6 961 个智慧农业研发项目。随后，专家们从收集数据中全面核实了项目与智慧农业的相关性，将数据样本精简到 5 796 个项目。最后，在剔除投资信息缺失的项目后，最终数据集包括 5 646 个项目，总估值达 1.4085 亿美元（见表2和表3）。

表1　　韩国国家科技信息服务数据库中的公共研发项目数据示例

	全罗南道	全罗北道
特殊识别码（UID）	1415176355	1395069779
组织机构	ELSYS Co	韩国国家农业科学院
机构类型	企业	研究机构
投资（美元）	2300 000 000 000	130 000 000 000
项目期	2019 年 5 月 1 日 ~ 2022 年 12 月 31 日	2021 年 1 月 1 日 ~ 2023 年 12 月 31 日
项目名	农作物可再生能源汇聚系统的开发与示范	智慧昆虫授粉技术在草莓和西红柿智慧农场的实地应用和进展

续表

| 项目摘要 | LoRaWAN 多通道网关硬件设计与制作，LoRaWAN 多通道网关软件开发或实现，低功耗物联网软硬件需求分析，能源聚合经纪服务设计与开发，能源聚合经纪平台需求分析与设计，能源聚合经纪交易平台移动端应用开发 | 现有（原型）定制智慧蜂箱传感系统设计，智慧蜂箱入门级和高端智慧系统设计，蜜蜂活动测量图像处理的改进和进步（保持算法、改进平台和照相机），低级（简单）和高级类型蜂箱内部环境传感技术的模块化技术开发，简单模块化（蜂箱内部温度、湿度、蜂箱重量和活动记录器），高级模块化（如蜂箱内部温度、湿度、二氧化碳、食物数量、重量、活动记录器和通风风扇系统），低功耗传感技术在果树数字农业领域的应用（如猕猴桃） |

表 2　　　　　　与智慧农业相关的国家资助项目数据和检索条件

检索术语	"智慧农场＊""智慧农业＊""精准农场＊""精准农业＊""精准畜牧业＊""畜牧农场＊""数字农场＊""数字农业＊""智慧管理信息系统""种植工厂""垂直农场＊""大数据""数字""物联网＊""物联网""人工智能""精准""垂直""城市""农业＊""作物＊""农场＊""温室＊""水果＊""蔬菜＊""植物＊""牲畜＊""畜牧业＊""或动物＊""养殖＊""培养＊""收获＊""繁殖＊"
检索时间期限	2015～2021 年
原始数据条目数量	6 961
最终采用条目数量	5 646（其中，草莓产业相关：157）

注：在搜索时，使用星号（＊）可以查找以相同字母开头的词，以扩大搜索范围。

表 3　　　　　　2015～2021 年韩国 17 个地区的资助金额和项目数量

地区	资金（千美元）	项目数量（个）	项目平均资金（千美元）	资金占比（％）
江原道	20 125	271	93	3.0
京畿道	85 700	666	129	12.7
庆尚南道	39 826	437	91	5.9
庆尚北道	33 652	371	91	5.0
光州	32 061	239	134	4.8
大邱	32 497	234	139	4.8
大田	57 554	338	170	8.5
釜山	17 319	130	133	2.6
首尔	115 042	768	150	17.1
世宗	1 794	26	69	0.3

续表

地区	资金（千美元）	项目数量（个）	项目平均资金（千美元）	资金占比（%）
蔚山	2 275	12	190	0.3
仁川	10 757	78	138	1.6
全罗南道	44 363	332	134	6.6
全罗北道	100 289	1 125	89	14.9
济州	19 341	136	142	2.9
忠清南道	35 661	260	137	5.3
忠清北道	26 365	277	95	3.9
总额	674 622	5 646	119	100.0

此外，为了解国家资助科研项目的特征，本文采用 Scopus 的全科学期刊分类（ASJC）四位数代码建立分类模型，该模型使用了约 100 万篇文章的关键词（即特征）和分配给每篇论文的 ASJC 代码（即标签），并通过 ASJC 分类模型计算出三个 ASJC 代码及其被分配给每个国家资助研究项目的概率，概率根据项目的标题和摘要确定。此外，我们还设定了 25% 的概率阈值，以识别更多的相似项目（群组）。图 3 是这一过程的概念图。

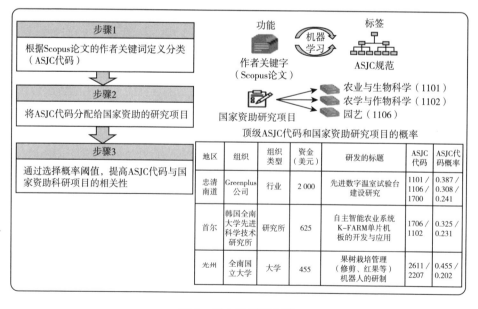

图 3　研究流程概念图

（二）聚类过程

本文通过共生矩阵确定了智慧农业研究领域，并通过 VOSViewer（1.6.18 版，莱顿大学，荷兰莱顿）可视化网络结构，研究了 ASJC 代码之间的关系。通过调整分辨率参数（γ），聚类数目从 1（$\gamma = 0.1$）到 9（$\gamma = 2.0$）不等。根据每个聚类中的项目（ASJC 代码）和研究项目的标题和摘要，我们选出了八个聚类。

（三）智慧农业相关研究领域的定义

在回顾了研发项目内容和每个领域 ASJC 代码列表后，我们对智慧农业的研究领域进行了标注。研究领域的标签由智慧农业和相关研究领域的专家讨论确定。在讨论中，我们向专家们提供了每个群组的 ASJC 代码分布以及群组中研发项目的标题和摘要。

（四）目标合作研究领域：草莓产业

此外，为了提供发展战略建议，本文将草莓产业作为合作研究领域的研究目标。2021 年，韩国草莓产量占蔬果总产量的 10.9%（10.23 亿吨），在蔬果作物中居首位。与 2005 年的 9% 相比，韩国国内草莓品种的普及率超过了96.3%，草莓出口额达到了 5 370 万美元，而 2005 年仅为 440 万美元。从地区来看，庆尚南道、全罗南道和全罗北道的草莓种植面积最大。从最终数据集中重新选择了包含关键词"草莓"的 157 个项目。图 4 展示了整个过程。

三、结 果

（一）智慧农业国家资助项目

图 5 显示了智慧农业研究领域的网络可视化。项目或节点被视为研究课题中的 ASJC 代码。研究领域之间的共生链接表示两个项目之间的关系。链接的强度或权重代表研究领域的项目数量。每个研究领域中标签和圆圈的大小由该

领域的权重决定。因此，研究领域的权重越大，标签和圆圈就越大。每个研究领域的特征由其所属的群组决定。

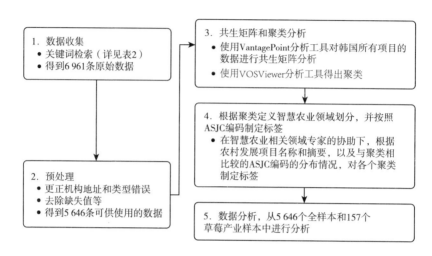

图4　研究过程概念流程图

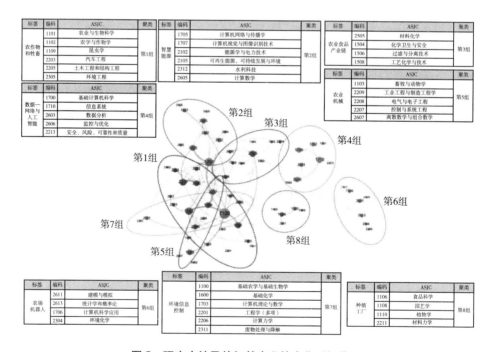

图5　研究中涉及的智慧农业技术集群概览图

智慧农业研究领域分为八个聚类。在对项目名称和摘要、代表性研究领域，以及相关关键词进行汇总后，我们确定各领域的最终目标如下：

- 第1组（农作物和牲畜）：作物生产、生长、牲畜生长和健康管理技术相关的智慧农业技术，包括测量作物生长和生理状况、检测病原体的存在、识别病虫害的技术等。
- 第2组（智慧能源）：用于智慧农业的农业发电可再生能源利用技术，包括利用可再生能源在最佳条件下维持和管理平衡的技术。
- 第3组（农业食品和供应平台）：数字农业综合管理平台（分销、物流和消费）。该平台通过共享生产者、消费者和物流公司的信息，优化管理，高效营销。
- 第4组（数据—网络—人工智能）：数字农业的人工智能研发，包含实时收集设施园艺或畜牧业大数据的技术，并通过人工智能算法优化环境条件。
- 第5组（农业机械）：精准农业所需的智慧农业机械和农业无人机，包括农业机械和机器人设计技术、安装在无人驾驶飞行器上的成像设备和收集农业现场数据的传感器。
- 第6组（农场机器人）：用于智慧农场的人工智能农业机器人，包括分析农作物和牲畜的状况、根据情况自主执行最佳农业工作的技术。
- 第7组（环境信息）：用于复杂环境信息测量和控制的智慧农业技术，包括对温度、湿度和空气质量等外部因素的监测。
- 第8组（种植工厂）：用于智慧农场的室内垂直耕作系统或种植工厂的城市农业技术，包括设计、控制和利用复杂设施和设备、在完全封闭的空间内实现作物和牲畜生产的技术。

（二）政府在智慧农业领域的投资现状

1. 韩国政府资助的智慧农业项目投资状况

2015～2021年，韩国在智慧农业方面的投资达6.746亿美元（见表4）。首尔和全罗北道地区获得的资金最多，分别占政府投资的17.1%（1.15亿美元）和14.9%（1亿美元），其次是京畿道（8 570万美元；12.7%）、大田（5 700万美元；8.5%）、全罗南道（4 400万美元；6.6%）、庆尚南道（3 900万美元；5.9%）和忠清南道（3 500万美元；5.3%）。有关智慧农业研发的地方投资比例的信息显示，政府在全国所有地区都进行了研发投资。

2. 按智慧农业技术聚类划分的公共研发项目现状与趋势

为了评估研发项目组合的合理性，确定研发领域的投资差异状况并进行比较分析是十分关键的。因此，第一步是对优先级较高的项目进行相应的分类。图6显示了国家研发资金总额与智慧农业技术集群、子集群的比较分析结果。首先，我们将韩国的智慧农业分为保护性农业（智慧农场设施）、露天农业（精准农业）和数字农业，其中保护性农业的研发投入占投入金额的比例最高（61.4%）、露天和数字农业的这一比例分别为 17.4% 和 21.2%。与智慧农场等保护性农业相比，露天农业还处于早期阶段。

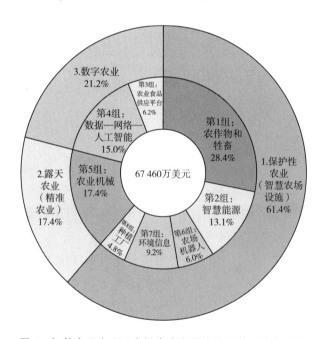

图6　智慧农业企业研发投资在各技术集群的分布与总额

与此同时，在保护性农业中，政府研发资金主要投向农作物和牲畜（第1组，28.4%），其次是智慧能源（第 2 组，13.1%）、环境信息（第 7 组；9.2%）、农场机器人（第 6 组；6.0%）和种植工厂（第 8 组；4.8%）。在数字农业方面，资金主要投向数据—网络—人工智能（第 4 组；15.0%）和农业食品供应平台（第 3 组；6.2%）。

表 4 显示了 2015～2021 年智慧农业研发领域的年复合增长率（CAGR）。

在所有智慧农业领域中，农作物和牲畜（第 1 组）的年增长率最快。从研发技术集群的角度来看，农作物和牲畜（第 1 组）是增长最快的集群领域，投资额从 2015 年的 2 040 万美元增至 2021 年的 3 730 万美元，年复合增长率为28.4%。增长第二快的集群领域是露天农业（第 5 组），投资额从 2015 年的690 万美元增至 2021 年的 3 890 万美元，年复合增长率为 17.4%。在数字农业方面，数据—网络—人工智能平台集群（第 4 组）增长了 15.0%，到 2021 年达到 1 450 万美元；智慧能源集群（第 2 组）从 2015 年的 780 万美元增长到 2021 年的 1 730 万美元。这说明，韩国政府打算增强的相关技术研发能力主要集中在作物和畜牧业发展、露天农业、数字农业和智慧能源等方面。

表 4 按聚类组别划分的国家资助项目时间序列规模趋势

智慧农业	技术聚类	2015 年（百万美元）	2016 年（百万美元）	2017 年（百万美元）	2018 年（百万美元）	2019 年（百万美元）	2020 年（百万美元）	2021 年（百万美元）	总额（百万美元）	增长率（%）
保护性农业	第 1 组	20.4	26.0	27.9	25.4	27.8	26.7	37.3	191.4	28.4
	第 2 组	7.8	10.1	9.6	9.2	10.4	23.7	17.3	88.1	13.1
	第 6 组	0.7	1.6	3.8	5.7	9.5	11.5	7.6	40.7	6.0
	第 7 组	5.4	4.4	6.0	10.8	11.6	11.1	12.7	62.0	9.2
	第 8 组	8.4	4.2	1.5	2.2	4.4	4.8	6.6	32.1	4.8
露天农业	第 5 组	6.9	10.3	8.8	14.4	16.1	21.9	38.9	117.2	17.4
	第 4 组	9.2	14.3	14.0	11.9	18.9	18.5	14.5	101.5	15.0
数字农业	第 3 组	6.4	7.7	7.3	6.8	5.0	4.4	4.2	41.8	6.2
总计（百万美元）		65.2	78.5	78.9	86.4	103.7	122.7	139.1	674.6	100.0

3. 不同时间段智慧农业的政府研发投入现状与趋势

表 5 展示了自 2018 年"智慧农场扩展计划"公布以来，政府研发投入金额及年复合增长率的变化情况。以 2018 年为分界线，我们将 2015～2021 年划分为第一阶段（2015～2018 年）和第二阶段（2019～2021 年），对研发投入总量和年复合增长率进行了分析。与第一阶段相比，第二阶段年复合增长率显著增加的领域是露天农业（尤其是第 5 组，农业机械），从第一阶段的 4 030万美元（年复合增长率 27.9%）陡增至第二阶段的 7 690 万美元（年复合增长率 55.5%）。智慧能源（第 2 组）领域的投资也从第一阶段的 3 670 万美元

（年复合增长率5.6%）增至第二阶段的5 140万美元（年复合增长率29%）。此外，作物和牲畜领域（第1组；年复合增长率10.6%）和环境信息领域（第7组；年复合增长率15.2%）在第二阶段的投资增长率也很高。然而，农场机器人领域（第2组）在第一阶段的年复合增长率为101.3%，但到了第二阶段，投资增长率下降，投资放缓。这说明，自2018年"智慧农场扩展计划"实施以来，智慧农业整体技术集群领域的研发投入有所增加。此外，从政府政策的角度来看，研发投入正在从现有的智慧农业等保护性农业转向露天农业和节能智慧能源研发。

表5　　智慧农业政府研发资金项目各时间阶段的投资规模和趋势比较

智慧农业	所属技术聚类	第一阶段总额（百万美元）	第二阶段总额（百万美元）	第一阶段增长率（%）	第二阶段增长率（%）	总增长率（%）
保护性农业	第1组（农作物和牲畜）	99.6	91.8	7.6	15.9	10.6
	第2组（智慧能源）	36.7	51.4	5.6	29.0	14.1
	第6组（农场机器人）	11.9	28.7	101.3	−10.5	48.8
	第7组（环境信息）	26.6	35.4	25.8	4.5	15.2
	第8组（种植工厂）	16.3	15.8	−36.2	22.6	−3.9
露天农业	第5组（农业机械）	40.3	76.9	27.9	55.5	33.5
	第4组（数据—网络—人工智能）	49.5	52.0	8.9	−12.4	7.9
数字农业	第3组（农业食品和供应平台）	28.2	13.6	2.1	−8.6	−6.8
总计（百万美元）		280.8	352.0	9.8	15.8	13.5

4. 从地区和利益相关方的角度看政府对智慧农业领域的研发投入现状和趋势

从技术聚类和地区的角度出发，我们通过考察政府研发项目的状况来估算地区技术竞争力。从表6可以看出，韩国所有地区的智慧农业研发能力的投资排序依次为首尔、全罗北道、京畿道、大田、全罗南道和庆尚南道。从各地区和研发技术集群的研发投资情况来看，首尔在农作物和牲畜（第1组；3 760万美元）、数据—网络—人工智能（第4组；2 940万美元）、农业机械（第5

组，露天农业；1 150 万美元）和种植工厂（第 8 组；1 020 万美元）领域获得的投资最多。全罗北道的研发投资位居第二，也呈现出类似的趋势，在农作物和牲畜方面的投资最多（第 1 组；2 960 万美元），其次是农业机械（第 5 组，露天农业；2 060 万美元）、数据—网络—人工智能（第 4 组；1 610 万美元）、环境信息（第 7 组；860 万美元）和农业食品和供应平台（第 3 组；830 万美元）。各技术集群的投资分布均匀。全罗南道在智慧能源（第 2 组；1 380 万美元）方面获得了全国的投资最多，从而确保了技术竞争力方面的优势。京畿道在环境信息技术（第 7 组；710 万美元）方面具有相对优势，庆尚南道、庆尚北道和大邱在农业机械（第 5 组，露天农业；分别为 810 万美元、880 万美元和 1 430 万美元）方面表现出卓越的技术竞争力。

表 6　　　　　　　韩国 17 个地区的智慧农业研究领域现状　　　　单位：百万美元

地区	保护性农业					露天农业	数字农业		总额
	第 1 组	第 2 组	第 6 组	第 7 组	第 8 组	第 5 组	第 4 组	第 3 组	
江原道	5.4	3.0	—	3.2	1.0	3.0	2.7	1.9	20.1
京畿道	28.6	11.5	3.0	7.1	3.0	10.9	16.2	5.3	85.7
庆尚南道	12.4	6.4	0.9	5.5	1.1	8.1	4.5	0.9	39.8
庆尚北道	8.6	1.3	3.2	3.3	6.2	8.8	1.8	0.6	33.7
光州	4.6	8.1	4.9	2.8	0.5	5.2	4.4	1.7	32.1
大邱	5.4	1.2	4.5	1.3	0.2	14.3	4.7	0.7	32.5
大田	13.9	11.3	4.5	5.3	0.8	6.7	6.6	8.3	57.6
釜山	6.6	1.6	3.2	1.4	0.2	1.3	0.4	2.5	17.3
首尔	37.6	6.3	5.7	8.2	10.2	11.5	29.4	6.1	115.0
世宗	0.7	0.6	—	0.1	—	—	0.2	0.1	1.8
蔚山	1.3	—	—	0.4	—	0.3	0.3	—	2.3
仁川	3.4	1.6	1.2	1.2	—	2.5	0.8	—	10.8
全罗南道	10.5	13.8	0.5	3.3	0.3	5.4	7.1	3.5	44.4
全罗北道	29.6	5.4	4.5	8.6	7.1	20.6	16.1	8.3	100.3
济州	3.4	7.0	0.3	6.3	—	0.6	1.1	0.7	19.3
忠清南道	11.6	6.5	2.7	2.3	0.2	8.7	3.2	0.4	35.7

续表

地区	保护性农业					露天农业	数字农业		总额
	第1组	第2组	第6组	第7组	第8组	第5组	第4组	第3组	
忠清北道	7.8	2.5	1.5	1.5	1.1	9.2	1.9	0.9	26.4
总额	191.4	88.1	40.7	62.0	32.1	117.2	101.5	41.8	674.6

关于智慧农业产业产学研合作生态的现状和角色分工，本文从技术集群和区域视角，回顾了公共研发投资的现状。这一结果显示了各地区中智慧农业研发技术集群的创新组织（产学研组织）的竞争力差距。

从表7可以看出，首尔在农作物和牲畜（第1组）、数据—网络—人工智能（第4组）、农业机械（第4组）、露天农业（第5组）和种植工厂（第8组）等所有技术集群领域都具有优势，竞争力均衡（其中，高校投入4 081.7万美元；企业投入3 796.2万美元，科研院所投入3 423.2万美元）。在所有技术集群领域中，企业研发投资所占比例都很高。这说明，技术开发的商业化现象非常活跃。分析结果显示了各地区技术集群领域的投资状况，以及各技术领域创新组织（产学研）的竞争力和作用。通过显示区域内产学研研发竞争力的现有水平，该结果为如何根据各区域技术水平来构建和支持研发合作生态系统提供了基本信息。

（三）从区域角度看智慧农业研发投资的战略方向：草莓产业

本文旨在确定特定作物的研发合作生态系统和网络能力水平是否存在地区差异，并考察了涉及草莓产业的公共研发项目现状。根据农村发展管理局和农林粮食部的数据，草莓在韩国智慧农业的各个方面，如种植面积、产量和出口量等，都处于领先地位。

1. 各地区政府资助的草莓项目投资状况

本文调查了各地区的研发投资状况，以研究韩国草莓相关研发能力的地区差异。与草莓相关的研发投资为1 133.3万美元，与草莓相关的地区研发能力主要集中在全罗南道、庆尚南道和全罗北道。目前，这三个地区的研发投入占全国市场份额的67.1%。全罗南道的研发投入最高，达309.5万美元，其次是庆尚南道（25.02万美元）和全罗北道（2 004万美元）。表8给出了韩国17个地区的研发投资现状。

表7　按技术集群和区域划分的研发投资现状

组别	组织类型	江原道	京畿道	庆尚南道	庆尚北道	光州	大邱	大田	釜山	首尔	世宗	蔚山	仁川	全罗南道	全罗北道	济州	忠清南道	忠清北道
第一组	企业	2 555	13 369	696	2 195	1 675	2 004	4 545	529	12 476	492	1 217	2 905	2 377	2 956	984	6 921	2 174
	高校	1 659	2 593	4 783	1 450	2 540	3 024	3 307	5 092	17 322	111	42	450	4 136	6 902	1 554	572	3 473
	科研院所	1 061	10 844	6 925	1 438	383	385	6 075	613	6 730	—	—	—	2 167	15 673	799	4 088	2 156
	其他	127	1 828	—	3 541	—	—	—	408	1 092	121	—	—	1 789	4 058	21	—	—
第二组	企业	1 197	6 367	4 550	1 241	7 930	333	1 639	1 453	3 060	621	—	1 209	12 673	665	745	4 567	2 388
	高校	1 466	377	358	16	134	823	1 128	192	2 405	—	—	433	466	817	6 217	350	—
	科研院所	292	3 798	1 488	—	—	83	8 498	—	821	—	—	—	392	3 911	50	1 625	83
	其他	—	983	—	—	—	—	—	—	—	—	—	—	225	—	—	—	—
第六组	企业	—	2 336	541	468	1 229	4 528	554	3 181	4 658	—	447	1 200	409	814	333	1 433	1 362
	高校	—	629	83	302	3 680	—	3 422	—	1 080	—	—	—	—	1 411	—	83	117
	科研院所	—	—	263	2 448	—	—	550	—	—	—	—	—	67	1 987	—	1 175	—
	其他	—	—	—	—	—	—	—	—	—	—	—	—	42	267	—	—	—
第七组	企业	2 033	5 984	1 553	1 741	1 727	528	2 258	346	3 735	—	—	989	2 413	1 208	1 027	1 024	424
	高校	766	1 001	443	1 133	1 058	815	1 354	1 067	3 313	—	—	250	100	922	5 208	878	558
	科研院所	413	158	3 460	283	—	—	1 731	—	650	—	—	—	628	6 335	42	438	505
	其他	—	—	3	98	—	—	—	—	500	100	—	—	168	158	—	—	—

续表

组别	组织类型	江原道	京畿道	庆尚南道	庆尚北道	光州	大邱	大田	釜山	首尔	世宗	蔚山	仁川	全罗南道	全罗北道	济州	忠清南道	忠清北道
第八组	企业	775	2 833	465	2 722	438	158	658	211	1 696	—	—	—	—	1 682	—	21	729
	高校	—	40	556	579	17	83	—	—	2875	—	—	—	292	2 951	—	197	358
	科研院所	250	142	100	2 659	—	—	167	—	5 641	—	—	—	25	2 501	—	—	17
	其他	—	—	—	217	—	—	—	—	—	—	—	—	—	—	—	—	—
第五组	企业	1 860	6 392	4 076	6 182	1 955	11 506	1 250	728	3 057	—	287	1 709	3 863	6 531	49	7 644	7 269
	高校	732	1 223	1 959	754	3 247	2 420	3 282	592	5 586	—	—	648	260	2 816	278	151	1 833
	科研院所	371	2 341	1 446	1 820	—	257	2 043	—	2 465	—	—	117	283	10 268	247	946	119
	其他	—	954	—	33	—	144	167	—	366	—	—	—	1 042	1 013	—	—	—
第四组	企业	951	13 796	200	1 381	409	3 281	3 293	368	6 398	3	283	848	3 547	4 653	993	639	995
	高校	538	529	2 700	340	3 951	339	717	3	4 994	—	—	—	992	1 210	—	262	492
	科研院所	1 192	1 559	1 633	50	—	1 078	2 318	33	17 925	—	—	—	1 930	7 305	100	2 277	425
	其他	—	350	—	—	—	—	283	—	74	229	—	—	630	2 959	—	—	—
第三组	企业	713	4 525	410	200	675	458	688	263	2 882	117	—	—	1 625	1 173	353	291	490
	高校	468	106	200	200	478	250	6 677	1 403	3 241	—	—	—	377	144	153	—	167
	科研院所	629	550	231	166	533	—	950	838	—	—	—	—	1 305	6 556	189	79	233
	其他	76	92	75	192	—	—	—	—	—	—	—	—	144	446	—	—	—

续表

组别	组织类型	江原道	京畿道	庆尚南道	庆尚北道	光州	大邱	大田	釜山	首尔	世宗	蔚山	仁川	全罗南道	全罗北道	济州	忠清南道	忠清北道
总额	企业	10 084	55 602	13 121	15 931	16 039	22 796	14 886	7 078	37 962	1 116	2 234	8 859	26 906	19 683	4 484	22 540	15 831
	高校	5 630	6 498	11 083	4 774	15 105	7 754	19 886	8 349	40 817	228	42	1 781	6 622	17 172	13 409	2 493	6 996
	科研院所	4 208	19 393	15 545	8 865	917	1 803	22 332	1 483	34 232	—	—	117	6 795	54 533	1 427	10 628	3 538
	其他	203	4 207	78	4 082	—	144	450	408	2 032	450	—	—	4 040	8 901	21	—	—

表 8　　　　　　　　　　　　**韩国草莓产业公共研发项目现状**

地区	投资额（千美元）	比例（%）
江原道	350.8	3.1
京畿道	477.5	4.2
庆尚南道	2 502.4	22.1
庆尚北道	552.5	4.9
大邱	733.3	6.5
大田	150.0	1.3
首尔	750.0	6.6
全罗南道	3 095.8	27.3
全罗北道	2 004.6	17.7
忠清南道	658.3	5.8
忠清北道	58.3	0.5
总额	11 333.6	100.0

2. 从技术集群、利益相关者和地区的角度看政府资助草莓项目的现状

本文按照产学研主体、技术集群和地区分布，调查了三个投资最密集的地区，以了解草莓的研发合作生态系统和网络能力水平，并对未来研发投资方向提出建议（见表9）。首先，我们考察了全罗南道、庆尚南道和全罗北道各研究实体（即产学研）的投资状况，这三个地区是草莓生产领域政府研发支出最多的三个地区。与其他地区相比，全罗南道作为研发投入最大的地区，企业、研究机构和高校等所有机构的投入都很均衡，其产业研发能力也明显较强。庆尚南道和全罗北道的研究机构投资密集，其产业研发投资额相对于投资总额较小。因此，即使按投资组织划分，公共研发投资在产业中的投入相对于国家的整体状况也是不足的。其次，我们研究考察了前三大地区按技术集群划分的研发投资状况。全罗南道在提高作物和畜牧业生产率（第1组）领域的投资最多。此外，全罗南道在环境信息（第7组）和数据—网络—人工智能平台（第4组）方面的研发投入也高于其他两个地区。同时，庆尚南道和全罗北道在提高作物和畜牧业生产率（第1组）方面的研发投入也较多。

表 9　　　　按照技术集群、区域和利益相关者划分的投资现状　　　单位：千美元

组别	机构类型	保护性农业				露天农业	数字农业		总额
		第一组	第二组	第七组	第八组	第五组	第四组	第三组	
全罗南道	企业	665	—	—	—	—	167	793	1 625
	高校	165	—	—	25	—	—	127	317
	科研院所	232	—	183	25	—	108	197	746
	其他	189	—	75	—	—	—	144	408
	合计	1 251	—	258	50	—	275	1 261	3 096
庆尚南道	企业	—	—	—	—	283	—	—	283
	高校	225	—	—	—	—	—	—	225
	科研院所	1 740	—	254	—	—	—	—	1 994
	其他	—	—	—	—	—	—	—	—
	合计	1 965	—	254	—	283	—	—	2 502
全罗北道	企业	—	—	—	—	—	—	—	—
	高校	133	—	—	—	—	—	—	133
	科研院所	892	167	146	—	—	375	—	1 580
	其他	167	—	125	—	—	—	—	292
	合计	1 192	167	271	—	—	375	—	2 005
三个地区的总和	企业	665	—	—	—	283	167	793	1 908
	高校	524	—	—	25	—	—	127	676
	科研院所	2 864	167	583	25	—	483	197	4 319
	其他	356	—	200	—	—	—	144	700
	合计	4 409	167	783	50	283	650	1 261	7 603
按机构划分的草莓总额	企业	1 473.50	170.83	350.83	708.33	283.33	166.67	792.83	3 946
	高校	523.75	—	545.83	254.17	—	116.67	126.83	1 567
	科研院所	3 168.50	306.67	582.88	25.00	—	741.67	197.08	5 022
	其他	355.50	—	298.33	—	—	—	144.42	798
	合计	5 521	478	1 778	988	283	1 025	1 261	11 334

续表

组别	年份	保护性农业				露天农业	数字农业		总额
		第一组	第二组	第七组	第八组	第五组	第四组	第三组	
按时间划分的草莓总额	2015	1 246	—	83	25	—		—	3 369
	2016	1 307	44	51	33	—	42	108	3 601
	2017	912	217	375	33	—	42	160	3 755
	2018	443	217	443	33		67	382	3 603
	2019	338	—	298	158	117	267	382	3 578
	2020	668	—	348	242	167	608	230	4 282
	2021	608		179	463				3 271
	合计	5 521	478	1 778	988	283	1 025	1 261	11 334

　　我们得到了一份更详细的资料，包括创新组织名称、研发项目名称、研发阶段级别、项目经理和资金规模的情况（见表10），从而得到了草莓相关产业的区域研发投资方向和潜在合作网络清单。该合作网络清单可为利益相关者提供必要的信息，以便他们建立、规划和调整预算，确定本地组织研究能力的性质和方向。此外，还可以提供有用的信息，以便根据各组织的优势和劣势，考虑各组织的作用、区域能力和现实环境，从而制定适当的政策。

　　全罗南道是实用创新模式的典范，因为其研发合作生态系统最为平衡。在一个名为"基于信息通信综合技术的全南第六次草莓产业化示范模式开发"的项目中，当地研究机构负责监督先进技术，以改进草莓产业价值链上的新品种，提高其生长、质量和生产率。ELSYS 和 One's Berry 等中小企业开发了复杂环境综合支持系统，用于采后分销和出口所需的最佳管理程序。高校在研究生长模式或规范相关数据建设和信息系统方面发挥了重要作用。这种合作模式有助于促进加强现有合作网络和政策设计，通过培育具有智慧能源技术开发能力的创新组织、纳入现有合作网络中没有的技术类型（如草莓垂直农场工厂），有效扩展可持续智慧农业模式。此外，在研发能力相对集中于研究机构的庆尚南道和全罗北道，可以出台诸如风险公司创业和技术转让等支持技术商业化促进计划的政策。

表 10　　　　三个地区草莓相关的代表性研究机构、项目名称和资金规模

地区	机构类别	机构名称	研发课题	研发类型	项目经理	资金（千美元）
庆尚南道	高校	庆尚国立大学	基于空间运动信息和草莓花生物群落相互交流的实用基础设施发展	应用型	Yeon-Sik Kwak	225
	科研院所	国立园艺和草药科学研究所	高垄草莓局部冷却和加热过程中根据冷却、加热和灌溉水温度的生长特性研究	实验型	Jong-Pil Moon	150
	科研院所	国立园艺和草药科学研究所	温室草莓架式栽培系统的发展	实验型	Myung-Hwan Cho	185.83
	科研院所	国立园艺和草药科学研究所	温室草莓架式栽培系统的发展	实验型	Lee Han-cheol	170
	企业	韩国大邱 Daisys 株式会社	适合夜间瓜类种植和丹东大棚草莓种植的智慧农场开发和示范	实验型	Kim Ki-hwan	316.67
	企业	韩国晋州东仁株式会社	草莓高垄复垦用电动耕耘机的开发	实验型	Donghoon Kang	283.33
全罗南道	高校	木浦国立大学	闭合草莓幼苗示范进展及经济分析	基础型	ParkKyung-seop	25
	高校	顺天国立大学	基于 ICT 融合的全南草莓第 6 次产业化实证模型开发	实验型	Chang-Sun Shin	291.67
	科研院所	江津郡农业研究与推广服务	开发活力技术生产优质草莓幼苗	实验型	Young-JunChoi	183.33
	科研院所	丹阳郡农业研究与推广服务	基于 ICT 融合的全南草莓第 6 次产业化实证模型开发	实验型	Cheol-Gyu Lee	166.67
	科研院所	全罗北道农业研究与推广服务	基于 ICT 融合的全南草莓第 6 次产业化实证模型开发	实验型	Gil-Ho Shin	90
	科研院所	全罗北道农业研究与推广服务	建立草莓新品种快速繁殖和早期传播的供应体系	实验型	Jong-Boon Seo	25
	科研院所	全罗北道农业研究与推广服务	全南草莓和番茄智慧农场最优生长控制模型的田间示范与改进	应用型	Kyung-Cheol Cho	108.33

续表

地区	机构类别	机构名称	研发课题	研发类型	项目经理	资金（千美元）
全罗南道	企业	韩国罗州ELSYS株式会社	基于ICT融合的全南草莓第6次产业化实证模型开发	实验型	Kyung-Woo Oh	750
	企业	ELSYS株式会社	草莓种植型环境管理与疾病预测/报告系统中熊灰屋建筑出口节能用于疾病控制	基础型	Yo-Han Kim	166.67
	企业	韩国光州绿色通信系统有限公司	使用生长模型开发果蔬（番茄、红辣椒和草莓）生长管理程序	应用型	Im-SungBae	166.67
	企业	韩国丹阳One's berry株式会社	基于ICT融合的全南草莓第6次产业化实证模型开发	实验型	Doo-Hyun Yoon	541.67
	其他	韩国温室作物研究所	基于ICT融合的全南草莓第6次产业化实证模型开发	实验型	Beom-Seok Seo	333.33
	其他	韩国温室作物研究所	高产草莓温室环境控制优化技术开发与示范	基础型	Beom-Seok Seo	75
全罗北道	高校	全北国立大学	草莓病诊断网页UI推进与专家利用体系建立	实验型	Jun-Hwan Lee	133.33
	科研院所	国立农业科学研究所	草莓温室种植智慧环境控制系统开发	应用型	HanGil-soo	145.83
	科研院所	国立农业科学研究所	开发草莓种植节能系统	应用型	Jong-Pil Moon	83.33
	科研院所	国立农业科学研究所	出口草莓移栽方法及开花促进技术开发	应用型	Jong-Pil Moon	81.67
	科研院所	国立农业科学研究所	草莓细菌角斑防治方法的研制	基础型	In-Sik Myung	41.67
	科研院所	国立农业科学研究所	开发并演示基于云系统的草莓病响应式网页UI	实验型	Jeong-HyunBaek	41.67
	科研院所	国立园艺和草药科学研究所	使用克服高温的创新冷却室进行草莓种植的演示和最佳管理技术的研究	应用型	Dae-Young Kim	291.67
	科研院所	国立园艺和草药科学研究所	两层草莓栽培环境优化研究	基础型	Seung-Yu Kim	269.17

续表

地区	机构类别	机构名称	研发课题	研发类型	项目经理	资金（千美元）
全罗北道	科研院所	国立园艺和草药科学研究所	草莓病诊断 AI 训练的图像采集和数据库升级	实验型	Jong-Han Park	33.33
	科研院所	国立园艺和草药科学研究所	开发草莓种植节能系统	应用型	Jin-Kyung Kwon	83.33
	科研院所	国立园艺和草药科学研究所	草莓出口移栽方法及开花促进技术开发	应用型	Jin-Kyung Kwon	181.67
	科研院所	国立园艺和草药科学研究所	原位播种过程中斩根时间对草莓生长特性的影响	应用型	Jae-Han Lee	263.33
	科研院所	国立园艺和草药科学研究所	稳定生产温室遮阳剂在出口草莓中的应用技术开发	应用型	Jae-Han Lee	100
	科研院所	国立园艺和草药科学研究所	架式栽培系统作为温室草莓示范培养的研究	实验型	Myung-Hwan Cho	183.33
	科研院所	全罗北道农业研究与推广服务	ICT 融合的第一代智慧农场技术实地研究	应用型	Eun-Ji Kim	83.33
	其他	农村发展管理局	全北智慧温室草莓和番茄生长模型的田间示范与改进	应用型	Hye-Jin Lee	125

本文调查了政府资助研发项目的近期研究趋势，以便为草莓相关产业提供潜在的研发合作伙伴。表 11 列出了近期与草莓害虫控制技术相关的研发项目。在控制草莓相关害虫方面具有技术竞争力的创新机构包括位于忠清南道的忠清南道农业技术研究所、国立园艺研究所和位于全罗北道的全北国立大学。这份名单可以作为一种工具，为全罗南道等地的创新研发合作模式寻找潜在合作伙伴提供相关信息。也就是说，在现有研发合作网络库未包括的其他地区，通过与拥有害虫控制技术的创新组织建立新的合作体系，有可能加强地方智慧农业的研发创新模式。

表 11　与草莓虫害控制相关的代表性研究机构、项目名称和资金规模

地区	机构类别	机构名称	研发课题	研发类型	项目经理	资金（千美元）
全罗北道	高校	全北国立大学	草莓病诊断网页 UI 推进与专家利用体系建立	实验性	Jun-Hwan Lee	133.33

续表

地区	机构类别	机构名称	研发课题	研发类型	项目经理	资金（千美元）
全罗北道	科研院所	国立园艺和草药科学研究所	草莓病诊断 AI 训练的图像采集和数据库升级	实验型	Jong-Han Park	33.33
忠清南道	科研院所	忠清南道农业研究与推广服务	水培、栽培病虫害防治技术发展	应用型	Myung-Hyun Nam	158.33
全罗北道	科研院所	国立农业科学研究所	开发并演示基于云系统的草莓病响应式网页 UI	实验型	Jeong-HyunBaek	41.67
忠清南道	高校	孔州国立大学	开发出口草莓干减损技术	实验型	Hyo-Gil Choi	154.17

四、讨　论

（一）韩国可持续智慧农业的研发投资战略与合作生态系统框架

拟议的韩国可持续智慧农业框架提供了有关研究领域、地区和利益相关者的各种有用信息。为证明该框架的可用性，我们提出了三个研究问题、八个子问题。首先，关于问题 1，本文为确定韩国政府在农业研发领域的投资方向提供了有用信息。具体而言，关于问题 1 - 1 和问题 1 - 2，研究揭示了 2015 ~ 2021 年政府在智慧农业领域研发投资的整体和区域状况，为利益相关者从韩国中央和地方政府的角度讨论研发投资的适当性提供了证据。关于问题 1 - 3，本文从韩国智慧农业研究领域的角度考察了政府研发投资情况，为确定研究领域的集中度提供信息，从而讨论政府在各研究领域的研发投资程度。

其次，关于问题 2，我们调查了截至 2018 年"智慧农场扩展计划"公布时政府研发投资趋势的变化。此外，我们还分析了这些政府研发投资在各个地区和从事研发的创新组织中的执行情况的差异。结果显示，政府研发投资总额大幅增加，投资方向从智慧农业等保护性农业转向露天农业。此外，在考虑碳中和这一全球环境问题的同时，政府还将重点放在了智慧能源的研发上。因此，利益相关者可以利用这些信息来讨论下一个国家智慧农业计划中政府研发投资的分配问题。关于问题 2 - 2，本文调查了有关技术集群、地区和组织的公共研发投资状况。结果显示了各地区产学研机构的研发能力水平和地区科研竞争力，这可以作为构建和支持研究领域研发合作生态系统的出发点。此外，对于负责制定合作计划的中央和地方政策制定者来说，这些结果可以作为加强特定研究领域战略性研发合作或伙伴关系的基本信息。

最后，关于问题 3，所提出的框架为各利益相关方提供了建立知识和战略所需的信息，以发现研发合作生态系统在可持续智慧农业中的作用和潜在合作者。此外，我们还通过草莓产业的案例证明了该框架在创建研发合作生态系统方面的实用性。关于问题 3 - 1，研究确定了三个研发投资最高的地区。这一结果显示了具有潜在吸引力或标杆意义的待调查地区。关于问题 3 - 2 和问题 3 - 3，我们考察了草莓研发合作生态系统的水平和网络能力，并提出了政府研发投资的未来合作战略。本文提供了详细的信息，如组织名称、研发项目名称、研发阶段级别、项目经理和资金规模等，以呈现区域研发投资方向和草莓相关产业的潜在合作网络名单。合作情况和潜在网络名单可能成为确保协调、规划和预算调整的重要信息，以确定地方研究机构的研发性质和方向。此外，考虑到每个组织的作用、区域能力和现实环境，它还可以为制定适当的政策提供有用信息。

（二）结论

韩国政府不断宣布有关智慧农业的国家计划，包括"第二次综合计划"（2014 年）、"智慧农场扩展计划"（2018 年）、"第三次综合计划"（2019 年）、四个地区的智慧农场创新谷项目（2018 ~ 2019 年），以及《基于大数据和人工智能的智慧农业扩展综合措施》（2021 年）。这些关于智慧农业的国家政策可能表明缺乏连贯的计划，从而恶化了政府投资的效果（National Assembly Legislative Research Office，2019）。因此，有必要从技术和地方创新组织的角度审视智慧农业的现状，通过制定一个实用的框架来缩小城乡差距，该框架可以显示全面的投资情况，从区域和研究领域的角度确定研究资金的分配，并带来区域范围内的合作机会。

本文所提出的框架源于之前的工作，显示了韩国智慧农业研发政策的变化，即引导以大数据和人工智能为基础的数字农业发展，将政策扩展到露天精准农业，并在保护性农业中推广城市工厂，而在之前这在很大程度上仅限于农村地区。也就是说，政策已经从自动化转向智慧自动化，从农村农业转向城市农业文化。此外，对草莓生产的案例研究从经验上证明了在跨区域创建合作研究生态系统的可用性。

本文有两项重要贡献。首先，提出了智慧农业领域政府研发投资与合作的框架。此前的多项研究在未考虑政府研发投资信息的情况下，为制定更好的智慧农业政策提供了方向或建议。然而，这可能会在决策过程中对利益相关者造成偏见，从而增加政策模糊性，导致利益相关者无法达成共识。本文针对文献中的局限性，讨论了一个强大的分析框架，该框架可使利益相关者了解研究投资情况、监测研究投资进展，并确定不同技术领域和地区需要合作应对的挑战，以确保可持续性。因此，中央和地方政府的决策者和利益相关者可以查看投资集中度和区域分布情况，并确定方向，考虑适当的政府投资，以提高区域竞争力和能力。

其次，本文展示了如何操作智慧农业框架的具体经验。尽管之前一些农业政策研究提出了实用的投资框架，但这些框架并未展示系统的分析过程，包括一个包含区域、技术和组织维度的精确集成创新方案。然而，本文提供了有关政府研发投资现状的信息，并从17个地区和技术集群的角度展示了2015~2021年智慧农业的各利益相关方（如高校和研究机构）。此外，之前的一些研究强调合作计划的重要性，以支持农村地区将研究与实践相结合，从而实现农业转型。针对这些要求，本文考虑了草莓研究合作生态系统的案例。在案例中，全罗南道地区是研发合作生态系统发展最均衡的地区，我们介绍了该地区未来潜在合作关系的清单。从这一合作案例研究中获得的启示可以帮助中央和地方政府制定政策，通过培育具有智慧能源或草莓病虫害控制技术的创新型组织来加强可持续的智慧农业模式，而这些组织被排除在现有的网络库之外。此外，研究机构相对集中的庆尚南道和全罗北道地方政府必须制定政策，支持技术商业化促进计划，如风险创业和技术转让，以解决当前以研究机构为导向的生态系统存在的问题。

（三）研究局限与进一步研究

尽管做出了这些贡献，本文仍存在一些局限性，为今后的研究提出了挑战性问题。公共研发项目的数据来自中央政府，因为没有关于 17 个地方政府研发支出的数据库。因此，必须对地方政府资助项目的数据集进行评估。此外，本文考察的信息项目有限。因此，今后的研究可以考察利益相关者（中央和地方政府、研究资助机构、高校、私营部门和研究机构）所需的更多信息（如部委预算对比）。同时，为确保政策决策的合法性，未来的研究必须制定一个公平的程序，以减少利益相关者之间的冲突。因此，对于决策者而言，未来的研究可以对拟议框架的信息生产程序的公平程度、信息是否包含多角度和更透明等进行定性分析，并进一步调查参与者的观点如何影响合法性。

参 考 文 献

O'Shaughnessy, S. A.; Kim, M.; Lee, S.; Kim, Y.; Kim, H.; Shekailo, J. Towards smart farming solutions in the U. S. and South Korea: A comparison of the current status. Geogr. Sustain. 2021, 2, 312 – 327.

Rasul, G. A framework for addressing the twin challenges of COVID-19 and climate change for sustainable agriculture and food security in South Asia. Front. Sustain. Food Syst. 2021, 5, 1 – 16.

Fu, X.; Zhou, Y.; Yang, F.; Ma, L.; Long, H.; Zhong, Y.; Ni, P. A review of key technologies and trends in the development of integrated heating and power systems in agriculture. Entropy 2021, 23, 260.

Klerkx, L.; Jakku, E.; Labarthe, P. A review of social science on digital agriculture, smart farming and agriculture 4. 0: New contributions and a future research agenda. NJAS Wageningen J. Life Sci. 2019, 90, 100315: 1-100315: 16.

Kritikos, M. Precision Agriculture in Europe: Legal, Social and Ethical Considerations; European Parliamentary Research Service: Brussels, Belgium, 2017.

Farm Europe. Global Food Forum: A New Ambition for EU Agri-Food Systems; Farm Europe: Brussels, Belgium, 2017.

Bleich, S. N.; Moran, A. J.; Vercammen, K. A.; Frelier, J. M.; Dunn, C. G.; Zhong, A.; Fleischhacker, S. E. Strengthening the public health impacts of the supplemental nutrition assistance program through policy. Annu. Rev. Public

Health 2019, 41, 453 – 480.

Sanders, C. E. ; Gibson, K. E. ; Lamm, A. J. Rural broadband and precision agriculture: A frame analysis of united states federal policy outreach under the Biden administration. Sustainability 2022, 14, 460.

Yoon, D. The Abe administration's growth strategy: Policy idea, institutional change, and state-driven policy governance. Seoul J. Jpn. Stud. 2018, 4, 65 – 101.

ECOS GmbH; Temmen, N. Smart Farming Technology in Japan and Opportunities for EU Companies; EU-Japan Centre for Industrial Cooperation: Tokyo, Japan, 2021.

Nagasaki, Y. Realization of Society 5. 0 by Utilizing Precision Agriculture into Smart Agriculture in NARO, Japan. Available online: https://ap. fftc. org. tw/article/1414 (accessed on 1 March 2022).

Ministry of Agriculture, Food and Rural Affairs (MAFRA). The 2nd Comprehensive Plan; MAFRA: Sejong, Korea, 2017.

MAFRA. The 3rd Comprehensive Plan; MAFRA: Sejong, Korea, 2020.

Kim, S. ; Choi, S. Innovative Platform Program: Current Status and Economic Effect; National Assembly Budget Office: Seoul, Korea, 2020.

Ministry Concerned. Smart Farm Expansion Plan; MAFRA: Sejong, Korea, 2018.

Ministry Concerned. The Comprehensive Measures for the Spread of Smart Agriculture Based on Big Data and Artificial Intelligence; MAFRA: Sejong, Korea, 2021.

Ministry Concerned. Agri-Food Carbon Neutral Promotion Strategy; MAFRA: Sejong, Korea, 2021.

Christiaensen, L. ; Rutledge, Z. ; Taylor, J. E. Viewpoint: The future of work in agri-food. Food Policy 2021, 99, 101963.

Lufumpa, C. L. ; Shimeless, A. ; Kamgnia, B. ; Salami, A. Korean experiences in agricultural development and policy proposals for structural transformation of African agriculture and rural space (STAARS). Afr. Econ. Brief 2016, 7, 1 – 11.

Nam, G. -P. ; Jeon, S. A study on the promotion direction of smart arable farming of Korea agricultural co-operatives. Coop. Econ. Manag. Rev. 2021, 55, 143 – 165.

Lim, Y.; Lee, J.; Park, D.; Kim, S.; Sim, S.; Choo, S.; Kim, Y. Identification of Domestic and Overseas Smart Rural-Related Policy Trends and Key Policy Agenda: Focusing on Smart Infrastructure Integration Policy; Korea Rural Economic Institute (KREI): Naju, Korea, 2019.

Jooryang, L.; Soo-jin, C.; Young-hoon, I.; Dong-bae, P.; Seong-cheol, S.; Gaeun, K. The S&T Policy Study on Extension of Smart-Farming in Korea; Science & Technology Policy Institute (STEPI): Sejong, Korea, 2018.

Lee, D.; Kim, K. Information analysis framework for supporting evidence-based research and development policy: Practical considerations for rationality in the policy process. Informatiz. Policy 2021, 28, 77 – 93.

OECD. Perspectives on Decentralisation and Rural-Urban Linkages in Korea; OECD: Paris, France, 2021.

Yoo, G.; Yeo, C. Smart Agriculture; Korea Institute of Science & Technology Evaluation and Planning (KISTEP): Eumseong, Korea, 2021.

Lee, S. H. The Importance of ICT Technology Development and Smart Agriculture in the Participation of Korean Small-Scale Farmers in the Value Chain. Available online: https://ap. fftc. org. tw/article/2744 (accessed on 14 April 2022).

MAFRA. Smart Farm Innovation Valley in Sangju Started Operation as an Innovation Hub for Talents and Technologies; MAFRA: Sejong, Korea, 2021; pp. 32 – 33.

Jang, Y.; Kim, T. Status and Tasks of Smart Farm Expansion and Dissemination Project: Focusing on ICT Convergence Project in Agricultural Field; National Assembly Research Service (NARS): Seoul, Korea, 2019.

Sniazhko, S. Uncertainty in decision-making: A review of the international business literature. Cogent Bus. Manag. 2019, 6, 1 – 32.

Dewulf, A.; Biesbroek, R. Nine lives of uncertainty in decision-making: Strategies for dealing with uncertainty in environmental governance. Policy Soc. 2018, 37, 441 – 458.

Bradshaw, A. G. A.; Borchers, J. G.; Ecology, S. C.; Jul, N. Uncertainty as information narrowing the science-policy gap. Conserv. Ecol. 2020, 4, 7.

EVIPNet Europe. Situation Analysis on Evidence-Informed Evidence Brief Situation for Policy Evidence-Informed Policy-Making; EVIPNet Europe: Copenhagen, Denmark, 2017.

Cash, D.; Clark, W. C.; Alcock, F.; Dickson, N.; Eckley, N.; Jäger, J. Salience, Credibility, Legitimacy and Boundaries: LINKING Research, Assessment and Decision Making; KSGWorking Papers Series; John, F., Ed.; Kennedy School of Government, Harvard University: Cambridge, MA, USA, 2003; Available online: http://nrs.harvard.edu/urn-3: HUL.InstRepos: 320 67415 (accessed on 14 April 2022).

Pichancourt, J.-B.; Bauer, R.; Billard, A.; Brennan, M.; Caurla, S.; Colin, A.; Contini, A.; Cosgun, S.; Cuny, H.; Dumarçay, S.; et al. A Generic information framework for decision-making in a forest-based bio-economy. Ann. For. Sci. 2021, 78, 97.

Guo, H.; Nativi, S.; Liang, D.; Craglia, M.; Wang, L.; Schade, S.; Corban, C.; He, G.; Pesaresi, M.; Li, J.; et al. Big Earth data science: An information framework for a sustainable planet. Int. J. Digit. Earth 2020, 13, 743 –767.

Abdel-Basset, M.; Mohamed, R.; Sallam, K.; Elhoseny, M. A novel decision-making model for sustainable supply chain finance under uncertainty environment. J. Clean. Prod. 2020, 269, 122324.

Maes, J.; Egoh, B.; Willemen, L.; Liquete, C.; Vihervaara, P.; Schägner, J. P.; Grizzetti, B.; Drakou, E. G.; Notte, A. L.; Zulian, G.; et al. Mapping ecosystem services for policy support and decision making in the European Union. Ecosyst. Serv. 2012, 1, 31 –39.

van denHonert, R. Improving decision making about natural disaster mitigation funding in Australia – A framework. Resources 2016, 5, 28.

Stacey, D.; Murray, M. A.; Légaré, F.; Sandy, D.; Menard, P.; O'Connor, A. Decision coaching to support shared decision making: A framework, evidence, and implications for nursing practice, education, and policy. Worldviews Evid. -Based Nurs. 2008, 5, 25 – 35.

Claxton, K.; Sculpher, M.; Drummond, M. A rational framework for decision making by the National Institute for Clinical Excellence (NICE). Lancet 2002, 360, 711 – 715.

Sculpher, M.; Gafni, A.; Watt, I. Shared treatment decision making in a collectively funded health care system: Possible conflicts and some potential solutions. Soc. Sci. Med. 2002, 54, 1369 – 1377.

Stafinski, T.; Menon, D.; McCabe, C.; Philippon, D. J. To fund or not to fund: Development of a decision-making framework for the coverage of new health technologies. Pharmacoeconomics 2011, 29, 771 – 780.

Cerri, K. H.; Knapp, M.; Fernandez, J. L. Public funding of pharmaceuticals in the Netherlands: Investigating the effect of evidence, process and context on CVZ decision-making. Eur. J. Health Econ. 2014, 15, 681 – 695.

Chan, K.; Nam, S.; Evans, B.; Deoliveira, C.; Chambers, A.; Gavura, S.; Hoch, J.; Mercer, R. E.; Dai, W. F.; Beca, J.; et al. Developing a framework to incorporate real-world evidence in cancer drug funding decisions: The Canadian real-world evidence for value of cancer drugs (CanREValue) collaboration. BMJ Open 2020, 10, e032884.

Meadmore, K.; Fackrell, K.; Recio-Saucedo, A.; Bull, A.; Fraser, S. D. S.; Blatch-Jones, A. Decision-making approaches used by UK and international health funding organisations for allocating research funds: A survey of current practice. PLoS ONE 2020, 15, e0239757.

Streed, A.; Kantar, M.; Tomlinson, B.; Raghavan, B. How sustainable is the smart farm? In Proceedings of the Workshop on Computing within Limits, Online, 14 – 15 June 2021.

Wolfert, S.; Ge, L.; Verdouw, C.; Bogaardt, M. -J. Big data in smart farming – A review. Agric. Syst. 2017, 153, 69 – 80.

Ayre, M.; McCollum, V.; Waters, W.; Samson, P.; Curro, A.; Nettle, R.; Paschen, J. -A.; King, B.; Reichelt, N. Supporting and practising digital innovation with advisers in smart farming. NJAS Wageningen J. Life Sci. 2019, 90, 1 – 12.

Macrae, R. J.; Hill, S. B.; Henning, J.; Bentley, A. J. Policies, programs, and regulations to support the transition to sustainable agriculture in Canada. Am. J. Altern. Agric. 1990, 5, 76 – 92.

Berthet, E. T.; Hickey, G. M.; Klerkx, L. Opening design and innovation processes in agriculture: Insights from design and management sciences and future directions. Agric. Syst. 2018, 165, 111 – 115.

Noor, N. H. M.; Ng, B. K.; Hamid, M. J. A. Forging researchers-farmers partnership in public social innovation: A case study of Malaysia's agro-based public research institution. Int. Food Agribus. Manag. Rev. 2020, 23, 579 – 597.

Dale, A.; Marshall, A. New directions for facilitating quality agricultural development in Northern Queensland. Australas. J. Reg. Stud. 2020, 26, 269 – 292.

Bachev, H. State and evolution of public and private research and development in Bulgarian agriculture. Int. J. Sustain. Dev. World Policy 2020, 9, 10 – 25.

Adamashvili, N.; Fiore, M.; Contò, F.; La Sala, P. Ecosystem for Successful Agriculture. Collaborative Approach as a Driver for Agricultural Development. Eur. Countrys. 2020, 12, 242 – 256.

Adamashvili, N.; State, R.; Tricase, C.; Fiore, M. Blockchain-based wine supply chain for the industry advancement. Sustainability 2021, 13, 13070.

Mogues, T.; Yu, B.; Fan, S.; Mcbride, L. The Impacts of Public Investment in and for Agriculture Synthesis of the Existing Evidence; ESA Working Paper; International Food Policy Research Institute (IFPRI): Washington, DC, USA, 2012.

Dwyer, J. Transformation for sustainable agriculture: What role for the second pillar of CAP? Bio-Based Appl. Econ. 2013, 2, 29 – 47.

Barnes, A. P. Towards a framework for justifying public agricultural R&D: The example of UK agricultural research policy. Res. Policy 2001, 30, 663 – 672.

Stojanova, S.; Lentini, G.; Niederer, P.; Egger, T.; Cvar, N.; Kos, A.; Duh, E. S. Smart villages policies: Past, present and future. Sustainability

2021, 13, 1663.

Lee, D. ; Kim, K. Public R&D projects-based investment and collaboration framework for an overarching South Korean national strategy of personalized medicine. Int. J. Environ. Res. Public Health 2022, 19, 1291.

Lee, D. ; Kim, K. Research and development investment and collaboration framework for the hydrogen economy in South Korea. Sustainability 2021, 13, 10686.

Lee, D. ; Kim, K. A collaborative trans-regional R&D strategy for the South Korea Green New Deal to achieve future mobility. Sustainability 2021, 13, 8637.

Lee, D. ; Heo, Y. ; Kim, K. A strategy for international cooperation in the COVID-19 pandemic era: Focusing on national scientific funding data. Healthcare 2020, 8, 204.

Lee, D. ; Kim, S. ; Kim, K. International R&D collaboration for a global aging society: Focusing on aging-related national-funded projects. Int. J. Environ. Res. Public Health 2020, 17, 8545.

Lee, D. ; Kang, J. ; Kim, K. Global collaboration research strategies for sustainability in the post COVID-19 era: Analyzing virology-related national-funded projects. Sustainability 2020, 12, 6561.

Rural Development Administration. The Penetration Rate of Domestic Varieties of Korean Strawberries; RDA: Jeonju, Korea, 2022.

Mikkola, J. H. Portfolio management of R&D projects: Implications for innovation management. Technovation 2001, 21, 423 – 435.

第二部分

减贫与发展国别实践

农业在肯尼亚脱贫中的作用[*]

——在气候变化背景下发展能力的方法

玛尔塔·艾西斯特勒、蒂姆·恩贾吉、埃尔文·纽库里[**]

摘　要： 农村贫困问题对肯尼亚的发展构成重大挑战。通过在肯尼亚农村进行的小组调查以及来自马库埃尼郡和维希加郡的焦点小组和生活状况访谈的定性资料，我们研究了自 2000 年以来农业和耕作方式在促进持续摆脱贫困中的作用。本文聚焦气候变化背景下实现脱贫的农业战略转型，详细分析了推动农业战略转型的环境、社会和个人的结构性因素。研究发现，农业依然是肯尼亚家庭经济和社会福祉的重要依托。但资产积累和摆脱贫困之间的关系较弱，贫困家庭很难通过农业发展获得经济收益，而气候变化的冲击进一步加剧了这一难度。我们认为，结构限制（如有限的基础设施）和过程限制（如土地采购和继承方面的问题、不可持续的耕作方式和气候智能型农业知识的匮乏）不仅影响脱贫的进程，还会降低适应和减缓环境冲击的能力。因此，提出为有效应对气候变化导致的农村贫困问题，实现肯尼亚农村可持续脱贫，发展转化过程以改善现有的结构应成为公共干预政策的关键。

关键词： 农业；气候变化；肯尼亚；可持续脱贫

一、引　言

在过去的几十年里，肯尼亚减贫的进展缓慢。肯尼亚的官方数据显示，

---

　* 本文原文请参见：https：//www. sciencedirect. com/science/article/pii/S0305750X2100320X。

　** 作者简介：玛尔塔·艾西斯特勒（Marta Eichsteller）供职于都柏林大学社会学学院。蒂姆·恩贾吉（Tim Njagi）供职于埃格顿大学（Egerton University）。埃尔文·纽库里（Elvin Nyukuri）供职于内罗毕大学。

2015～2016 年的贫困发生率为 36%，与 2005～2006 年相比，贫困人口仅减少了 11%（KIHBS，2016）。根据肯尼亚国家统计局（KIHBS）的最新数据，农村地区的贫困率（40%）明显高于城市周边地区（28%）和核心城市地区（29%），而在偏远、干旱、人口稀少的东北部地区（图尔卡纳和曼德拉），贫困率已接近 80%。21 世纪初，贫困人口减少，随之而来的是一段相对强劲的经济增长时期。2000～2009 年，该国的年经济增长率平均为 3.7%（World Bank，2012），2010 年经济增长态势更加强劲，达 4.2%，自 2013 年以来年增长率始终保持在 2.5% 以上（World Bank，2018）。尽管经济稳步增长，但是肯尼亚仍然有大量贫困人口。

在过去十年中，肯尼亚减贫的主要障碍是：（1）人口暴增（2005～2015年增长了 1 000 万，增长率为 28%）；（2）2007 年的政治暴力事件；（3）全球粮食、燃料和金融危机的不利影响；（4）气候变化；（5）新冠疫情造成的经济衰退。2020 年，在全球疫情冲击下，当年经济增长预计仅为 1%～2%（World Bank，2020）。经济增长和重大冲击之间相互作用的变化，要求我们纵观贫困轨迹，并分析支持可持续脱贫的结构性因素①。在此背景下，我们研究了农业和耕作方式在促进脱贫中发挥的作用，以及农户家庭如何试图平衡盈利能力和生产力。本研究考虑了农业背景下限制和促进脱贫战略的不同结构的作用（Robeyns，2005；Scott et al.，2018；Diwakar and Shepherd，2018），特别强调气候变化对农业经济造成的风险。

本文的结构如下：第一部分讨论了目前关于肯尼亚农业发展的不同观点，包括资产积累、农业减贫战略，以及气候变化对贫困人口生计的影响。第二部分概述了研究背景，详细介绍了研究方法。我们使用 2000～2010 年在肯尼亚农村地区具有代表性的全国家庭追踪调查，以及在 2017 年通过焦点小组讨论、关键信息访谈和生活状况访谈收集到的定性原始数据。第三部分总结了定量和定性研究的主要结果，发现资产积累和脱贫之间存在不明确的关系，将农业战略转变为具有收益的脱贫方式，以及气候变化的负面影响。第四部分重点关注在肯尼亚能够持续摆脱贫困的转换结构的相关分析和应用。在最后一部分，我们讨论了气候变化背景下结构转型和过程转型在农业发展政策中的作用。

---

① 结构性因素是指构成群体行为运行过程、决定群体行为运行效能的群体内部的基本因素。

（一）肯尼亚通过农业实现经济发展

肯尼亚在 2014 年成为中低收入国家。农业对 GDP 增长有重要贡献，贡献率达 34%，分别占就业的 60% 和出口的 65%（World Bank，2018）。然而，最近的趋势表明，农业本身并不是减贫战略的主要驱动力。农业收入（来自农作物、牲畜和工资）从 2005 年的 64% 下降到 2015/2016 年的 57%（World Bank，2018）。来自服务业的收入对肯尼亚减贫的贡献率达 33.5%，而农业收入的贡献率仅为 27.6%（World Bank，2018）。农村地区服务业和农业部门的扩张归因于普惠金融和移动通信（MPESA）的扩张（Baumüller，2016）。2006~2013 年，服务业占 GDP 增长的 75%（世界银行国别经济备忘录，2016）。

基于以上变化，肯尼亚发展战略往往倾向于以农业多样化为重点，在"小农资产建设、主粮生产率增长和农业转型"的背景下，将农业与发展联系起来（de Janvry and Sadoulet，2020）。该发展战略一方面有利于农业系统向高价值出口作物的多样化发展（Kemboi et al.，2020；Loison，2019；Papaioannou and de Haas，2017）；另一方面，有利于小农向与农业相关的非农部门扩张。与相关的社会经济政策相结合，这些战略推动了全面发展。然而，仅关注资产积累和生产力并不能解释肯尼亚高度依赖农业的最贫穷家庭的贫困状况的动态变化。

肯尼亚的小农是多样化的，拥有不同的资源和能力（Glover et al.，2019）。土地、作物和牲畜等作为资产的安全保障，在家庭收入受到冲击时可以起到缓冲作用（Cater and Barret，2006）。然而，在肯尼亚农村地区，很难获得或拥有具有充足灌溉基础设施的优质土地，而且越来越难以获得这类土地。随着人口的增长，平均拥有的土地规模降低，土地被分成小块以供出售，这使得农村家庭的农业用地逐渐减少（Museleku and Syagga，2018；Kelleher et al.，1998）。土地面积小，削弱了家庭获得利润的能力，从而使农业投入减少。肯尼亚的农业生产力正在下降，例如 2014 年每公顷玉米产量低于 1994 年的水平（World Bank，2018）。农业土地租赁一直受到限制，因为小农主要是按季节租赁土地。

而对于贫困人口来说，土地价格以及获得技术更先进的基础设施超出了他们的能力范围。私募股权基金和机构投资者等新主体的出现改变了农业实践的性质，并可能将实力较弱、较贫穷的群体排除在潜在利润之外（Watts and Scales，2020）。此外，对生产力和农业商业化的关注迫使农业战略发生了变化，可能会在短期内减少收入贫困和多维贫困，但这种方式是不可持续的（Ogutu et al.，2020；Ogutu and Qaim，2019）。

农业的商业化也在重新定义贫困地区的社会经济结构。它们加剧了与性别和家庭构成相关的社会不平等（Rao et al.，2017），以及财富和资源的地理分布，包括对城乡的划分（Dzanku，2019）。虽然一些家庭受益于商业化农业战略，并走上了持续脱贫的道路，但那些长期贫困的家庭（没有资产和能力提高生产率）却很难摆脱贫困。

气候变化及其对农业的影响又带来了新的问题。布莱恩等（Bryan et al.，2011）观察到，降水的变化对农业生产的影响变得更加重要。根据世界银行气候变化知识小组的数据，肯尼亚面临气温升高和降水增加的问题。研究表明，气候变化可能会影响某些类型的作物，加剧干旱和洪水等自然灾害带来的冲击，导致农业生态系统失去平衡。在减贫方面，气候冲击在极端贫困轨迹变化中产生了重要影响（Azzarri and Signorelli，2020；Crick et al.，2018；Shilomboleni，2020）。阿扎里和西诺雷利（Azzarri and Signorelli，2020）的研究表明，撒哈拉以南非洲的洪水冲击使极端贫困增加了17%。来自肯尼亚和塞内加尔的证据表明，缓解气候变化影响和促进可持续发展的适应性战略成本高昂（Crick et al.，2018），会进一步使贫困家庭的状况恶化。

因此，基于肯尼亚农村经济不断变化的现实背景，要让农业具有韧性和持续摆脱贫困需要一种新的方法（Diwakar and Shepherd，2018）。虽然资产和提高生产率是农业发展的重要因素，但是这对占总人口80%的贫困群体来说正变得越来越困难（Diwakar and Shepherd，2018）。本文基于肯尼亚农村可持续脱贫战略（Scott et al.，2018），关注"气候智能型"农业战略的潜力，即"优先考虑有可能提高农业生产力、支持增加收入和粮食安全，并提高农民对气候变化的适应能力的因地制宜的气候智能选择"（Shilomboleni，2020）。本文的论点是，除了关注决定最初脱贫能力的资产和生产力外，我们还需要研究使农业实践对较贫困家庭更有利的转换结构和过程，从而提高农业抵御气候引发的冲击和压力的能力，并支持持续脱贫。

（二）关注能力

我们的分析建立在能力方法的理论基础之上（Robeyns，2005；Sen，

2000），并建立在转换结构这一独特概念基础之上，它代表了个人生活的社会组成部分与更广泛的经济和政治制度之间的关系（Eichsteller，2021；Nambiar，2013）。转换结构侧重于个人禀赋（资产和能力）与交换权利之间的关系。转换结构将资产转变为某种能力（Hamilton，2019），包括盈利以及获得和执行社会和政治权利的能力；采取制度框架的形式，使个人充分利用可能摆脱贫困的机会。这些转换结构在以下三个制度层面运行（Nambiar，2013）：

（1）环境结构，如公共产品和基础设施的提供，以及对关键生产性资产（如土地和用水）供应的监管；

（2）社会结构，包括调节直接有助于家庭盈利能力和经济福祉的社会规范的性别规范和家庭网络，如离婚诉讼和家庭借贷；

（3）个人服务结构，包括个人从事农业的能力，如营养、医疗卫生、教育和长期可转移技能。

二、研究设计

本研究采用 Q^2 方法（Hulme，Moore and Shepherd，2001；Miller，2007；Shaffer，2013），旨在研究动态的、纵向的贫困轨迹（见附表1）。

本文基于 2000 年、2004 年、2007 年和 2010 年特格梅农业小组追踪调查（Tegemeo Agricultural Panel Survey）的数据，包括 1 309 个家庭数据。这项调查涵盖了所有八个主要的农业生态区，能够代表肯尼亚农村非畜牧业家庭（Suri et al.，2009）；涵盖了肯尼亚 85% 的农村人口和 60% 的农村地区（陆地）。这个数据集不包括人口稀少但占肯尼亚土地约 40% 的东北部地区。

在每一轮调查中，贫困线是根据 2005 年肯尼亚综合家庭预算调查（KIHBS）确定的国家贫困线制定的。农村地区的国家贫困线为每名成年人每月 1 562 肯尼亚先令（约合 21 美元）。在此基础上，2000 年的贫困线为每名成年人每月 1 071 肯尼亚先令（约合 14 美元），2004 年为每名成年人每月 1 416 肯尼亚先令（约合 18 美元），2007 年为每名成年人每月 1 962 肯尼亚先令（约合 29 美元），2010 年为每名成年人每月 2 813 肯尼亚先令（约合 35 美元）。为提高数据分析的准确性，使用居民消费价格指数（CPI）对每年的贫困线进行调整。家庭总收入定义为来自农作物、牲畜、营业收入、工资、汇款、工资等所有来源的收入，采用平均家庭规模来估计每个家庭的成人人均收入。如果一个家庭的成人人均收入低于当年的既定贫困线，那么这个家庭就是贫困家庭。

在我们的样本中，46%的家庭在 2000～2010 年生活在贫困线以下，其余家庭被归为非贫困家庭。通过四轮调查，我们确定了四个主要的贫困序列：

（1）长期贫困家庭，这些家庭在四次调研中一直处于贫困状态，占 13%；

（2）最初并不贫困但后来陷入贫困的贫困家庭，占 18%；

（3）短暂脱贫后又重新陷入贫困的家庭，占 8%；

（4）即使面临不利冲击，也能长期脱离贫困的家庭，占 7%。

我们使用这些贫困轨迹模式进行进一步定量分析，并作为选择定性数据的抽样框架。

（一）定量分析

本研究采用多项式 logistic 回归来探究贫困轨迹的决定因素，这些决定因素依赖于家庭特征，以及不利冲击的影响（见附表 2）。计算回归结果的边际效应，表示与贫困轨迹相关的概率。本研究将多项式 logistic 模型分为两组：全样本（见表 1，面板 B）、关键贫困轨迹的子样本（见表 1，面板 A），以更好地理解在调查中某个时点处于贫困状态家庭的情况，这是因为偶尔处于贫困状态的家庭可能与那些从未贫困过的家庭具有不同的特征。

除了上述主要模型之外，我们还进行了单独的多项式回归，包括但不限于上面描述的原始变量集。在进行上述检验后，所有变量系数没有出现变化，这进一步增加了基础分析的信度。在附加模型中，我们分别研究了：

（1）距离关键基础设施或生计服务的距离：电力供应、农业推广办公室、化肥销售商和兽医服务；

（2）气候模式的变化（最近年份的降水量和气温，要求家庭提供回顾性资料）和选举后的暴力事件。

最后，针对面板数据的结构，采用固定效应和随机效应的线性回归以了解贫困状况变化的相关因素。上述检验有助于解决来自时不变特征造成的偏差。在这些模型中，我们采用了与多项式回归估计中相同的控制变量，结果见附表 5。

表1 主要情况、贫困状况动态变化的相关因素，多项式 logistic 回归结果

结果：变量	A: 关键贫困轨迹的子样本				B: 全样本				
	长期贫困	贫困	暂时脱贫	持续脱贫	长期贫困	贫困	暂时脱贫	持续脱贫/从未贫困	其他
对数（农业资产值）	0.0246*** (0.0047)	0.0182*** (0.0057)	0.0028 (0.0046)	0.0036 (0.0039)	0.0149*** (0.0023)	0.0049 (0.0032)	0.0022 (0.0021)	0.0260*** (0.0041)	0.0039 (0.0034)
作物种植面积	0.0169* (0.0089)	0.0285*** (0.0082)	0.0056 (0.0069)	0.0060 (0.0082)	0.0137*** (0.0049)	0.0045 (0.0030)	0.0061 (0.0040)	0.0185*** (0.0032)	0.0032 (0.0036)
牲畜的数量	0.0007 (0.0009)	0.0005 (0.0007)	0.0003 (0.0007)	0.0001 (0.0006)	0.0006 (0.0005)	0.0002 (0.0003)	0 (0.0003)	0.0005 (0.0003)	0.0001 (0.0005)
家庭规模	0.0299*** (0.0062)	0.0517*** (0.0076)	0.0159*** (0.0055)	0.0059 (0.0054)	0.0187*** (0.0030)	0.0121*** (0.0042)	0.0104*** (0.0025)	0.0176*** (0.0049)	0.0005 (0.0043)
户主接受过初级教育	0.0593 (0.0439)	0.1192** (0.0482)	0.0133 (0.0415)	0.0466 (0.0381)	0.0304 (0.0208)	0.0576** (0.0290)	0.0072 (0.0193)	0.0822** (0.0330)	0.0622** (0.0311)
户主至少接受过中等教育	0.1156* (0.0624)	0.1310** (0.0614)	0.0074 (0.0546)	0.0079 (0.0466)	0.0704** (0.0300)	0.0326 (0.0371)	0.0098 (0.0257)	0.0168 (0.0392)	0.0644 (0.0398)
非农企业所有权	0.0007 (0.0397)	0.0184 (0.0408)	0.0148 (0.0381)	0.0044 (0.0327)	0.0056 (0.0194)	0.0222 (0.0234)	0.0019 (0.0182)	0.0046 (0.0255)	0.0305 (0.0247)
来自汇款的收入份额	0.1434 (0.0967)	0.3882*** (0.0862)	0.1206 (0.0888)	0.1242 (0.0819)	0.1258*** (0.0488)	0.1007** (0.0483)	0.0928** (0.0441)	0.1935*** (0.0541)	0.0756 (0.0522)

续表

结果：变量	A：关键贫困轨迹的子样本				B：全样本				
	长期贫困	贫困	暂时脱贫	持续脱贫	长期贫困	贫困	暂时脱贫	持续脱贫/从未贫困	其他
来自薪酬的收入份额	0.2603 *	0.0414	0.0743	0.2274	0.1384 *	0.0167	0.0117	0.1280	0.0179
	(0.1559)	(0.1527)	(0.1229)	(0.0976)	(0.0782)	(0.0994)	(0.0561)	(0.1118)	(0.1006)
户主控制	有	有	是	是	是	是	是	是	是
区域控制	是	是	是	是	是	是	是	是	是

样本量：550　　　　样本量：1 223

R^2：0.1528　　　　R^2：0.1801

Wald chi2（60）：176.10　　　　Wald chi2（60）：419.38

Prob > chi2：0.0000　　　　Prob > chi2：0.0000

注：每组使用单独的多项式回归，每一列列出与各贫困轨迹相关的平均边际效应，括号内为稳健的标准误差；***，** 和 * 分别表示在 1%、5% 和 10% 的水平上显著。长期贫困是指在调查中均处于子贫困的家庭。贫困是指开始不贫困但后来不贫困后又再次陷入贫困的家庭。持续脱贫是指摆脱了贫困且在之后至少至少两轮调查时均保持脱贫状态，并未再陷入贫困的家庭。暂时脱贫是指摆脱贫困但随后又次陷入贫困的家庭。

（1）除了这里列出的结果之外，我们还对每一列进行了二元 logistic 回归，其结果与表 1 中的结果基本一致（见附表 5）。

（2）户主控制包括性别，年龄，年龄的平方，以及户主的婚姻状况。

（3）其他包括诸如被归类为贫困或摆脱贫困，但没有明显的先后顺序的家庭。

（二）定性数据与分析

对面板数据中的贫困轨迹进行抽样，以作为定性分析的数据。2017 年，我们在马库埃尼郡和维希加郡收集了 60 个生活状况访谈（LHI），包括 36 名女性和 24 名男性，并与社区成员和知识分子（KII）进行了 6 次按性别分类的焦点小组讨论（FGD）。选取这两个区域的原因是，马库埃尼郡具有半干旱的环境特征，维希加郡具有人口稠密、农业程度更高的特征。

从面板数据分析中，根据户主性别和家庭贫困轨迹，确定了 22 个受访家庭。根据调研小组访谈信息，并通过经验丰富的当地人的证实，还得到了反映最新脱贫状态的一些资料。访谈由来自内罗毕大学的研究人员进行，以当地语言展开，并转录成英文以供进一步分析。收集的数据经适当的伦理批准并完全匿名。定性数据使用软件程序 NVivo 12（Kelle，2004；Silver and Lewins，2014）进行内容分析。生活状况访谈（LHI）被编码为"案例"，以突出个体的生活状况，并列出包括地区、性别、年龄和指定的贫困轨迹在内的特征。这些属性被用作案例之间比较的基础（完整列表代码见附表 3）。所有定性材料都按照基于能力方法的编码框架进行了编码。本研究分析的重点是：

（1）个人能力，包括教育、医疗卫生、社会问题和犯罪，以及社会网络；

（2）经济活动，包括农业、雇佣劳动，以及非农经济，包括商业企业和有薪酬的工作；

（3）资源，如土地所有权、牲畜、房屋和财产，以及储蓄和技术能力；

（4）发展策略，如移民、信贷和债务、业务扩张、专业化和多元化。

该分析着眼于不同类型的贫困状态，从多个维度调查与贫困相关的社会和公共政策问题。

已有研究同时进行定量和定性数据的分析（Teddlie and Tashakkori，2009），并在一份研究报告中分析了数据集之间的关系（Scott et al.，2018）。斯科特等（Scott et al.，2018）的报告侧重于家庭资源基础、特征和能力、家庭经济活动、主要的家庭冲击和能够持续摆脱贫困的策略。

在本文中，我们缩小和深化了前面对定量和定性材料分析的范围，以研究气候变化背景下农业和贫困轨迹之间的联系，以及交叉转换结构和过程（见附表 3、附表 4）。

三、肯尼亚农村贫困状况的动态变化

本文研究直接影响农户贫困轨迹的三大方面。首先，分析土地和牲畜等资产积累与脱贫轨迹之间的关系，发现处于贫困线以下的家庭无法像非贫困家庭那样使用其资产。其次，我们研究了通过两种主要的农业战略，即商业化和多样化，将贫困家庭的农产品转化为可持续收入的难度。最后，我们强调了环境冲击会扰乱农业市场，直接影响减贫进程。这三个方面涉及错综复杂的社会经济模式，以及相互交织的结构变化和个人应对机制。

（一）资产积累与持续摆脱贫困之间的关系

定量和定性分析表明，受贫困影响的家庭在处理资产的方式上存在差异。在肯尼亚农村，我们的研究结果（见附表1）表明，从农业经济的角度来看，土地、劳动力、获得服务和资本等关键资产影响了贫困轨迹，但其中的关联较为模糊，这意味着摆脱贫困的方法不仅仅是积累资产。

1. 土地

面板数据显示，尽管农业土地的积累对部分群体很重要，但它可能不再是肯尼亚农村持续摆脱贫困的主要策略。回归结果表明，作物种植面积与贫困的概率相关。具体而言，边际效应表明，作物种植面积每增加1英亩，贫困的概率就增加2.9个百分点（见表1，面板A），这可能是由于调查期间关键农业地区不利的天气状况或其他冲击的影响。种植面积与持续脱贫的概率负相关（不显著），与长期贫困显著负相关，这表明耕地在缓解长期贫困方面的作用。此外，全样本的回归结果显示（见表1，面板B），作物面积的增加可能有效地增加了持续脱贫和不陷入贫困家庭的概率。这些结果表明，对长期贫困的家庭和从未陷入贫困的家庭，耕地发挥的作用不同。对于那些仅拥有小块耕地的长期贫困家庭，耕地的增加可能会带来福利的增加。

贫困的结果可能反映了作物农业投资的脆弱性。特别是在雨养农业的情况下，那些平均拥有较多作物，且作物平均市场价格偏低且不稳定的家庭。考虑到处在贫困线边缘的非贫困家庭，这一结果可能也反映了另一种情况。然而，值得注意的是，研究结果表明，额外的作物收入降低了长期贫困的可能性，更有利于处于底层的家庭。

所有家庭拥有的土地数量都在下降，2004~2010 年，贫困家庭和暂时摆脱贫困的家庭之间存在显著差异。此外，尽管暂时摆脱贫困和持续摆脱贫困的人在脱贫后的第一年拥有同样的种植面积（平均 4.5 英亩），但持续摆脱贫困的人更多地使用土地进行种植。在主要季节，持续摆脱贫困的人的土地只有 0.27 英亩处于休耕或撂荒状态，而对于暂时摆脱贫困的人来说，这一面积为 0.58 英亩。

2. 家庭规模

根据全样本（见表 1，面板 B）回归结果，家庭每增加一名成员，长期贫困概率会提高 1.9%，持续脱贫或从未贫困的概率更低（1.8%）。在肯尼亚，未来土地被分成小块以供出售的情况会进一步加剧，减少农业用地，这意味着此类贫困家庭必须加强其农业生产力。

在维希加郡和马库埃尼郡这两个我们进行定性研究的地区，土地所有权被认为是至关重要的经济和社会资产。"田（shamba）"在传统上被理解为家庭所拥有的土地，是经济活动和粮食生产的关键，同时也具有"储存价值"，可以在家庭成员年老时维持家庭的生计（支持非洲养老金的文化概念），以及在危机时期成为抵押品。作为家庭的主要资产之一，它可以通过继承或购买来获得。这两种策略都对肯尼亚的贫困模式产生了重大影响。

人口的增长以及土地在所有继承人之间的划分造成了土地短缺，使得继承土地不太可能成为摆脱贫困的途径。关于马库埃尼郡和维希加郡的生活状况调研等资料进一步分析了导致家庭生活水平下降的征地行为所引起的土地纠纷。一旦丧失土地，弱势家庭（尤其是以女性为户主的家庭）很可能陷入赤贫。下面这段话摘自对居民瑞斯帕的生活状况访谈，既说明了继承习俗中所蕴含的社会和经济的关系，也说明了其对贫困状况动态变化的影响。

　　"当瑞斯帕的丈夫的父母去世时，他们夫妻二人继承了耕地。但这份遗产福祸参半。当父母在世时，他们拥有所有耕地，但当父母去世时，其他几个男性成员，也就是她丈夫的兄弟，声称拥有那部分农场。于是，他们夫妻二人不得不腾出房子（现已经被拆除），搬到山上现在的位置，重建自己的家。目前他们拥有的耕地面积是 2 英亩，而分家前的耕地面积则要大得多。"

——对瑞斯帕的生活状况访谈，马库埃尼郡

3. 获得服务

获取与经济活动相关的服务也能帮助家庭摆脱贫困，并在面对冲击时保持韧性方面发挥作用（Mwololo and Nzuma，2019）。然而，小农难以获得必要的关键服务，这会加剧他们的不利地位。如前面在研究方法部分所述，我们接下来使用与表 1（面板 A）中相同的变量进行多项回归，每个模型都有一组回归结果表示与关键服务的距离。回归结果（见表 2）表明，与获取服务的距离越远，长期贫困的概率就越高。特别是，距离推广服务 5 公里以上的家庭，其长期贫困概率增加了 7.6%；而距离电力供应服务 5 公里以上的家庭，其长期贫困概率增加了 12.4%；距离兽医服务机构和最近的化肥销售商 5 公里以上的家庭，其贫困概率也会增加。

表 2　　　　贫困轨迹中与基础设施的距离，多项式 logistic 回归结果

结果 = 贫困轨迹	回归 1	回归 2	回归 3	回归 4
独立变量	与电力供应服务的距离	与推广服务的距离	与兽医服务的距离	与化肥销售商的距离
长期贫困	0.1236 *** (0.0401)	0.0755 ** (0.0380)	0.0941 ** (0.0419)	0.0931 ** (0.0464)
贫困	0.0584 (0.0441)	0.0340 (0.0394)	0.0705 (0.0449)	0.0530 (0.0522)
暂时脱贫	0.0529 (0.0390)	0.0241 (0.0360)	0.0106 (0.0401)	0.0125 (0.0420)
持续脱贫	0.0124 (0.0370)	0.0174 (0.0335)	0.0129 (0.0348)	0.0275 (0.0420)
控制	有	有	有	有
R^2	0.1545	0.1533	0.1546	0.1613
样本量	550	550	550	550

　　注：每列使用单独的多项式回归，每一行列出与各贫困轨迹相关的平均边际效应，括号内为稳健的标准误差。***、** 和 * 分别表示在 1%、5% 和 10% 的水平上显著。

4. 资本

面板数据分析还强调了农业资产在持续脱贫方面的重要性，表明农业需要

资本投入才能实现可持续脱贫。农业资产主要包括农业机械、工具和其他有助于储水和运输的资产。在全球升温的背景下，生活状况调研中特别强调了水箱和灌溉作为额外的农业赋能资产的重要性。表1的面板分析表明，这些农业资产的总价值每增加1%，持续摆脱贫困或永远不会贫穷的概率就会增加1.5%，长期贫困的概率会降低2.6%。

（二）将农产品转化为可持续收入的难度

调查结果的第二个重点是探寻摆脱贫困的主要农业战略及其服务于"提供粮食和帮助人们摆脱贫困"双重目标的能力。我们的分析指出了两种有可能使肯尼亚农村地区持续脱贫的农业战略：商业化农业战略和多样化小农战略。这两种战略都将农业纳入家庭经济活动，并努力将农业生产转化为足够的利润，使家庭能够摆脱贫困。

1. 商业化农业战略

这个战略侧重于在一定程度上从事商业农业的农户。这一战略主要涉及数量相对较少的多种经济作物，如茶叶、咖啡和甘蔗，但也包括生长时间较长的植物，如木材。然而，相对小规模的生产既没条件进行储存也没条件加工农产品，导致农户在与中间商的价格谈判中处于弱势地位。除了农业生产外，家庭还需要饲养小型牲畜和种植蔬菜，任何剩余的产品都以小买卖的形式在当地出售。一个实现了持续脱贫的马库埃尼郡人约瑟芬在生活状况访谈中描述了这一策略。

> "约瑟芬的农场耕地面积约5英亩，由她自己耕种。她有两个女帮手，主要做家务和照顾孩子（可能是兼职）。她的主要经济作物是树木。她种植了一种生长快速的树木，然后把它们卖给制作木材脚手架的人（这样做很聪明，因为她可以在树木还长得很小的时候就进行收获）。此外，她还出售农场种植的农产品。"
>
> ——对约瑟芬的生活状况访谈，马库埃尼郡

2. 多元化小农战略

实现持续脱贫的第二项战略建立在多样化小农环境的基础之上，其中包括自给农业的要素。这一战略需要不同于商业化农业的转换结构。它包括劳动工

资以及自给农业，剩余部分出售以赚取微薄利润，在某些情况下，还包括为到城市或海外打工的子女提供的支持。在生活状况访谈样本中，这种模式是最具弹性的持续脱贫策略。生活在马库埃尼郡的瑞斯帕实现了持续脱贫，她总结了其家庭的经济活动：

> "目前，瑞斯帕一家有三个收入来源：（1）在他们2英亩的耕地（他们还养了两头奶牛和两只山羊），以及在他们租用的土地上耕作（他们租用的土地数量每年都不一样）的收入；（2）瑞斯帕的丈夫在内罗毕当裁缝的收入（他周末回家帮忙下地干活）；（3）瑞斯帕两个在外打工的儿子汇来的钱。"
>
> ——对瑞斯帕的生活状况访谈，马库埃尼郡

然而，这两种策略对实现持续脱贫的作用有限。在土地面积不断缩小的情况下，作物销售量有限，这意味着许多小农不得不在市场上购买大部分粮食，同时不断上涨的粮食价格和不断上升的投入成本导致出现恶性循环。尽管2010年农作物收入占家庭收入的19%～33%，但在长期贫困人口和暂时脱贫人口中，2007～2010年农作物收入占家庭收入的比例有所下降。此外，在这三个贫困轨迹中，只有持续摆脱贫困的人的作物收入占家庭收入的比例在上升，但他们仅占样本的7%。

总体而言，农业收入占家庭总收入的比例从2005/2006年度的64%下降至2015/2016年度的57%（World Bank，2018）。此外，同期仅依靠农业收入的家庭对减贫的贡献为31.7%，2005/2006年度的贡献为48%（World Bank，2018）。与此同时，2015/2016年度，混合收入来源的家庭对农村减贫的贡献为40%，高于2005/2006年度的34%。这进一步证实了泰森等（Tyson et al.，2020）所确定的农村地区收入多样化作为脱贫策略的重要性。

此外，我们的调查数据强调了依赖资源投入的农业活动的负面影响，如过度依赖传统的劳动密集型农业技术，或通过使用过量的化肥来加强生产，从而导致生产性资产的减少。对于已经陷入贫困的家庭来说，这些耕作方式只能生产供家庭消费的粮食，剩余极少。以下对来自维希加郡的罗丝的生活状况访谈说明了这个问题。

> "罗丝一家靠种地来获取家庭所需的食物。他们种植玉米、大豆、

香蕉、甘蔗和红薯，雇用临时工帮助他们在地里干活。罗丝的丈夫拥有土地，但只有半英亩。他们不出售地里种植的作物；相反，其作为食物，也只够维持家庭生活。化肥等投入品的价格对他们有影响，因为价格有时高得难以承受，因此他们购买的数量很少，不足以满足需求。这导致作物产量降低。"

——对罗丝的生活状况访谈，维希加郡

马库埃尼郡和维希加郡的定性数据表明，农业生产主要用于家庭消费，长期贫困、暂时摆脱贫困和持续摆脱贫困的人在家庭消费之外，销售的农产品有限。

（三）环境冲击对当地经济的影响

接受调研的大多数家庭都受到了气候变化的影响。在面对环境冲击时，不同家庭积累资产和赚钱的能力不同，因此应对能力具有差异性。我们研究了这些环境冲击和压力的存在及其后果，以及对贫困轨迹的影响。

回归结果按类型对冲击进行分类（见表3）。2010年调查收集了气候数据，包括2000~2010年由接受调查家庭自行报告的降水量和气温的变化及其影响，用于研究贫困轨迹与气候相关变量之间的关系。调查询问了家庭对降水和气温变化的看法，这两个变量是如何变化的，以及这种变化对其农业产出的影响。

表3　环境冲击和冲突对不同贫困轨迹的影响，多项式 logistic 回归的结果

结果 = 贫困轨迹	回归1	回归2	回归3	回归4	回归5
冲击自变量	降水虚拟变量（任何变化）	降水量增加	降水量减少	温度虚拟变量（任何变化）	选举后的暴力事件
长期贫困	−0.0137 （0.0460）	0.0259 （0.0384）	−0.0170 （0.0396）	−0.0177 （0.0385）	−0.1111 *** （0.0374）
贫困	0.1163 ** （0.0531）	0.0814 ** （0.0393）	−0.0455 （0.0411）	0.0049 （0.0400）	0.0289 （0.0411）
暂时脱贫	−0.0526 （0.0421）	−0.0614 * （0.0359）	0.0625 * （0.0344）	0.0189 （0.0337）	0.0939 ** （0.0373）

续表

结果 = 贫困轨迹	回归 1	回归 2	回归 3	回归 4	回归 5
持续脱贫	− 0. 0499 （0. 0423）	− 0. 0459 （0. 0320）	0 （0. 0321）	− 0. 0061 （0. 0291）	− 0. 0117 （0. 0358）
控制	有	有	是	是	是
R^2	0. 1564	0. 1579	0. 1552	0. 1527	0. 1602

样本量：550

注：每列使用单独的多项式回归，每行列出与各贫困轨迹相关的平均边际效应，括号内为稳健的标准误差。 *** 、** 和 * 分别表示在 1%、5% 和 10% 的水平上显著。

回归结果表明，在环境转换结构中，降水模式的变化对家庭经济状况的影响最为显著。2000～2010 年观测到的降水模式变化使贫困发生的可能性增加了 11.6%。结果表明，在报告降水量增加的农户中，贫困的可能性为 8.1%，而暂时脱贫的概率增加了 6.1%。降水增加极有可能导致洪水、作物被毁，从而带来经济损失。此外，降水量的减少使暂时脱贫的可能性增加了 6.3%。结果表明，对于农户来说，洪水的影响比干旱更严重。而对于畜牧业农户来说，情况可能正好相反。

研究结果还表明，选举后的暴力事件的冲击影响了暂时摆脱贫困的概率，降低了长期贫困的概率。就前者而言，冲突带来的冲击导致资产损失和流离失所，使得受害者失去生计来源。

虽然在气温变化方面观察到的情况与预期的一致，但结果并不显著。这可能反映了一种发生时间较长的灾害，面对这种灾害，家庭能够做出应对和适应新的气候的策略。农业家庭在过去 10 年间受到气温和降水变化的影响（见表 3）。78% 的持续和暂时摆脱贫困的人受到气温变化的影响，所有暂时摆脱贫困的人会受到降水变化的影响。在所有贫困轨迹中，气温变化基本上都是农业产量下降的原因之一。气温升高与干旱期延长是一致的，而干旱期是由降水分布不均引起的。为了缓解这种情况，家庭不得不使作物生产多样化。此外，气温变化会导致病虫害的爆发，这使得作物种植收入减少，因为家庭必须购买农药来控制虫害，以减轻作物损失。作物多样化可以缓解病虫害的爆发。

我们的研究结果表明，当地社区经常提到气候压力，对农业的依赖往往使他们受到环境冲击及其经济后果的影响。天气条件既影响到家庭的直接粮食供应，也影响到当地经济的供需。完全依赖农业且长期贫困的家庭面临着气候变化带来的不安全感和不稳定性。在马库埃尼郡和维希加郡进行的焦点小组讨论确定了一系列对该地区的贫困家庭产生不利影响的事件，如不稳定的降水、2016 年的干旱、2017 年的冰雹和 2017 年影响玉米作物生长的粘虫害。

马库埃尼郡半干旱的气候导致了供水的不稳定，水的问题在受访者的描述中被屡屡提及。无论是历史上出现过的干旱，还是 2011 年的干旱，都让许多家庭陷入困境。摆脱贫困的一个指标是能够购买一个相当大的蓄水池（10 000升以上）。干旱的气候也被认为是导致土壤退化的一个因素，因为下雨时，陡峭的地形加剧了土壤流失。许多受访者认为，在他们的一生中，降水模式变得越来越难以预测，通常我们将其归因于气候变化。虽然维希加郡的受访者也提到了干旱期，但其更多地被认为只是导致了作物枯萎，而不会导致长期的干旱。相反，在维希加郡进行的生活状况调研中最常提到的天气冲击是影响作物开花或新种植作物的冰雹。人们对冰雹的重点防范也反映了它的发生总是很突然且迅速，与干旱相比，冰雹会对该县的作物种植者和其他农民的收益产生直接影响。随着时间的推移，干旱仍然会导致肯尼亚农村的产量下降，但这是一个渐进的过程。

适应气候压力的措施

尽管受到气候变化的影响，但只有少部分家庭采取了应对这些变化的措施。在面板数据分析中，虽然 96% 的长期贫困家庭受到降水的影响，但这些家庭中只有 38% 采取了应对措施（见表 4）。只有不到一半（47%）的持续摆脱贫困的人采取了措施以应对不断变化的降水，而暂时摆脱贫困的人中，这一比例只有 28%。

表 4　每个贫困轨迹中受温度和降水变化影响的家庭的比例，以及适应这些变化的家庭的比例　单位：%

	长期贫困	贫困	暂时脱贫	持续脱贫
受温度的影响	83.75	80.95	78.18	77.61
适应温度	20.88	30.95	20.26	40.38
受降水的影响	96.15	98.94	100.00	96.46
适应降水	37.70	38.71	28.40	46.79

持续摆脱贫困的人不仅更有可能采取响应性措施，他们也比其他类型的贫

困者更有可能借助各种措施来应对气候变化。应对气温变化的常见措施包括改变作物品种（32%的家庭）、植树（30%）和采用保护水土的措施（18%）。这也是前十年间应对降水变化最常见的三种措施。然而，在实现持续脱贫的家庭中，面对降水模式的变化，有18%的家庭也严重依赖灌溉，而在贫困家庭中，这一比例仅为8%。持续摆脱贫困的人更有可能依赖多种应对策略，例如，面对气温变化，有10%的家庭采取了至少三种措施。相比之下，暂时摆脱贫困的人只采取了一到两项措施。同样，面对降水的变化，12%的持续摆脱贫困的人采取了至少三种措施，而暂时摆脱贫困的人的这一比例为9%。

在定性分析中，这些环境冲击与影响当地和区域粮食供应链的粮食短缺有关，导致粮食价格上涨。作物歉收会导致粮食价格上涨，而产量过高会因生产过剩而导致价格下跌。经济作物种植尤其如此。改进的应对气候策略以及农业市场监管是环境转换过程的重要方面，对于缓解气候变化带来的后果极其重要，正如来自马库埃尼郡的持续摆脱贫困的乔纳森的例子所表明的那样。

> "乔纳森以农业为生。他的家人和孩子也参与农业活动。他和家人共同拥有土地。他种了2英亩地，种植有玉米、大豆、青豆、豇豆、小米，并在卡通兹韦尼（Kathonzweni）市场和学校进行出售，但出售的价格很低。他面临的主要的风险是干旱和市场准入。即便能进入市场，销售的价格也很低。他试图通过'资产换现金'和'世界宣明会'组织将风险降到最低。他还尽量不出售农产品。"
>
> ——对乔纳森的生活状况访谈，马库埃尼郡

面板数据分析显示，雨养农业是一项有风险的投资，其根本原因在于作物种植面积增加与暂时脱贫显著相关，而不是与持续脱贫相关。虽然农民可以采用特定的投入和技术来最大限度地减少天气冲击的影响，但难以预测的降水意味着未来可能需要采取不同的策略来应对气候变化。近年来，气候变化的频率有所升高。肯尼亚在2016年和2017年发生了饥荒和干旱，在2018年和2019年发生了洪水。这种天气的不可预测性增加了家庭陷入贫困的可能性，特别是那些已经接近贫困线的家庭（Tyson et al.，2020）。没有多样化收入来源或无法获得保险的家庭将面临不可预测天气所带来的损失。

环境冲击的另一个方面与长期和短期响应及风险分析因素有关。农业经济

的不稳定性要求采取紧急措施，但这不利于长期投资和长期项目。咖啡和香蕉合作社的缓慢消亡以及基础设施投资的下降，对农村地区的发展和家庭的贫困轨迹产生了重大影响。小农严重依赖农业部门的合作社来销售他们的经济作物和乳制品。然而，取消这些合作社的垄断地位会导致其在市场上直接参与竞争（ILO，2009）。一些合作社无法与这些新参与者竞争，导致其成员流失，甚至完全倒闭（Wanyama，2009）。尽管农业部门在过去十年中取得了显著增长，但自由化的农业环境和权力下放的治理正在带来新的挑战。

四、脱贫中的结构转换

农业是肯尼亚经济体系的重要组成部分。前面提到的研究结果表明，从事农业生产可以长期维持家庭的生计，并带来福利的小幅改善，降低长期贫困的可能性。然而，农业本身可能不足以成为长期脱贫的源泉，特别是在发生气候冲击和压力的情况下。气温升高、降水增多等环境挑战会影响农业和畜牧业发展，而应对这些气候变化的成本高昂。我们的分析指出，对于贫困家庭，农业策略，如商业化、多样化以及资产积累，包括土地以及获得劳动力、服务和资本的机会，本身很少会转化为持续脱贫的动力。除了他们的个人努力和资产外，样本中持续摆脱贫困的人还可以获得互补的有利因素，使他们能够转换个人资产（包括土地），并努力提高能力，从而推动他们改善家庭状况。我们讨论了这些转换结构的三个层面，即环境层面、社会层面和个人层面。

（一）环境层面的结构转换

在肯尼亚农村经济的背景下，环境层面的结构转换涉及影响农业实践和贸易的实际土地本地化、质量和基础设施，以及决定土地纠纷、租赁和贸易的法律法规。首先，在环境层面的结构转换中，获得优质土地和适宜的气候至关重要。贫困家庭需要有能力通过购买或租赁的方式合法获得一定数量的土地。由于耕地价格日益昂贵，穷人越来越难以购买土地，只能以短期租赁的方式获得土地。下面这段对来自马库埃尼郡的阿尔巴纳斯的访谈，反映了农民对土地价格上涨的看法。

> "阿尔巴纳斯一家曾经以每英亩 1 万先令的价格买了一块土地（自给农业），而现在至少需要 20 万先令才能买到 1 英亩土地。阿尔巴纳斯在内罗毕工作时曾给妻子寄了一些钱。当他回家时，妻子告诉他买了一块地。"
>
> ——对阿尔巴纳斯的生活状况访谈，马库埃尼郡

高昂的土地价格迫使农民进行小规模耕作，这限制了家庭的盈利能力。租金控制和土地交易监管将有利于商业化农业和多样化农业的发展。

第二个转换因素是农业用地的位置及其与水源、相关市场和交通路线的相对接近程度。这需要对土地管理的制度支持，以及政府和非政府实体对相关基础设施（如道路和灌溉系统）的投入。此外，要支持粮食生产和小额贸易销售之间的联系，就需要利用市场和道路等基础设施，使农产品能够迅速且安全地进行销售。

与此类农业相关的环境层面的结构转换还包括保险系统或环境风险缓解措施，以确保农业企业在环境冲击中得以生存，获得耐高温的改良种子和农业技术，以及对获得储存和使用加工设施的监管。

（二）社会层面的结构转换

在气候变化的大背景下，有助于成功脱贫的社会层面的结构转换侧重于获得劳动力、分销网络和信贷。经济作物农业是劳动密集型的，需要前期资金来雇佣劳动力。马库埃尼郡和维希加郡的定性资料表明，大多数持续摆脱贫困的人雇用季节性工人来维持粮食生产。随着农业生产利润下降，年轻工人倾向于外出打工，通常是去城市。劳动力的流失阻碍了商业化的农业生产，同时还影响商业化农业种植的整体投资和扩张。

持续摆脱贫困的人有效利用社会层面的结构转化，有能力动员有利于其农业企业的集体行动。克里斯汀是来自马库埃尼郡的持续摆脱贫困的人，对她的访谈反映了部分农业家庭如何设法建立管道系统来灌溉土地。

> "1998 年，克莉丝汀等人加入了一个由五个人组成的小组，用管道从远处的一条河流输水灌溉。但由于使用人数众多，这些水一直不足以进行有效灌溉。因此，首要任务之一是铺设更大的灌溉管道。这

是为了改善农业用水的数量。2004 年，克莉丝汀等人和克莉丝汀的丈夫的一个表亲合作，把小水管换成了大水管，改善了水流，从而增加了农作物生产的灌溉面积。在正常情况下，她种植了大约 1 英亩的各种作物，包括西红柿、洋葱、羽衣甘蓝和卷心菜。这些作物为她带来了不错的收入，有时每个季度（大概三四个月）的收入可达 5 万先令。这个数字不包括本地销售所得，也不包括家庭消费了的部分。"

——对克莉丝汀的生活状况访谈，马库埃尼郡

这种合作的社会环境对于基础设施投资至关重要。这表明当地社区有能力制定一些有针对性的气候智能性适应措施。同时，这还增强了贸易谈判中的议价能力。在马库埃尼郡，女性焦点小组讨论指出，一些人长期陷入贫困，因为他们在出售蔬菜时由于中间商设定低价而被剥削，或者因为蔬菜被偷而成为受害者。而那些能够持续脱贫的家庭有更多的机会直接在市场上出售自己的农产品，有时是成批出售，而不是通过中间商销售。此外，社会层面的结构转换，如认知的深化、良好的声誉，对于获得金融和发展机构的支持至关重要。定性数据显示，获得贷款的人中有 83% 属于储蓄团体。团体共同获得贷款，并在成员之间分担还款风险。

（三）个人层面的结构转换

支持持续脱贫的个人层面的结构转换，主要侧重于个人经营企业的技能和获得医疗卫生设施的机会。所需技能仅与家庭内部的教育水平部分相关，回归结果显示，高等学术技能与持续脱贫之间不存在显著相关性。这可能是因为培养职业技能、扫盲、金融素养和建立个人网络的能力等这些过程与这种脱贫策略更相关，并对农业实践产生重大影响。获得相关信息和农业技术培训的能力成为一种必要的个人结构转换要素。

另外，个体从事劳动的体力、智力、工作技能等对脱贫也有直接影响。健康冲击，如极度衰弱的身体状况，是造成贫困最常见的因素，这可以通过改善获得基础医疗卫生服务的机会和进一步发展医疗保险加以缓解。与此同时，在农业或其他创收活动方面进行技能开发和职业培训等人力开发举措，可以形成脱贫动力。例如，来自马库埃尼郡的安娜（她实现了持续脱贫）强调，非政府组织提供的农业培训是她一生中最重要的事情之一。

"通过农业办公室，安娜接受了农业方面的培训，这真的改变了她的生活。通过非政府组织和县政府开展的示范田和田间日活动，她对农业有了更多的了解。"

——对安娜的生活状况访谈，马库埃尼郡

这种培训针对从事农业的青年和妇女，对于有助于脱贫的气候智能农业战略至关重要。

五、结　论

本文提出了肯尼亚农村减贫的三个主要限制性因素，与气候变化相关的挑战加剧了这些影响。首先，本研究指出，仅靠农业本身，不足以使家庭脱贫。处于贫困线以下的家庭难以获得和利用资产以及农业策略（如生产的商业化和多样化）。这些农业生产方式本就存在风险，气候冲击使其恶化，导致进一步贫困，从而使从事农业活动的盈利能力有所下降。而频繁的气候冲击导致的市场不稳定性影响了基础设施的发展，加剧了肯尼亚农村地区的贫困问题。

然而，这并不意味着农业与脱贫无关。本文强调了结构转换在推动脱贫方面的重要性。个人、社会和环境层面提供结构性支持会促使家庭将其资产转化为利润，从而使其摆脱贫困。

个人层面的结构转换的作用大小与个人在农业部门经营、适应气候变化和利用自身能力创造利润的能力有关。

持续脱贫突出了体力劳动的重要性，以及对个人医疗卫生设施的依赖。在气候迫使农户迁徙的情况下，当地的劳动力供给尤其重要。可转移的技能也十分重要，以适应气候的农业职业培训和教育机会为代表，包括对肥料和农药的专业耕作技术，使用耐温的改良种子和牲畜，以及实施相关农业技术的能力。

社会层面的结构转换说明了社会规范和社会组织在调动社区层面资源方面的重要性。对持续脱贫的分析强调了社会层面的结构转换，如接入和建立商业网络、储蓄团体，以及基于社区的基础设施建设。社会层面的结构转换与农业气候变化的相关性在于社会网络能够快速地应对与气候相关的冲击，并采取最适宜的干预措施，如建设灌溉系统。

本文研究结果发现，环境过程尤其受气候变化的影响。频繁的环境冲击破坏了当地经济的稳定，并阻碍了稳定增长所必需的地方基础设施建设。环境层面的结构转换反过来也会调节关键资产的可获得性，如获得优质土地和可靠的基础设施，这些对农业企业的发展和盈利至关重要。环境层面的结构转换应该为土地购买、租赁和继承、农业部门内的就业法规以及能够促进农业盈利能力的市场法规的制定发挥作用。与此同时，针对受气候因素影响显著的农业提出明确的指导和承诺，如通过相关的地理信息培训项目，促进气候适应和减缓措施，更有助于提供普遍的安全保障。

环境层面的结构转换应该与社会和个人层面的结构转换相互关联。作为经济、社会和政治生态系统的一部分，它们可以直接促进肯尼亚农业地区脱贫。大多数持续摆脱贫困的人强烈依赖社会网络，特别是家庭和社区，以建立经济抵御能力。然而，如果没有政府的支持和更大规模的基础设施投资，社会层面的结构转换为经济增长和盈利提供的机会有限。在脱贫轨迹下，个人层面的结构转换本身不足以保证持续脱贫。持续脱贫的主要驱动力在于个人参与经济活动、使家庭收入多样化，以及使农业发展适应气候变化的知识和能力。在气候变化的大背景下，肯尼亚农村社会政策的重点应该是在所有三个层面上优先提供结构性支持，包括人力资本的发展、医疗卫生和教育的发展、对社会制度的支持，特别是具有韧性的社区，在地方和国家层面推动投资，颁布政策法规，并厘清它们如何有助于将个人资产和策略转化为摆脱贫困的驱动因素。

参 考 文 献

Azzarri, C., & Signorelli, S. (2020). Climate and poverty in Africa South of the Sahara. World Development, 125, 104691. https：//doi. org/10. 1016/ j. worlddev. 2019. 104691.

Bryan, E., Ringler, C., Okobal, B., Koo, J. Herrero, M., Silvestri, S. (2011). Agricultural management for climate change adaptation, greenhouse gas mitigation and agricultural productivity：Insights from Kenya. IFPRI Discussion Paper

01098. http：//www. ifpri. org.

Baumüller, H. （2016）. Agricultural service delivery through mobile phones：Local innovation and technological opportunities in Kenya. In F. W. Gatzweiler & J. von Braun （Eds. ）, Technological and institutional innovations for marginalized smallholders in African development. https：//www. springer. com/gp/book/ 9783319257167.

Carter, M. R. , & Barrett, C. B. （2006）. The Economics of Poverty Traps and Persistent Poverty：An Asset-Based Approach. Journal of Development Studies, 42 （2）, 178 – 199.

Crick, F. , Eskander, S. M. S. U. , Fankhauser, S. , & Diop, M. （2018）. How do African SMEs respond to climate risks? Evidence from Kenya and Senegal. World Development, 108, 157 – 168. https：//doi. org/10. 1016/j. worlddev. 2018. 03. 015.

de Janvry, A. , & Sadoulet, E. （2020, September 1）. Using agriculture for development：Supply-and demand-side approaches. World Development. https：// doi. org/10. 1016/j. worlddev. 2020. 105003

Diwakar, V. , & Shepherd, A. （2018）. Sustaining escapes from poverty. Retrieved from https：//www. odi. org/sites/odi. org. uk/files/resource-documents/ 12471. pdf. Diwakar, V. , & Shepherd, A. （2018）. Sustaining escapes from poverty. Retrieved from https：//www. odi. org/sites/odi. org. uk/files/resource-documents/ 12471. pdf.

Dzanku, F. M. （2019）. Food security in rural sub-Saharan Africa：Exploring the nexus between gender, geography and off-farm employment. World Development, 113, 26 – 43. https：//doi. org/10. 1016/j. worlddev. 2018. 08. 017.

Eichsteller, M. （2021）. Migration as a capability：Discussing Sen's capability approach in the context of international migration. Social Inclusion, 9 （1）, 174 – 181. https：//doi. org/10. 17645/si. v9i1. 3587

Glover, D. , Sumberg, J. , Ton, G. , Andersson, J. , & Badstue, L. （2019）. Rethinking technological change in smallholder agriculture. Outlook on Agriculture, 48 （3）, 169 – 180.

Hamilton, L. （2019）. Amartya Sen. London：John Wiley & Sons.

Hulme, D. , Moore, K. , & Shepherd, A. （2001）. Chronic Poverty：Meanings and Analytical Frameworks. SSRN Electronic Journal. https：//doi. org/10. 2139/ ssrn. 1754546.

Kelle, U. （2004）. Computer-assisted qualitative data analysis. In C. Seale, G. Gabo, J.

F. Gubrium, & D. Silverman （Eds. ）, Qualitative Research Practice （pp. 473 – 489）. London：Sage.

Kelleher, F. M. , Chant, J. J. , & Johnson, N. L. （1998）. Impact of rural subdivision on agriculture：A report for the rural industries research and development corporation. Sydney：University of Western Sydney.

Kemboi, E. , Muendo, K. , Kiprotich, C. , & Yildiz, F. （2020）. Crop diversification analysis amongst smallholder farmers in Kenya （empirical evidence from Kamariny ward, Elgeyo Marakwet County）. Cogent Food and Agriculture, 6 （1）, 1834669. https：//doi. org/10. 1080/23311932. 2020. 1834669.

KNBS （Kenya National Bureau of Statistics）. （2016） editions. Economic Survey Nairobi. Kenya National Bureau Statistics.

Loison, S. （2019）. Household livelihood diversification and gender：Panel evidence from rural Kenya. Journal of Rural Studies, 69, 156 – 172. https：//doi. org/ https：//doi. org/10. 1016/j. jrurstud. 2019. 03. 001

Miller, R. （2007）. Using Family Histories to Understand the Intergenerational Transmission of Chronic Poverty. Retrieved from https：//assets. publishing. service. gov. uk/media/57a08bd8ed 915d622c000f33/103Miller. pdf.

Museleku, E. , & Syagga, P. （2018）. Implications of agricultural land subdivision on productivity：Case study of Kajiado county. International Journal of innovative Research & Knowledge. , 3 （6）. June 2018.

Nambiar, S. （2013）. Capabilities, conversion factors and institutions. Progress in Development Studies, 13 （3）, 221 –230. https：//doi. org/10. 1177/ 1464993413 486547.

Ogutu, S. O. , Gödecke, T. , & Qaim, M. （2020）. Agricultural commercialisation and nutrition in smallholder farm households. Journal of Agricultural Economics, 71 （2）, 534 – 555. https：//doi. org/10. 1111/jage. v71. 210. 1111/1477-

9552. 12359.

Ogutu, S. O. , & Qaim, M. （2019）. Commercialization of the small farm sector and multidimensional poverty. World Development, 114, 281 – 293. https：// doi. org/ 10. 1016/j. worlddev. 2018. 10. 012.

Papaioannou, K. J. , & de Haas, M. （2017）. Weather Shocks and Agricultural Commercialization in Colonial Tropical Africa: Did Cash Crops Alleviate Social Distress? World Development, 94, 346 – 365. https：//doi. org/10. 1016/ j. worlddev. 2017. 01. 019.

Rao, N. , Lawson, E. T. , Raditloaneng, W. N. , Solomon, D. , & Angula, M. N. （2019）. Gendered vulnerabilities to climate change: Insights from the semi-arid regions of Africa and Asia. Climate and Development, 11 （1）, 14 – 26.

Robeyns, I. （2005）. The Capability Approach: A theoretical survey. Journal of Human Developments, 6 （1）, 93 – 117. https：//doi. org/10. 1080/146498805 200034266. Scott, L. , Miller, R. , Eichsteller, M. , Diwakar, V. , Njagi, T. , & Nyukuri, E. （2018）.

Resilience and Sustainable Poverty Escapes In Rural Kenya. London. Retrieved from http：//www. chronicpovertynetwork. org/resources/2018/6/13/resilience-and-sustainable-poverty-escapes-in-rural-kenya-country-report.

Sen, A. （2000）. A Decade of Human Development. Journal of Human Development, 1 （1）, 17 – 23. https：//doi. org/10. 1080/14649880050008746.

Shilomboleni, H. （2020）. Political economy challenges for climate smart agriculture in Africa. Agriculture and Human Values, Published Online. , 37 （4）, 1195 – 1206. https：//doi. org/10. 1007/s10460-020-10126-5.

Silver, C. , & Lewins, A. （2014）. Using software in qualitative research: A step-by-step guide. London: Sage.

Suri, T. , Tschirley, D. , Irungu, C. , et al. （2009）. Rural incomes, inequality, and poverty dynamics in Kenya. WPS 30/2008. Nairobi: Tegemeo Institute of Agricultural Policy and Development.

Teddlie, C. , & Tashakkori, A. （2009）. Foundations of mixed methods research: Integrating quantitative and qualitative approaches in the social and behavioral sciences. London：Sage Publications.

Tyson, J., Diwakar, V., Adetutu M., Bishop J. （2020） Inclusive economic growth in Kenya：The spatial dynamics of poverty ODI：London,

Watts, N., & Scales, I. （2020）. Social impact investing, agriculture, and thefinancialisation of development：Insights from sub-Saharan Africa. World Development, 130. https：//doi. org/https：//doi. org/10. 1016/ j. worlddev. 2020. 104918.

Wanyama 2009. Surviving Liberalization：the cooperative movement in Kenya. ILO Working Paper 10.

World Bank Group （2018）. Kenya Economic Update, April 2018, No. 17：Policy options to advance the Big 4. World Bank, Nairobi. Retrieved from：https：// openknowledge. worldbank. org/handle/10986/29676.

附　　录

附表 1　　　　　　　　　　　　　贫困轨迹类别

	2000 年	2004 年	2007 年	2010 年
长期贫困	贫困	贫困	贫困	贫困
贫困	非贫困	贫困	贫困	贫困
	非贫困	非贫困	贫困	贫困
	非贫困	非贫困	非贫困	贫困
暂时脱贫	贫困	贫困	非贫困	贫困
	贫困	非贫困	非贫困	贫困
	贫困	非贫困	贫困	贫困
适应性强	贫困	非贫困	非贫困	非贫困
	贫困	贫困	非贫困	非贫困
从未贫困	非贫困	非贫困	非贫困	非贫困

附表2 统计概要，基线值

	长期贫困	贫困	暂时脱贫	持续脱贫
对数（资产价值）	3.57	6.30	5.64	6.29
家庭规模	7.59	6.45	7.85	6.89
接受过初级教育的户主	54.89%	52.59%	53.35%	55.94%
户主接受过中等教育	10.89%	25.93%	16.71%	19.56%
户主的年龄	53.81	51.61	54.35	53.16
女性户主	16.13%	12.38%	14.19%	14.07%
户主丧偶/分居/离异	30.25%	21.53%	24.01%	20.98%
非农企业	64.18%	64.00%	63.64%	65.24%
作物种植面积	2.95	4.71	3.59	5.77
工资收入的份额	8.52%	16.31%	8.12%	8.18%
汇款收入的份额	3.82%	3.90%	5.64%	7.27%
降水量（过去10年间的任何变化）	80.09%	89.25%	78.42%	81.32%
过去10年降水量增加	38.54%	40.36%	30.40%	31.48%
过去10年降水量减少	30.82%	34.63%	40.56%	37.25%
气温（过去10年间的任何变化）	50.66%	50.90%	55.49%	48.94%

注：由于数据的可获得性，降水和气温变量来自最新一轮调查，该调查详细询问了过去10年（到2010年）的降水和气温变化情况。

附表3 定性编码框架和转换结构分析

变量	描述	转换结构
能力	有助于摆脱贫困或贫穷的个人或家庭的事件和个人特征	
教育		
•子女教育	教育子女的努力，教育水平和对教育系统的评论	
•受访者教育	包括受访者的教育成就的要素，比如停止教育的原因，以及同一家庭中兄弟姐妹的教育情况	个人结构转换
•职业培训	家庭成员和社区提供的职业培训信息	
创业	提及与商业有关的活动，无论结果如何，以及提及努力工作的道德规范	

续表

变量	描述	转换结构
健康	所有提及家庭内部的健康问题和冲击，以及对医疗卫生系统的描述	个人结构转换
冲击	家庭处理经济冲出的情况，如恢复战略，或替代性就业	气候变化
经济活动		
农业雇佣劳动	在农业部门按期就业的情况，以及对就业条件的评论	农村经济战略
农业	与农业消费相关的经济活动，以及企业的形式，包括对农民—中间人—买家之间更广泛的商业关系的评论	
农村非农经济		
●商业	与经营企业相关的经济活动：包括大型农场企业、贸易、手工业和服务业	
●小额贸易销售	小型食品加工企业，如食品摊位，以及木炭生产、木柴收集和农业剩余物的销售	
●雇佣劳动	以获取工资为目的的体力劳动，非常规就业	
●工薪就业	有工资的正式工作，通常在当地政府或更大的组织，如教会	
关系		
社区和社会联系	该代码说明了当地社会联系的动议有助于脱离贫困	社会结构转换
发展项目	该代码说明了政府和非政府组织的直接帮助被认为是促进脱贫的一个因素	环境结构转换
家庭	该代码汇总了提及的家庭联系，包括有助于脱贫的代际和大家庭联系	社会结构转换
移交	提及采访者为受抚养人移交资产，如生意或房产（不包括教育）	
继承权	提及父母给受访者的遗产，包括结婚礼物	
婚姻	该代码涉及婚姻习俗，但也涉及婚姻惯例和离婚的情况	
家庭组成	该代码与童年和成年时的家庭组成有关，包括受抚养人，如儿童和大家庭成员	
政策和政府	这些代码记录了实践中提到的政策、政治参与以及更广泛的政治背景	环境结构转换

续表

变量	描述	转换结构
资源		
经济衰退	在产品市场或总体不稳定方面，对经济衰退的普遍看法的评论	环境结构转换
粮食	对环境冲击和其他边界情况下的粮食供应进行了说明	农村经济战略
房屋和财产	该代码收集了关于居住用房屋以及用于出租和经营的商业地产的信息	环境结构转换
贫困	贫困的例子，衰退普遍表现	农村经济战略
土地所有权	该代码收集了关于土地所有权购买、继承和出售的信息	环境结构转换
牲畜	该代码收集了关于牲畜购买、继承和出售的信息	农村经济战略
经济繁荣	就农产品市场或总体不稳定而言，对经济繁荣的普遍看法的评论	环境结构转换
汇款	该代码包括所有提到的家庭成员在家庭以外工作而赠予的资源，主要涉及配偶或子女的迁徙	社会结构转换
环境冲击	该代码收集了关于环境冲击的信息，包括灾害，如干旱、洪水和疾病	气候变化
技术	该代码收集关于生产性和消费性技术的信息，在资产的同化以及业务的扩展方面	环境结构转换
战略		
现有活动的积累、扩张	这个代码说明了主要商业活动的积累实践	农村经济战略
多元化	该代码说明了商业活动中的多样化经营实践	农村经济战略
金融工具	该代码对用于脱贫的金融工具进行跟踪，包括银行信贷、小额信贷机构和社区金融，如 SACCOs 和轮转基金	社会结构转换
保险	该代码说明了主要商业活动中的保险实践	环境结构转换
迁出特定活动	该代码说明了在商业背景下的特定活动的转移	气候变化
专业化	该代码说明了商业活动中商业行为的专业化	农村经济战略
应对策略	这个代码包括提到的应对策略，根据受访者的说法，这些策略反映了冲击韧性和持续脱贫	气候变化

附表4　　　　　　　　　　量化的相关因素和结构转换分析

	个人层面的结构转换	社会层面的结构转换	环境层面的结构转换
定量数据中贫困动态变化的相关因素（回归模型）	户主接受过初级教育 户主至少接受过中等教育	家庭规模 来自汇款的收入份额 来自薪酬的收入份额	土地面积 牲畜的数量 非农企业所有权 与基础设施的距离：电力供应、推广服务、兽医服务、化肥销售商

附表5　　　　所有调查轮次的固定效应和随机效应估计，线性回归

变量	因变量＝人均收入的对数	
	FE	RE
对数（农业资产价值）	0.0162 *** （0.0050）	0.0517 *** （0.0044）
作物种植面积	0.0358 *** （0.0077）	0.0471 *** （0.0092）
牲畜的数量	0.0021 *** （0.0006）	0.0016 *** （0.006）
家庭规模	− 0.1188 *** （0.0081）	− 0.1266 ** （0.0060）
户主接受过初级教育	− 0.0503 （0.0374）	− 0.0307 （0.0288）
户主至少接受过中等教育	0.1127 ** （0.0539）	0.2803 *** （0.0354）
非农企业所有权	0.1673 *** （0.0267）	0.1372 *** （0.0237）
来自汇款的收入份额	− 1.2610 *** （0.1656）	− 1.0039 *** （0.1525）
来自就业的收入份额	0.1948 *** （0.0681）	0.4134 *** （0.0550）

样本量：4 917

注：包括户主和区域控制，但由于时不变性，固定效应说明经常省略。括号中为稳健的标准误差，给出了平均边际效应。*** 、** 和 * 分别表示在1%、5%和10%的水平上显著。

逆城市化的发展[*]

——日本的农村人口流动和治理

卢克·狄雷、米内劳斯·加齐奥斯、小田切德美^{**}

摘　要： 过去的五十年里，城市化始终是日本的主导趋势。然而，在农村地区迅速老龄化、人口日益减少的背景下，学界开始关注日本明显增多的逆城市化移民（counter-urban migrants，即从城市移居到农村的迁移者）的生活现状、搬迁动机和困境。然而，逆城市化现象以及相关的政策驱动因素仍然没有得到充分研究。在本文中，我们研究了过去几十年来日本在农村治理及其成效方面的变化，尤其是与农村流动性有关的变化。随后，我们利用与日本农村人口流动相关的现有资料来阐明日本的农村人口流动趋势。我们提出，日本的逆城市化进程是中央政府推进的发展战略，但这种战略的制定是基于理想化的农村状况，而非现实情况。据此，我们认为日本人口迁移存在两种形式的逆城市化：一种是作为解决农村发展问题的手段之一的"理想的逆城市化"，另一种是在实地观察到的"实质的逆城市化"。最后，我们建议这两种逆城市化需要进行融合。

一、引　言

　　本文旨在批判性地回顾和理解日本逆城市化人口流动的经验和政策背景。我们从克莱尔·米歇尔（Clare Mitchell，2004）的经典文章中得到启发：该文章主要通过逆城市化人口流动的类型学方法，试图理解英国、美国和欧洲的逆城市化现象。1976年，巴里（Berry，1976）首次在地理研究中提出"逆城市

---

　　* 本文原文请参见：https：//doi. org/10. 1016/j. habitatint. 2022. 102595。

　　** 作者简介：卢克·狄雷（Luke Dilley）供职于国际教养大学，米内劳斯·加齐奥斯（Menelaos Gkartzios）供职于新堡大学，小田切德美（Tokumi Odagiri）供职于明治大学。

化"这一概念；此后，"逆城市化"成为社会科学中的关键研究方向之一。米歇尔的文章提出了一种更细致、更专门化的学术研究方法，使人们更关注逆城市化中的空间选择性特征和影响人口流动的多种动因，包括经济因素、心理因素（如提升生活质量的需求）等。

基于米歇尔的研究中所采用的分类法，学术界已经探索了多种形式的逆城市化，包括"商业化逆城市化"（Bosworth and Bat Finke，2020）、"危机主导的逆城市化"（Remoundou et al.，2016）、"生活方式驱动的逆城市化"（Benson and O'Reilly，2009）和"微型城市化"（Bjarnason et al.，2021）。本文关注的是，如何理解日本逆城市化人口流动的实践、经验和政策含义。我们不仅对人口逆城市化的过程感兴趣，而且对这种迁移如何成为一种政策导向而非个人选择的演变感兴趣。从这个意义上，我们借鉴哈法克雷（Halfacree，2008）的理论，即不仅要理解逆城市化趋势本身，还要理解逆城市化如何对农村现状产生全方位的影响。

日本这一案例为研究逆城市化现象和更普遍意义上的农村人口流动现象提供了一个颇具启示意义的框架。首先，日本不仅是高度城市化的国家（Sorensen，2002），也是一个"超老龄化"国家，高达28%的人口超过65岁（Arith，2020）。2010年日本总人口达1.28亿，而老龄化与低出生率使人口数量在50年间下降了4 132万（NIPSSR，2012）。日本农村处于老龄化和人口萎缩的最前沿，一些村庄正在从字面意义上走向消亡（Yoshikazu，1985）。其次，与许多工业化国家不同的是，日本人往往认为农村生活是不可取的、不理想的（Gkartzios et al.，2020），这一特点被流行的术语"田舍"（此处译作"田舍"，即农村）所概括。尽管"田舍"一词偶尔具有正面意义，但以贬义为主，因此学术界和政策中往往避免使用该词（Shogakukan，2012）。日本人普遍鄙视农村、认为农村生活的价值不高，而西方文化却常常歌颂农村，因此日本研究人员经常需要额外解释西方文献中对乡土风情的描绘，如"田园牧歌"（rural idyll）的概念（Bunce，1994）。同时，在西方语境下，人们常将"国民性"（nationality）和"本真性"（authenticity）的概念依托于乡土文化中（Woods，2011），但这一理念与日本的历史文化传统不同。事实上，日本民族学家柳田（Yanagita，1929）就曾赞扬城市地区的文化和经济霸权，并认为大都市才是日本人的天然家园（包括来自农村的日本人）。但围绕日本农村的

"反田园牧歌式"传统话语（Bell，1997）正在发生转变，农村正在越来越多地被塑造成怀旧和积极的形象，成为鼓励逆城市化、鼓励人口流动、推动地方发展的政策努力的一部分（The Economist，2018）。

因此，日本的逆城市化可以被理解为两个方面：一是文化层面上强大的话语转变，二是国家主导的农村发展战略。这种逆城市化进程与西方文献中描述的以消费主义为主导的发展经验不同：西方文献往往将农村发展与"乡村士绅化"①（Phillips et al.，2021）和"社会排斥"（social exclusion）②（Philip and Shucksmith，2003）的过程联系在一起。最后，尽管现有日本文献已对逆城市化进行了一些研究（如 Fujiyama，2016；Ishikawa，2018；Odagiri，2019），但研究往往集中在微观层面、侧重于个别农村移民的经验，缺乏宏观研究。西方学术界的一些研究也开始关注日本农村人口的流动性，尤其是适龄劳动人口的流动问题（Rosenberger 2017；Klien2020，2022）。这些研究同样是以微观调查为主，且仅针对农村移民中的一小部分，他们试图逃离紧张的城市生活、在日本更偏远的地区找到更有意义、更充实的生活方式。克里恩（Klien，2020）将这一现象置于日本更广泛的社会转变，即"后增长主义"（post-growth）的价值观转向中，关注资本主义、物质主义的更多可能性。然而，克里恩（Klien，2020）对日本农村移民的描述尽管粗略包含了数千位移民的情况，但却几乎没有提供关于逆城市化程度的证据。此外，尽管克里恩（Klien，2020）确实强调了一些旨在鼓励人口流动的政策，但她对逆城市化驱动力的论述并未强调发展政策的实施者和实践者的作用。

在如此丰富的农村研究背景下，我们通过解读日本农村人口流动的证据和表现，对不同形式的逆城市化现象进行理论研究，以为相关文献领域做出贡献。我们特别借鉴了哈法克雷（Halfacree，2008）的观点，在此区分了"实质的逆城市化"（material counter-urbanization）和"理想的逆城市化"（idealised counter-urbanization）这两种形式，前者关注从城市迁移到农村的实际人口流动

---

① 乡村士绅化（rural gentrification），指乡村中涌入许多富裕的中产阶级以及配套服务产业的人口，这些人被乡村的田园牧歌（rural idyll）所吸引，认为乡村是理想栖居地，并通过移居乡村而改变了乡村产业业态的现象。

② 社会排斥（rural exclusion），指被排除在社会保险制度之外的人口，此处指农村人口被排除在国家社会保障体系之外。

趋势和现象，而后者关注逆城市化如何成为解决农村发展问题的主要力量。

　　本文的结构如下：首先，简要回顾关于逆城市化现象及其重要性的文献。然后，将视角转移到日本，讨论日本农村人口减少和老龄化现象，以及这些趋势如何导致了近期的政策调整。在这一背景下，我们研究了一些日本的农村发展政策和倡议，总结了它们如何推动农村发展、如何将逆城市化作为日本农村问题的解决方案之一。接着，基于数据分析论证政策推动下的逆城市化发展是否在日本大规模发生。最后，我们提出"实质的逆城市化"和"理想的逆城市化"来描述日本的逆城市化情况，并提出融合这两种形式的建议。

二、研究方法

　　为了了解日本逆城市化人口流动及其表现、框架和模式，我们借鉴了一系列以日文和英文出版的学术、政策、技术报告等文献，以及由政府机构收集的经验数据。我们尤其对总务省下属的"区域活力创新小组"在 2018 年发布的经验数据进行了分析。据我们所知，这些内容在英文文献中仍未被翻译和探讨（MIC，2018a）。由于缺乏持续跟踪农村人口流动趋势的官方数据，该小组重新分析了人口普查数据，并对 1 000 名农村移民进行了调查。本文的作者之一是该小组的主要成员。借鉴米歇尔（Mitchell，2004）的经典论文，我们探讨了国家主导和消费者主导的两类逆城市化进程，并对日本农村人口流动进行了细致的描述。

三、研究背景：农村人口流动与"逆城市化叙事"

　　近五十年来，逆城市化（counter-urbanisation）一直是农村研究中的一个重要课题。尽管人们一直在努力总结这一庞大的研究体系（Mitchell，2004；Mitchell and Bryant，2019），但逆城市化仍然没有统一的定义。逆城市化最早出现在发达国家的发展语境中，随后越来越多的工业化国家也出现了类似现象，引发了大量的研究，探讨"田园牧歌"在逆城市化进程中的关键作用

（Bunce，1994；Elshof et al.，2017；Berg，2020）。如今全球都在研究逆城市化现象，非洲（如 Crankshaw et al.，2019；Geyer et al.，2017）、亚洲（如 Jain et al.，2019）和拉丁美洲（如 García-Ayllon，2016）的学者都有贡献。

逆城市化的概念最初出现在美国，随后在英国进一步发展（Champion and Brown，2012），演化出"逆城市化势在必行"（Remoundou et al.，2016）或"逆城市化正统"（Halfacree，2001）的观念；在这种观念下，逆城市化通常与资产阶级的愿望和较富裕阶层对农村的"殖民"联系起来（Woods，2011）。米歇尔（Mitchell，2004）的分类学提出了以下几种逆城市化的形式：

• 远郊城市化（ex-urbanisation），指中产阶级家庭由于亲近农村的生活方式而搬迁到城郊和农村地区，但仍通过就业和日常通勤与城市空间相联系；

• 迁移城市化（displaced-urbanisation），指为了就业、较低的生活成本和可负担的住房而迁移到农村地区；

• 反城市化（anti-urbanisation），指拒绝城市生活方式（尤其是高强度的竞争）的家庭会搬迁到更偏僻的农村地区（有时甚至是偏远地区）。

虽然这个分类不够详尽（Gkartzios et al.，2014；Woods，2011），但它确实将逆城市化呈现为一个差异化的社会空间现象，该现象涉及不同的社会群体（从中产阶级到嬉皮士）和不同的空间地域（不仅仅是郊区，还有城镇和偏远地区）。米歇尔（Mitchell，2004）的分类也强调了不同的搬迁动机，但在大多数情况下，逆城市化是"消费者主导的"，即搬迁的决定是由个人或家庭在塑造这种农村偏好的社会经济和文化背景下"自由"做出的（Champion，1998）。

然而，学者们提出质疑：以美国和英国为中心的逆城市化理论是否适用于其他地区？鉴于城乡定义的复杂性、全球范围内城市化和工业化历史的异质性，以及与农村身份认同和农村本身相关的文化意义（Gkartzios，2013），寻找一个包罗万象的逆城市化定义既不可行，也不可取。出于这个原因，一些研究人员通常借助"逆城市化叙事"这一概念（Champion，1998；Halfacree，2008；Ní Laoire，2007），强调基于地方特色和丰富叙事来解读逆城市化现象的重要性。因此，虽然我们认识到将米歇尔的分类学应用于日本十分困难，但我们认为分类学有助于构建一种理解日本逆城市化人口流动的叙事。

我们承认，逆城市化只是复杂的、多方向的、"混乱"的农村人口流动的一个方面（Stockdale，2016）。多种多样的流动同时发生，既包括短暂的和开放式的流动、农村到农村的迁移（而非农村单方面迁入），也包括其他的流动形式（Milbourne and Kitchen，2014）。因此，我们使用最广义的"逆城市化"一词，将城市阶层分化背景下所有从城市转移到农村的人口流动都称作逆城市化。与其他学者一样，由于数据缺失，在不知道这种流动的来源或目的地时，我们也会用农村人口的迁入和迁出作为指标。我们不用城乡二元法对逆城市化进行绝对定义，而是探索日本逆城市化人口流动趋势的实践、经验和政策含义。

逆城市化研究之所以重要，是因为它是农村变迁和分化的重要过程之一，尤其是在农村不再由农业利益主导时（Murdoch et al.，2003）。因此，逆城市化是一种动态的力量，给农村带来了新的人力和技能，并推动了新的农村政治生态，其中包含一系列关于"农村是什么"和"农村发展为了谁"的讨论（Milbourne and Kitchen，2014）。将逆城市化视为一种僵化的、或积极或消极的社会空间现象是幼稚的。一方面，为了防止逆城市化带来的负面影响，如乡绅化和住房价格上涨问题，逆城市化导致了不同的政策方向（Gallent et al.，2019）；另一方面，政策导向也强调了吸收逆城市化群体所带来的发展机会（Stockdale，2010；Bosworth and Bat Finke，2020），并支持和鼓励逆城市化在农村地区尤其是人口锐减的偏远农村地区的发展（Gkartzios and Norris，2011）。因此，我们接下来转向对日本农村地区人口锐减现状的讨论。

四、解读日本农村

（一）困境中的日本农村地区

人口老龄化和人口萎缩在日本农村地区尤为严重，以至于日本农村常被描述为"处于危机和消亡之中"（Odagiri，2011）。例如，《经济学人》（2019）的一篇文章指出，"（日本）全国一半的城市预计将在 2040 年之前消失"。这对日本人口聚居区的未来提出了一些基本挑战。相关人口数据显示，日本农村地区的人口锐减：到 2060 年，日本的总人口预计将减少三分之一。日本总务省 2020 年进行的一项调查显示，有 63 237 个村庄只有不到 10 人；300 万个村庄位于官方认证的过疏地区（即過疎地域）（见表 1）。

这些过疏地区现在占日本所有行政区域的 51%（Koizumi，2022），被定义为"人口大量流失、活力下降"的农村地区。在过疏地区的 63 237 个村庄中，有 20 372 个（32.2%）村庄可以被进一步归类为"人口极限社区"或"边缘村庄"，也就是 50% 的人口为 65 岁及以上老年人的社区。此外，2 744 个（4.3%）过疏地区的村庄在未来有消失的危险，其中 454 个预计在 10 年内将无人居住（MIC，2020a）。

日本农村地区在经济高速增长的时代（1950～1970 年）经历了人口快速向外迁移的阶段。这种迁移是由快速发展的城市工业对工人的需求和农村恶劣的工作条件共同驱动的（Matanle and Rausch，2011）。相比之下，在另一些时期，如 20 世纪 90 年代中期泡沫经济破灭时，城市移民的趋势似乎出现了逆转（Cabinet Office，2019）。在日本，当代农村人口减少的重要原因是死亡人口多于出生人口，但这一现象又因农村人口外迁而进一步加剧。进一步的研究表明，在日本人口密度较低的地区，生育率虽然低于人口替代率，但仍旧高于城市地区的生育率（Kato，2018）。然而，较偏远地区的农村人口持续外迁，通常意味着大型城市群（如名古屋、大阪和东京都的 23 个特别区）的人口持续增加（见图 1）。虽然日本的低出生率背后的原因很复杂，远不止本文提及的内容（Brinton，2021），但与世界上许多农村地区一样，日本农村人口外迁主要是由于农村地区相对缺乏就业和教育机会（Matanle and Rausch，2011）。

表 1　　　　　　　　　　　　日本特定区域人口现状

地区	人口（百万人）
过疏地区	10.3[①]
三大超级都市区（含东京、名古屋、大阪）	66.1[②]
人口密集区（每平方千米居住人口超过 500 人）	86.6[③]
日本整体	126.4[④]

注：数据源自不同来源，可能代表不同年份。① MIC（2020a）；② MIC（2018b）；③ SBJ（2015）；④ SBJ（2018）。

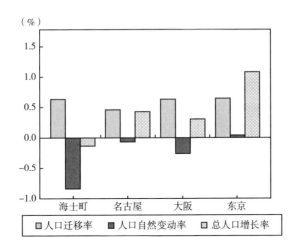

图1 特定地区人口年均增长率

资料来源：Ama Town, 2018, 2020；Nagoya Government；Osaka City（undated）；Tokyo Metropolitan Government（undated）.

日本农村地区的人口变化有一系列的潜在政策影响。最重要的影响是，人口和经济活动的减少导致地方政府税收减少，再加上越来越多的老年人需要医疗和社会服务，这进一步给地方政府的财政带来压力；在人口稀少且日益萎缩的地区，财政压力导致难以维护和升级现有基础设施和服务（Matanle and Rausch，2011；Matanle and Sato，2010）。人口减少和老龄化也对生态环境产生了影响：随着农场和房屋被遗弃，能够对农村野生植被进行管理和控制的村民越来越少；在更偏远的地区，周围的森林甚至开始淹没村庄，可能导致人与动物的激烈冲突（Knight，2020）。人口减少也会带来不利的社会影响：人口萎缩意味着当地的文化传统和社会关系变得更难维持，并有完全消失的危险，导致社会孤立感增加，而新冠疫情更是加剧了这种情况。

学术界对农村地区所面临的挑战争论不休，一个常见的话题是：乡村振兴能否缓解人口锐减的难题？沃斯等（Wirth et al.，2016）认为，倡导乡村振兴这一概念的学者在讨论农村发展时往往以人口下降的负面影响可以得到缓解甚至逆转为前提，但这一假设是错误的，人口下降的进程不能自行逆转。因此，我们在考虑政策目标时，切不可局限于经济增长，而是要强调长远发展；与此同时，把人口缩减当作一个不可避免的问题来认真对待和解决（Matanle and Sato，2010）。然而，小田切（Odagiri，2015）提出当前的研究对农村人口锐减、村庄消亡的政策讨论不仅远未达到成熟，反倒还成了一种"自我实现预言"，即越是推进帮扶政策，村庄反倒消亡得越快。还有一种观点按照村庄人口繁荣程度将不同的农村社区划分为不同的"生存能力阶段"，将最具生存能力的社区列为乡村振兴政策的治理对象，而将那些人口减少已经不可逆、无法通过人口迁入阻止其消亡的社区列为援助对象，确保居民的福利，并为后期社区的彻底消亡做准备（Hashimoto et al.，2020）。

（二）政策回应与作为发展策略的人口流动

为了应对农村所面临的人口挑战、降低管理成本和建设更多的自治社区，日本已经进行了行政合并和税收改革（Elis，2011；Maeda，2012；Rausch，2017）。在进行这些改革的同时，实践界、学术界和政府也越来越强调自治的作用。一方面，中央政府有推动村民自治的历史（Francks，2006）；另一方面，日本农村现在也有很多非政府、准政府团体，旨在振兴地方发展（Dilley et al.，2017）。在国家和地方政府的推动、支持和资助下，在全球农村发展实践转变的背景下，许多农村自治团体和农业组织的核心关注点转向以旅游、休闲和当地特色商品、食品相结合的产业形态，以促进"农村消费业态"（consumption of rural）（Woods，2011）。

然而，日本不局限于通过销售农村商品和消费体验来创造收入。相反，在一系列非政府、准政府和政府的工作和活动中，把"对农村的消费"与鼓励临时或永久的逆城市化人口流动的目标联系在一起，作为应对农村衰退的一种手段。这种方法的一个典型例子是绿色旅游，它主张从早期的大众旅游转向对真实农村的体验。在这里，城市居民可以亲近大自然，体验一系列传统的日本农村活动（如耕作和手工艺生产），住在传统的房子里，并有机会与当地居民互动。推广绿色旅游有两个主要理由：一是这种体验将引导城市和农村居民理解农村生活方式的价值，二是促进更多的农村—城市联动。这样一来，绿色旅游隐含的长期目标就是吸引新的居民。例如，在日本农林水产省2006年发布的一份关于绿色旅游的报告中，兵库县的一个小镇因绿色旅游而吸引了286人迁入。然而，绿色旅游同时也一直受到人们的质疑：它真的能促进农村地区的长期可持续发展，还是只是满足人们的猎奇心态，为其提供"知识刺激"（Teraoka，2020）？事实上，日本农林水产省后来发布的对绿色旅游的倡导似乎有所收敛。然而，绿色旅游仍然是大范围促进城市和农村的人口流动的有效手段。

在国家和地方层面的其他一些组织、计划和发展倡议也都以鼓励逆城市化为目标。例如，部分地方、区域组织在农村和偏远地区共同资助的大型户外艺术节，通过在农田、废弃的房屋、学校、公共澡堂和其他社区设施中放置艺术作品来鼓励人们前往体验乡村生活（Kitagawa，2015）。这种艺术节的目的是建立一个当地和外地利益相关者的网络，以调动这些地区的本土资源，如各类景观、地方遗产和经济基础设施等。这些艺术节通过各种本土化的艺术实践来推广、宣传当地的乡土特色，刺激当地旅游经济发展，并吸引年轻人迁入（Gkartzios et al.，2022）。

其他更明确地促进逆城市化的例子包括北海道的"退休村"（Murakami et al.，2009）和"社区合作支持计划"（Cooperative Support Initiative，CCS）。CCS 是由日本总务省发起的一项计划，旨在为希望从主要城市地区迁移到农村地区的人提供支持。总务省向当地市政府提供资金并用于支付 CCS 成员的生活津贴，最长期限为三年。作为交换，CCS 成员开展一系列旨在促进或保护当地文化、历史或自然的活动（Klien，2022；Reiher，2020）。自 2009 年成立以来，参与 CCS 的城市数量已经从 31 个大幅增加到超过 1 000 个，2020 年达到 5 464 个。CCS 的长期目标是鼓励适龄劳动力永久迁移到所服务的社区；事实上，有 63% 的参与者在完成社区服务期限后留在他们所服务的社区，这表明该计划在一定程度上是成功的。

2014 年，在"地区振兴"的口号下，日本政府提出了一系列旨在促进农村活力的政策目标和措施，具体有四套方案。基于东京地区人口过度集中的特点，一个明确的目标是促进农村与城市的联系和人口流动（Cabinet Office，2019）。为了鼓励农村人口流动，总务省提出了所谓的"关系人口"（関係人口）的概念，用于描述具有高度流动性的、经常前往农村地区的人（Teraoka，2020）。对于政府而言，"关系人口"既非（永久）移民，也非游客，他们是"可以在社区发展中发挥作用的外地人"。同样，也可以将"关系人口"理解为一类群体，囊括了从远离乡村的人到定期做志愿者的人，乃至在农村地区建立第二家园的人等形形色色的移民。其中，永久定居是这一迁移过程中的最后一步（Teraoka，2020）。"关系人口"涉及一个重要的情感因素：迁入和迁出农村地区的行为往往与这些人对当地的情感联结有关，在这个意义上，"关系人口"是那些与特定农村地区建立情感联系的人。事实上，"关系人口"一词通常也能指代一个人与其精神家园，即一个人的故乡（古里/故鄉）的联系。接下来，我们将研究日本农村形象的转变，以及故乡这一概念在其中的中心地位。

（三）日本农村形象的转变

哈法克雷（Halfacree，2008）强调，围绕逆城市化的各类表述中，最重要的一个方面是这些表述如何再现农村的话语。在日本，强调逆城市化是农村活力的来源，这种说法也与农村相关的概念的转变有关（Bell，2007）。自 20 世纪 70 年代以来，日本农村早已脱离了战后现代主义视角下的落后、贫穷、无知、封建、迷信和非理性的特点（Moon，2002）。与柳田（Yanagita，1929）所描述的相反，农村越来越多地被认为是民族认同、社区归属、怀旧和亲近自然的场所（Creighton，1997；Schnell，2007）。日语中的"故鄉"一词意为"家乡""故乡"，体现了这种充满感情的农村形象。与字面上的意思不同，"故乡"不仅仅是"家"或"出生地"，而是伴随着家的概念的情怀（Morrison，2013），并且最常与抽象的、非特定地点的乡村联系在一起。与"故乡"相比，城市反倒越来越多地被视为西方的、消费主义的、外来的和不真实的象征（Morrison，2013），在城市空间里，日本的文化身份要么被抹去，要么被不可修复地扭曲。

农村形象的转变与大量社会成员参与到"故乡"话语转变的进程有关，包括旅游公司（Robertson，1995）、专注于乡村振兴的媒体、学者、非政府组织和地方组织等（Knight，1994；Schnell，2016）。中央和地方政府也促进和支持了这种"故乡"话语的扩散。罗伯特森（Robertson，1988）认为，在 20 世纪 80 年代中期，日本自民党的执政者将"故乡"作为一种施政手段，一方面支持包括销售储蓄债券在内的具体目标，另一方面解决日本现代化进程本身所带来的日益严重的乱象。而对农村田园牧歌式的描述也对"故乡"税收政策有所助益：这是一个 2008 年建立的税收制度，旨在通过选择性的税收再分配制度来增加地方政府的收入（Rausch，2019）。

农村话语中这种明显的转变与日本国内促进逆城市化的政策努力相辅相

成。推广绿色旅游、偏远地区的当代艺术节、社区合作支持计划和其他此类政策，往往在名称上便与城市空间形成对比，并明确强调农村生活方式的美好之处，诸如包含了"乡村生活"（田舎暮し/里の暮し）、"美丽的风景"（美しい景観）、"丰饶的自然"（豊かな自）以及"丰富的文化历史"（豊かな歴史や文化）等常见用语。尽管这种"理想化农村"的倾向（Moon，2002）在日本政府和相关组织的倡议下日益突出，但并没有取代人们对战后早期落后农村的印象；相反，这种表述与日本"反田园牧歌"的意识存在着复杂的关系，在某种意义上两者平行共生（Bell，1997，2006）。这种对农村描述的双重性被"田舎"（即农村）这个词所概括，既包括了非城镇空间身份的文化劣根性，也同时包括了为人称赞的田园之美（Ross，2020）。当代日本"反田园牧歌"的一个例子可以在 2006 年的电影《神风女》中看到，它把一个农村小镇及其居民描绘成孤立的、落后的和不时尚的，与东京令人向往的高档社区生活形成鲜明对比。

如前所述，日本乡村的流行化并未像英美文化中的乡村一样成为流行文化中的主流（Bunce，1994）。然而，它是由决策者、学者和其他社会行动者希望通过逆城市化来支持农村发展从而构建的一种话语视角。这种视角主要存在于国内旅行社的漂亮的小册子和设计精美的政府网站中。事实上，在学术界和政府文件中更常见的逆城市化术语是"田园回归"，翻译过来，便是"回归田园生活"。这里的问题是：这类用语是仅仅简单地描述了某些趋势，还是积极地促成和构建了其声称要描述的现象？正是在这一背景下，我们接下来要探讨"实质逆城市化"趋势的证据。

（四）日本农村人口流动

逆城市化是"混乱的"（Stockdale，2016），由于缺乏关于日本农村人口流动的国家层面的一致的统计数据，我们不寻求对日本的逆城市化提供一个明确的阐述。现有文献充分提出了这种逆城市化现象的混乱和数据可用性的缺失（Mitchell，2004；McManus，2022）。然而，此处我们将对一些可获得的国家层面的总体数据进行解读，并借鉴一些具体案例来对日本的城市化进行说明（Gkartzios，2013，2018），以理解国家移民趋势和地方人口变化的重要性。

一个重要的数据来源是"区域活力创造小组"的一份日文报告（MIC，

2018a)，该报告描绘了逆城市化的趋势和动机。这份报告利用人口普查数据和 2017 年对"过疏地区"的 1 000 名移民的额外调查，强调了一些值得注意的趋势。

首先，迁移到过疏地区的城市移民数量从 2000 年的 39.5 万人下降到 2015 年的 24.9 万人，尽管自 2010 年以来下降的速度有所放缓（MIC，2018a）。然而，报告显示，虽然大多数地区（2010～2015 年为 73.9%）的移民人数没有变化或减少，但有些农村地区的移民人数有所增加，特别是在日本的一些岛屿，包括海士町（中之岛），这是一个相对偏远但已被充分研究的案例，以及日本北部的岩手县。报告还显示，迁移到过疏地区的城市人口大多来自日本三个大型城市群（东京、大阪和名古屋地区）；2010～2015 年，1 523 个地区中内迁人口数量增加的地区从 108 个上升到 397 个，它们通常人口较少、内迁人口在 50 岁以下。然而，2000～2015 年，1 523 个地区中只有 20 个地区的逆城市化移民持续增长。关于这种移民的人口影响的宏观数据缺乏，然而，海士町的案例说明，净正移民显然不一定转化为人口增长。这里还有一个例子可以说明问题。鸟取县是全日本移民数量最多的县之一，但却出现了较高水平的人口外迁和人口规模下降（Tottori Government，2021）。

以鸟取县的一个特定的过疏地区——日南町为例，数据显示，虽然在 2009 年至 2013 年期间，来自大阪和东京的逆城市移民有所增加，但总净移民人数一直为负，而且人口持续下降（Nichinan Town，2016）。总的来说，数据显示出一些地区逆城市化的有限上升，但逆城市化不一定带来农村人口增长。"区域活力创造小组"的报告（MIC，2018a）和 2021 年发布的数据共同显示，日本五大城市的人口在 2015 年至 2020 年期间继续增长，这表明尽管日本政府强调逆城市化的发展战略，但逆城市化并未显著降低城市人口聚集的程度。

对迁移到过疏地区的人的动机进行考察，能够进一步补充说明这一情况。根据"区域活力创造小组"对 1 000 名过疏地区移民的调查（MIC，2018a），38.3% 的人来自城市地区，且受访者中有很大一部分在同一县内出生或曾经在此居住过。此外，在所有搬到过疏地区的受访者中，有 27.4% 表示他们这样做是因为对乡村生活方式感兴趣，而对于那些从城市地区搬来的人来说，这一比例增加到 37.3%（MIC，2018a）。根据 2015 年农村地区的移民人数，我们估计大约有 35 000 名城市移民迁入过疏地区，他们被乡村生活吸引和激励而做出迁移决定。然而，这些数据同样支撑了现有文献，表明日本农村的情况十分复杂，即农村地区内部和城市向农村地区的迁移是"混乱的"，迁移者的动机和迁移模式十分复杂多样。这一结果和欧美工业化国家的主流观点相悖：欧美工业化国家通常认为向农村迁移是城市中产阶级的专利，他们出于"寻找田园牧歌"的动力而迁移（Halfacree，2008；Scott et al.，2017）。然而，对于37%对乡村生活方式感兴趣并搬到过疏地区的城市移民来说，气候和环境（53.8%）、工作和生活方式的改变（35.7%）以及逃离城市的喧嚣（35%）等理由是迁移的重要原因（MIC，2018a）。这些数据表明，在内部移民驱动的城市中心化和迁往过疏地区的人口持续下降的背景下，存在着一部分逆城市化者，他们的数量不多，但不容忽视，并且他们确实在通过逆城市化迁移寻求新的乡村生活方式。

五、结 论

在本文中，我们试图借鉴米歇尔（Mitchell，2004）的框架，理解日本的逆城市化和更广泛的农村人口流动，在日本的文化、社会经济和语境下讨论这一现象的混杂之处（Gkartzios et al.，2020；Stockdale，2016）。我们对政策和学术报告以及日文和英文文献数据进行了广泛的梳理。本文并没有对日本的逆城市化提供一个明确的定义和描述。然而，在缺乏具体移民数据的情况下，在农村地区快速老龄化和人口减少趋势的大背景下，我们确实发现了有限的逆城市化的证据，且人口逆城市化的动机与欧美文献中发现的一致，并以农村的物理和社会特征为基础（Mitchell，2004；Benson and O'Reilly，2009）。更重要的是，尽管我们在一些特定的地方发现了这种由消费者主导的逆城市化——我们称之为"实质的逆城市化"——的证据，但数据表明这并未构成日本社会迁移的主导趋势，也和其他西方国家的情况不同，并没有形成任何大规模的逆城市化移民（Champion，1998）。

鼓励逆城市化人口流动是日本农村发展政策和倡议的一个重要方面（Cabinet Office，2019）。本文回顾了一些旨在明确鼓励逆城市化的政策和倡议（如绿色旅游、社区合作支持计划等），但这些政策不够连贯，总被临时整合到不断变化的政策体系中，并未作为支持农村地区人口增长的跨区域协调政策的一部分。在这种情况下，有迹象表明，逆城市化的人口流动有所增加，尤其是在越来越多的较偏远地区的年轻人中，逆城市化的经济和社会影响可能对这些地方很重要（Odagiri，2018）。然而，总的来说，我们提出的数据引出了对这些逆城市化移民支持政策在日本是否广泛适用的质疑。

虽然有证据表明，可以在实地观察到一些以消费者为主导的逆城市化人口流动（Klien，2020），但我们认为有可能存在一种主流话语——我们在这里将其定义为"理想的逆城市化"。这其中包含了一种广泛流传的逻辑，即鼓励人们进入农村地区是解决日本农村人口减少、人口老龄化和其他社会问题的关键手段。毫无疑问，部分结构性因素，即相对缺乏教育和工作机会（Matanle and Rausch，2011），在日本人的迁移决策中起着重要作用。然而，我们认为，尽管政府努力推动日本农村的理想化形象，如构建"故乡"概念、强调田园风光，但对许多日本人来说，去农村生活的想法仍然与他们的愿望和预期的长期经济利益相悖（Cabinet Office，2014）。这意味着许多日本人迁移的实际利益诉求与政策目标不一致（Mausch et al.，2021）。然而，有证据表明，在东京，新冠疫情第一次促使更多的人迁出城市（Kajimoto，2020；Tokyo Metropolitan Government，2022），并激励越来越多的日本城市居民重新考虑他们的迁居利益（Cabinet Office，2021；Ye Hee Lee and Inuma，2021），这与欧美工业国家的趋势一致（McManus，2022；Stawarz et al.，2022）。

日本政府已经迅速行动起来，将为迁往农村地区的个人和公司提供补助，支持其在线上远程办公（The Japan Times，2021）。新冠疫情、补助金、更普遍的移民支持政策等相结合，是否会引发日本城市居民调整迁居意愿，改变日本城市人口高度集聚的长期趋势？这是未来研究的一个重要问题。事实上，在全国范围内缺乏详细数据的情况下，我们有必要进行更多的研究，以帮助增加对逆城市化趋势的认识。

促进逆城市化和城市人口向农村大规模的流动并没有解决一个核心问题：日本总人口的大幅减少。目前，日本约有29%的人口集中在东京地区；相比之下，英国只有13%的人口集中在伦敦。日本目前的人力资源和财富需要更均匀地分配。因此，虽然有理由促进逆城市化，但在政策和实践层面上，除了构建"理想化农村"的话语，还需要更好地建设农村，使之更注重支持现有居民。欧美文化与文学告诉我们：理想化的田园牧歌式乡村话语也同样存在问题，它们隐藏了乡村发展存在的问题，并消解了变革的动力（Gkartzios et al.，2022；Woods，2011）。尤其是当越来越多的城市精英群体迁入乡村，但却发现这里的居住功能与都市地区相去甚远时，那种浪漫化的"田园牧歌"宣传并不能促进乡村发展，而是加剧精英群体对乡村的失望，这可能与促成乡村发展的愿望背道而驰。更重要的是，"实质的"和"理想的"的逆城市化形式需要相融合：从实质的层面看，农村建设政策既需要遵循逆城市化者的现实利益诉求，也需要解决他们在农村长期生活所面临的问题；从理念的层面看，搬迁到农村地区的决定需要植根于各种话语，这些话语不仅仅是关于理想化的农村形象，更是关于如何推动当代农村的空间建设和内生发展，如何应对可持续发展的挑战，如何将农村网络化变为可能。

参 考 文 献

Ama Town. Amachōzei yōshiriyōhen ［Ama town statistical book］. http：//www. town. ama. shimane. jp/about/pdf/% E3% 80% 90% E6% 9C% 80% E6% 96% B0% E3% 80% 91% E8% B3% 872018% E7% 94% BA% E5% 8B% A2% E8% A6% 81% E8% A6% A7% EF% BC% 88H30_05% E7% 8F% BE% E5% 9C% A8% EF% BC% 89. pdf.

Ama Town. Amachō enjin zenzenkai keikaku ［plan to bring Ama town to full power］. http：//www. town. ama. shimane. jp/topics/a880f5f5a441dde64927fb7b790e12b692f0cb28. pdf.

E. Anastasiou，M. Duquenne. Determinants and spatial patterns of counterurbanization in times of crisis：Evidence from Greece. Population Review，59（2）（2020），pp. 85 – 110.

N. Argent，P. Plummer. Counter-urbanisation in pre-pandemic times：Disentangling the influences of amenity and disamenity. Australian Geographer（2022）.

J. Arith. What the Japanese can teach us about super-ageing gracefully. BBC（2020，March 30）. https：//www. bbc. com/future/article/20200327-what-the-japanese-can-teach-about-super-ageing-gracefully.

D. Bell. Anti-idyll: Rural horror. In P. Cloke, J. Little (Eds.), Contested countryside cultures: Otherness, marginalisation and rurality, Routledge, London (1997), pp. 94 –108.

D. Bell. Variations on the rural idyll. In P. C. T. Marsden, P. Mooney (Eds.), The handbook of rural studies, Sage, London (2006), pp. 149 – 160.

M. Bell. The two-ness of rural life and the ends of rural scholarship. Journal of Rural Studies, 23 (4) (2007), pp. 402 –415.

M. Benson, K. O'Reilly. Migration and the search for a better way of life: A critical exploration of lifestyle migration. The Sociological Review, 57 (4) (2009), pp. 608 –625.

B. Berry. Urbanisation and counterurbanisation. Sage Publications, Beverly Hills (1976).

T. Bjarnason, A. Stockdale, I. Shuttleworth, M. Eimermann, M. Shucksmith. At the intersection of urbanisation and counterurbanisation in rural space: Microurbanisation in Northern Iceland. Journal of Rural Studies, 87 (2021), pp. 404 – 414.

G. Bosworth, H. BatFinke. Commercial counterurbanisation: A driving force in rural economic development. Environment and Planning: Economy and Space, 52 (3) (2020), pp. 654 –674.

P. Boyle, K. Halfacree, V. Robinson. Exploring contemporary migration. Longman, Harlow (1998).

M. C. Brinton. Family and demographic issues in Japan. In H. Takeda, M. Williams (Eds.), Routledge handbook of contemporary Japan, Routledge, Oxon (2021).

M. Bunce. The countryside ideal. Routledge, London (1994).

Cabinet Office. Nōsangyoson ni kansuru yoronchōsa [An opinion poll on rural areas]. Government of Japan, Cabinet Office (2014). https://survey. gov-on-line. go. jp/h26/h26-nousan/index. html.

Cabinet Office. Chihōsōsei no genjyōto kongo tenkai [Current condition and future development of Regional Revitalisation] (2019). https://www. soumu. go. jp/

main_content/000635353. pdf.

Cabinet Office. Daiyonkai shingata koronawuirusukansenshō eikyouka ni okeru ishiki kōdō henka nikansuru chousa [The fourth examination of changing attitudes and behaviour under COVID19]. Government of Japan, Cabinet Office (2021). https：//www5. cao. go. jp/keizai2/wellbeing/covid/pdf/result4_covid. pdf.

T. Champion. Studying counterurbanisation and the rural population turn-around. In P. Boyle, K. Halfacree (Eds.), Migration into rural areas：Theories and issues, Wiley, Chichester (1998), pp. 21 – 40.

T. Champion, D. L. Brown. Migration and urban-rural population redistribution in the UK and US. In M. Shucksmith, D. L. Brown, S. Shortall, J. Vergunst, M. E. Warner (Eds.), Rural transformations and rural policies in the US and UK, Routledge, New York (2012), pp. 39 – 57.

O. Crankshaw, J. Borel-Saladin. Causes of urbanisation and counter-urbanisation in Zambia：Natural population increase or migration? Urban Studies, 56 (10) (2019), pp. 2005 – 2020.

M. Creighton. Consuming rural Japan：The marketing of tradition and nostalgia in the Japanese travel industry. Ethnology, 36 (3) (1997), pp. 239 – 254.

F. van Dam, S. Heins, B. S. Elbersen. Lay discourses of the rural and stated and revealed preferences for rural living：Some evidence of the existence of a rural idyll in The Netherlands. Journal of Rural Studies, 18 (2002), pp. 461 – 476.

Defra. Population. https：//assets. publishing. service. gov. uk/government/up-loads/system/uploads/attachment_data/file/1013328/Rural_population__Internal_Migration_Aug_21_QA_complete. pdf (2021).

L. Dilley, S. Shinzato, M. Ando. Revitalising the rural in Japan：Working through the power of place. Electronic Journal of Contemporary Japanese Studies, 17 (3) (2017). http：//japanesestudies. org. uk/ejcjs/vol17/iss3/dilley. html.

V. Elis. The impact of the Trinity Reforms and the Heisei Mergers on processes of peripherisation in Japan's mountain villages. Japanese Journal of Human Geography, 63 (6) (2011), pp. 44 – 56.

H. Elshof, T. Haartsen, L. J. G. van Wissen, C. H. Mulder. The influence of village attractiveness on flows of movers in a declining rural region. Journal of Rural Studies, 56 (2017), pp. 39 – 52.

P. Francks. Rural economic development in Japan: From the nineteenth century to the pacific war. Routledge, London (2006).

K. Fujiyama. Den'enkaiki 1% kanryaku: Jimoto ni hito to shigoto wo torimodosu [The 1% Counterurbanisation Strategy: Returning jobs to rural people]. Akedemia, 119 (2016), pp. 2 – 7.

N. Gallent, I. Hamiduddin, P. Stirling, J. Kelsey. Prioritising local housing needs through land-use planning in rural areas: Political theatre or amenity protection? Journal of Rural Studies, 66 (2019), pp. 11 – 20.

S. García-Ayllón. Rapid development as a factor of imbalance in urban growth of cities in Latin America: A perspective based on territorial indicators. Habitat International, 58 (2016), pp. 127 – 142.

N. P. Geyer, H. S. Geyer. Counterurbanisation: South Africa in wider context. Environment and Planning, 49 (7) (2017), pp. 1575 – 1593.

M. Gkartzios. Leaving Athens: Narratives of counterurbanisation in times of crisis. Journal of Rural Studies, 32 (2013), pp. 158 – 167.

M. Gkartzios. Mobilities beyond counterurbanisation: Questions of context. In S. Kordel, T. Weidinger, I. Jelen (Eds.), Processes of immigration in rural Europe: The status quo, implications and development strategies, Cambridge Scholars Publishing, Newcastle upon Tyne (2018), pp. 2 – 23.

M. Gkartzios, N. Gallent, M. Scott. Rural places and planning: Stories from the global countryside. Policy Press, Bristol (2022).

M. Gkartzios, M. Norris. 'If you build it, they will come': Governing property-led rural regeneration in Ireland. Land Use Policy, 28 (2011), pp. 486 – 494.

M. Gkartzios, K. Remoundou. Language struggles: Representations of the countryside and the city in an era of mobilities. Geoforum, 93 (2018), pp. 1 – 10.

M. Gkartzios, M. Scott. Countering counter-urbanisation: Spatial planning challenges in a dispersed city-region, the Greater Dublin Area. Town Planning Review, 81 (1) (2014), pp. 23 – 52.

M. Gkartzios, N. Toishi, M. Woods. The language of rural: Reflections towards an inclusive rural social science. Journal of Rural Studies, 78 (2020), pp. 325 – 332.

G. M. Grimsrud. How well does the 'counter-urbanisation story' travel to other countries? The case of Norway. Population, Space and Place, 17 (5) (2011), pp. 642 – 655.

N. Gunnerud Berg. Geographies of wellbeing and place attachment: Revisiting urban-rural migrants. Journal of Rural Studies, 78 (2020), pp. 438 – 444.

K. Halfacree. Constructing the object: Taxonomic practices, 'counter-urbanisation' and positioning marginal rural settlement. International Journal of Population Geography, 7 (2001), pp. 395 – 411.

K. Halfacree. To revitalise counterurbanisation research? Recognising an international and fuller picture. Population, Space and Place, 14 (2008), pp. 479 – 495.

A. Hashimoto, D. J. Telfer, S. Telfer. Life beyond growth? Rural depopulation becoming the attraction in nagoro, Japan's scarecrow village. Journal of Heritage Tourism, 16 (5) (2020), pp. 493 – 512.

N. Ishikawa. The "Return to the Country" Phenomena in Japan examined in relation to the concept of lifestyle migration. Bulletin of the Hiroshima University Museum, 10 (2018), pp. 1 – 11.

K. Itonaga. Nōson kūkan wo yomitoku [Deciphering rural space]. In Y. Senga (Ed.), Nōson keikakugaku [rural planning studies], Asakura-Shoten (2012).

M. Jain, A. Korzhenevych. Counter-urbanisation as the growth of small towns: Is the capital region of India prepared? Tijdschrift voor Economische en Sociale Geografie, 110 (2) (2019), pp. 156 – 172.

JOIN (undateda). Inaka kurashi tokushū [report on rural life]. Japan organisation for internal migration. https://www. iju-join. jp/.

JOIN (undated b). Chiiki okoshi kyōryokutai towa [what is community cooperative support scheme]. Japan organisation for internal migration. https://www. iju-join. jp/chiikiokoshi/about. html.

JSB. Jinkō sokuhou shūhō ［population summary results］. Japan Statistics Bureau (2021). https：//www. stat. go. jp/data/kokusei/2020/kekka/pdf/outline. pdf.

T. Kajimoto. As Japan moves to revive its countryside, pandemic drives many out of cities. The Japan Times (2020, Nov. 4). https：//www. japantimes. co. jp/news/2020/11/04/business/japan-rural-urban-pop-coronavirus/.

L. Karsten. Counterurbanisation：Why settled families move out of the city again. Journal of Housing and the Built Environment, 35 (2020), pp. 429 – 442.

H. Kato. The analysis on disparities of fertility rate of Japanese municipalities. Public Policy Review, 14 (1) (2018), pp. 1 – 24.

A. Kerr. Dogs and demons：Tales from the dark side of Japan. Hill and Wang, New York (2002).

F. Kitagawa. Art place Japan. The Echigo-Tsumari Triennale and the vision to reconnect art and nature. Princeton University Press, Princeton, NJ (2015).

S. Klien. Urban migrants in rural Japan：Between agency and anomie in a post-growth society. Sunny Press, New York (2020).

S. Klien. "The young, the stupid, and the outsiders"：Urban migrants as heterotopic selves in post-growth Japan. Asian Anthropology, 21 (1) (2022), pp. 10 – 23.

J. Knight. Rural revitalization in Japan：Spirit of the village and taste of the country. Asian Survey, 34 (7) (1994), pp. 634 – 646.

J. Knight. Environmental gaps and how to fill them：Rural depopulation and wildlife encroachment in rural Japan. In W. Manzenreiter, R. Lutzeller, S. Polak-Rottmann (Eds.), Japan's new ruralities：Coping with decline in periphery, Routledge, Oxon (2020), pp. 267 – 294.

H. Koizumi. Kasochiiki, zenkoku no hanbuncho ni seifu no chihōsōseisaku, jikkōsei usui ［Over half of Japan's municipalities are depopulated, the effect of regional revitalisation is weak. Asahi Shinbun (2022, January 21). https：//www. asahi. com/articles/ASQ1P6HTNQ1PUTFK00L. html.

S. Kudo, M. Yarime. Divergence of the sustaining and marginalizing communities in the process of rural aging：A case study of yurihonjo-shi, akita, Japan. Sustainability Science, 8 (4) (2013), pp. 491 – 513.

M. B. Lapping, M. Scott. The evolution of rural planning in the Global North. In M. Scott, N. Gallent, M. Gkartzios (Eds.), The routledge companion to rural planning, Routledge, London (2019), pp. 28 – 45.

Y. H. Lee, Inuma. Goodbye, city life. Green acres in Japan beckon as pandemic shifts priorities. The Washington Post. https: //www. washingtonpost. com/world/asia_pacific/japan-coronavirus-city-country/2021/11/13/908d08f0-3c00-11ec-bd6f-da376-f47304e_story. html (2021, Nov. 14).

L. Lewerich. Nai mono wan ai-challenging and subverting rural peripheralization? Decline and revival in a remote island town. In W. Manzenreiter, R. Lutzeller, S. Polak-Rottmann (Eds.), Japan's new ruralities: Coping with decline in periphery, Routledge, Oxon (2020), pp. 212 – 229.

B. Love. Treasure hunts in rural Japan: Place making at the limits of sustainability. American Anthropologist, 115 (1) (2013), pp. 112 – 124.

Y. Maeda. Creating a diversified community: Community safety activity in Musashino City, Japan. Geoforum, 43 (2) (2012), pp. 342 – 352.

MAFF. Gurīntsūrizumu no genjyō [The current state of green tourism]. Japanese Ministry of Agriculture, Forestry and Fisheries (2006). https: //www. maff. go. jp/j/study/tisan_tisyo/h18_01/pdf/data7. pdf.

MAFF. Gurīntsūrizumuno genjyōto tenbō [The current state and future outlook of green tourism]. Ministry of Agriculture, Forestry and Fisheries (2009). https: //www. maff. go. jp/j/nousin/kouryu/kyose_tairyu/k_gt/pdf/1siryou2. pdf.

MAFF. Number of rural communities by required time to reach closest DID (densely inhabited district). Japanese Ministry of Agriculture, Forestry and Fisheries (2022). https: //www. e-stat. go. jp/en/stat-search/file-download? statInfId = 000032172330&fileKind = 0.

P. Matanle, A. S. Rausch. Japan's Shrinking Regions in the 21st Century: Contemporary responses to depopulation and socioeconomic decline. Cambria Press, Amherst, New York (2011).

P. Matanle, Y. Sato. Coming soon to a city near you! Learning to live "beyond growth" in Japan's shrinking regions. Social Science Japan Journal, 13（2）（2010）, pp. 187 –210.

K. Mausch, D. Harris, J. Revilla Diez. Rural aspirations: Reflections for development planning, design and localized effects. European Journal of Development Research, 33（4）（2021）, pp. 795 –808.

P. McManus. Counterurbanisation, demographic change and discourses of rural revival in Australia during COVID-19. Australian Geographer（2022）.

MIC（undateda）. Chiikiokoshi kyōryokutai nitsuite［about the community cooperative support scheme］. Japanese Ministry of internal Affairs and communication. https://www. soumu. go. jp/main_content/000745995. pdf.

MIC. Den'enkaiki ni kansuru chōsakenkyū hōkokusho［A research report on counterurbanisation］. Japanese Ministry of Internal Affairs and Communication（2018）. https://www. soumu. go. jp/main_content/000538258. pdf.

MIC. Jinkō suikei［population estimate］. Japanese Ministry of Internal Affairs and Communication（2018）. https://www. stat. go. jp/data/jinsui/2018np/pdf/2018np. pdf.

MIC. Chihō no sousei（chiiki to kakawaru kankeijinkō no sōshutsukakudainado）gaiyō setsumei［Regional revitalisation（creating and broadening connections with relationship population）: An exploratory overview］（2019）. https://www. gyoukaku. go. jp/review/aki/r01hiroshima/img/s15. pdf.

MIC. Kankeijinkō no sōshutsu ni mukete［Towards the creation of relationship populations］. Japanese Ministry of Internal Affairs and Communication（2019）. https://www. mlit. go. jp/common/001226948. pdf.

MIC. Kasochiikiniokeru shūraku no jyōkyōnikansuru hāku chōsa saishūhōkoku gaiyōhan［An investigation into the current condition of villages in depopulated areas（an overview）］. Japanese Ministry of Internal Affairs and Communication（2020）. https://www. soumu. go. jp/main_content/000678496. pdf.

R. Miki. Japan to offer ＄9, 000 to remote workers in countryside. Nikkei Asia（2020, Sep. 25）. https://asia. nikkei. com/Economy/Japan-to-offer-9-000-to-remote-workers-in-countryside.

P. Milbourne, L. Kitchen. Rural mobilities: Connecting movement and fixity in rural places. Journal of Rural Studies, 34 (2014), pp. 326 – 336.

C. J. A. Mitchell. Making sense of counterurbanization. Journal of Rural Studies, 20 (1) (2004), pp. 15 – 34.

C. J. A. Mitchell, C. R. Bryant. Counterurbanization. In A. Kobayashi (Ed.), International encyclopedia of human geography (2nd ed.), Elsevier (2019), pp. 433 – 438.

O. Moon. The countryside reinvented for urban tourists: Rural transformation in the Japanese murakoshi movement. In J. Hendry, M. Raveri (Eds.), Japan at play: The ludic and the logic of power, Routledge, London (2002), p. 228.

L. R. Morrison. Home of the heart: The modern origins of furusato. ICU Comparative Culture, 45 (45) (2013), pp. 1 – 27.

K. Murakami, R. Gilroy, J. Atterton. Planning for the ageing countryside in Japan: The potential impact of multi-habitation. Planning Practice and Research, 24 (3) (2009), pp. 285 – 299.

J. Murdoch, P. Lowe, N. Ward, T. Marsden. The differentiated countryside. Routledge, London (2003).

Nagoya Government (undateda). Reiwagannen aichiken jinkōdōtai chyōsakekka (Nagoyabun) [Results of demographic changes of Aichi prefecture (for Nagoya)]. https://www. city. nagoya. jp/somu/page/0000123453. html.

Nagoya Government (undated b). Jinkō no suii (shiseishikō) [Population Change]. https://www. city. nagoya. jp/shisei/category/67-5-5-24-0-0-0-0-0-0. html

C. NíLaoire. The 'green green grass of home'? Return migration to rural Ireland. Journal of Rural Studies, 23 (3) (2007), pp. 332 – 344.

Nichinan Town. Nichinancho jinkō bijyon sougou senryaku [nichinan town population vision: A synthesis] (2016). https://www. town. nichinan. lg. jp/material/files/group/3/atc_1586165109. pdf.

NIPSSR. Population projections for Japan: 2011 to 2060. National Institute of Population and Social Security Research (2012). http://www. ipss. go. jp/site-ad/index_english/esuikei/econ2. html.

Ntour. Kankōto renkei gurīntsūrizumu suishin［The promotion of green tourism linked to tourism］. Nokyo Tourism Corporation（2015）. https：//www. maff. go. jp/j/nousin/kouryu/pdf/h26_kanko_renkei_gt. pdf.

Ntour. Gurīntsūrizumu towa［What is green tourism］. Nokyo Tourism Corporation（2021）. https：//ntour. jp/greenlp/.

Odagiri, T.（undated）. Kankeijinkōron tosonokenkai：Sumitsudzukeru kokudo enoinpurikēshon［the discourse of relationship population and its development：The implications for continuing habitation of the land］. Ministry of land, infrastructure, transport and tourism. https：//www. mlit. go. jp/common/001203324. pdf.

T. Odagiri. Rural regeneration in Japan. Rural economy research report, Vol. 56, Centre for Rural Economy, University of Newcastle Upon Tyne, Newcastle Upon Tyne（2011）. https：//www. ncl. ac. uk/media/wwwnclacuk/centreforruraleconomy/files/regeneration-japan. pdf.

T. Odagiri. Ensuring rural communities will not disappear-a form of coexistence between urban and rural communities as seen in a return to rural living, Vol. 58, Meiji University Society/Life（2015）. https：//english-meiji. net/articles/559/.

T. Odagiri. Jinkōgen-jinzaizou no「nigakana kaso」［falling population-increasing human resources：A vibrant depopulation］. AFC Forum, 12（2019）, pp. 3 – 6.

R. Ohta, A. Yata. The revitalization of "Osekkai"：How the COVID-19 pandemic has emphasized the importance of Japanese voluntary social work. Qualitative Social Work, 20（1-2）（2021）, pp. 423 – 432.

K. Onitsuka. Genkai shuraku（marginal village in Japan）. In G. Ritzer（Ed. ）, The blackwell encyclopedia of sociology（2020）.

Osaka City（undated）. 1 nenkan no jinnko no ugoki［Population movement in one year］. https：//www. city. osaka. lg. jp/toshikeikaku/page/0000422132. html.

L. Philip, M. Shucksmith. Conceptualizing social exclusion in rural Britain. European Planning Studies, 11（4）（2003）, pp. 461 – 480.

M. Phillips, D. Smith, H. Brooking, M. Duer. Re-placing displacement in gentrification studies：Temporality and multi-dimensionality in rural gentrification displacement. Geoforum, 118（2021）, pp. 66 – 82.

A. S. Rausch. The heisei municipal merges: Measures of sustainability, equity and identity. In S. Assmann (Ed.), Sustainability in contemporary rural Japan: Challenges and opportunities, Routledge, Abington (2017), pp. 35 – 48.

A. Rausch. Japan's furusato nozei tax program. Electronic Journal of Contemporary Japanese Studies, 19 (3) (2019). https://www. japanesestudies. org. uk/ejcjs/ vol19/iss3/rausch. html.

C. Reiher. Embracing the Periphery: Urbanities' motivations for relocating to rural Japan. In W. Manzenreiter, R. Lutzeller, S. Polak-Rottmann (Eds.), Japan's new ruralities: Coping with decline in periphery, Routledge, Oxon (2020), pp. 267 – 294.

K. Remoundou, M. Gkartzios, G. Garrod. Conceptualizing mobility in times of crisis: Towards crisis-led counterurbanization? Regional Studies, 50 (10) (2016), pp. 1663 – 1674.

J. Robertson. Furusato Japan: The culture and politics of nostalgia. International Journal of Politics, Culture, and Society, 1 (4) (1988), pp. 494 – 518.

J. Robertson. Hegemonic nostalgia, tourism, and nation-making in Japan. Senri Ethnological Studies, 38 (1995), pp. 89 – 103.

N. Rosenberger. Young organic farmers in Japan: Betting on lifestyle, locality, and livelihood. Contemporary Japan, 29 (1) (2017), pp. 14 – 30.

J. G. Ross (Ed.), Inaka: Portraits of life in rural Japan, Camphor Press (2020).

H. Sakuno. Chihōijyū no hiromari to chiikitaiou [The expansion of migrants into rural areas and regional matching]. Keizaichirigaku nenbō, 62 (4) (2016), pp. 324 – 345.

M. Satsangi, N. Gallent, M. Bevan. The rural housing question: Communities and planning in britain's countrysides. Policy Press, Bristol (2010).

SBJ. Chapter 1: Size and geographic distribution of the population. Statistics Bureau of Japan (2015). https://www. stat. go. jp/english/data/kokusei/2015/poj/ pdf/2015poj. pdf.

SBJ. Jinkōsuikei-zenkoku [population estimate-all Japan] (2018). https://

www. stat. go. jp/data/jinsui/2018np/index. html.

S. Schnell. The rural imaginary：Landscape，village，tradition. In J. Roberston （Ed.），A companion to the anthropology of Japan，Blackwell Publishing （2007），pp. 201 – 217.

M. Scott，E. Murphy，M. Gkartzios. Placing "home" and "family" in rural residential mobilities. Sociologia Ruralis，57（2017），pp. 598 – 621.

Shogakukan. Inakamono［country person］. Dejitaru Daijisen（2012）.

A. Sorensen. The making of urban Japan：Cities and planning from Edo to the twenty-first century. Routledge，London（2002）.

N. Stawarz，M. Rosenbaum-Feldbrügge，N. Sander，H. Sulak，V. Knobloch. The impact of the COVID-19 pandemic on internal migration in Germany：A descriptive analysis. Population，Space and Place（2022）.

A. Stockdale. The diverse geographies of rural gentrification in Scotland. Journal of Rural Studies，26（1）（2010），pp. 31 – 40.

A. Stockdale. Contemporary and "messy" rural in-migration processes：Comparing counterurban and lateral rural migration. Population，Space and Place，22（6）（2016），pp. 599 – 616.

Y. Takahashi，H. Kubota，S. Shigeto，T. Yoshida，Y. Yamagata. Diverse values of urban-to-rural migration：A case study of hokuto city，Japan. Journal of Rural Studies，87（2021），pp. 292 – 299.

S. Teraoka. Mobility turn in rural districts in Japan：From "kankou（tourism）" to "Kankei（relationships）". In H. Endo（Ed.），Understanding tourism mobilities in Japan，Routledge，Oxon（2020），pp. 73 – 86.

The Economist. Rural areas bear the burden of Japan's ageing，shrinking population. https：//www. economist. com/asia/2019/06/29/rural-areas-bear-the-burden-of-japans-ageing-shrinking-population（2019，June 29）.

The Economist. Not all Japanese towns and villages are atrophying. https：//www. economist. com/asia/2018/03/22/not-all-japanese-towns-and-villages-are-atrophying（2018，March 24）.

The Japan Times. Japan to promote relocations outside of Tokyo without changing jobs. https：//www. japantimes. co. jp/news/2021/05/03/business/relocations-out-side-tokyo/ （2021, May 3）.

Tokyo Metropolitan Government. Jinkō no ugoki ［population movement］. https：//www. toukei. metro. tokyo. lg. jp/jugoki/ju-index. htm.

Tokyo Metropolitan Government. Tōkyōto no jinkō （suikei） no gaiyō ［Tokyo's population （estimate）: an Overview］. https：//www. metro. tokyo. lg. jp/tosei/hodohappyo/press/2022/01/31/documents/04_01. pdf （2022）.

Tottori Government. Tottoriken no ueikei jinkō ［Tottori's Population: An Esti-mate］ （2021）. https：//www. pref. tottori. lg. jp/secure/1270125/pe _ R0210 – R0309_result. pdf.

C. M. Wang. Performing rurality and urbanity: Language performations, materials and land-use politics. Journal of Rural Studies （2022）, 10. 1016/j. jrurstud. 2022. 03. 016.

P. Wirth, V. Elis, M. Bernhard, K. Yamamoto. Peripheralisation of small towns in Germany and Japan-Dealing with economic decline and population loss. Journal of Rural Studies, 47 （2016）, pp. 62 – 75.

M. Woods. Rural. Routledge, Oxon （2011）.

K. Yanagita. Toshito nōson ［Urban and Rural］. Asahi Shinbunsha （1929）.

H. Yoshikazu. The Dying Japanese Village. Japan Quarterly, 32 （3） （1985）, p. 316.

X. Q. Zhang. The trends, promises and challenges of urbanisation in the world. Habitat International, 54 （3） （2016）, pp. 241 – 252.

欧盟农村地区的社会创新[*]

——从意大利和西班牙的新内生性发展项目中吸取经验教训

弗朗西斯科·纳瓦罗·瓦尔维德、玛丽莲娜·拉比安卡、

欧亨尼奥·塞胡多·加西亚、斯蒂凡诺·德·鲁伯蒂斯[**]

摘　要： 在欧盟农村地区应用的"LEADER 农村发展方法"的框架内，以及在公私伙伴关系的支持下，高度的社会创新（social innovation，SI）得以实现。本文分析了边缘农村地区的发展项目如何实现各类社会创新。有些举措对农村社会做出了重要的、无形的贡献，但并未在农村的发展实践中得到充分的重视。通过使用探索性的定性方法，我们在欧洲农村发展网络数据库中搜索特定的关键词（"创新""创业"和"LEADER 项目"），对在西班牙和意大利农村地区开展的项目进行了筛选。根据项目推动者的类型，我们分类研究了由地方行动小组（LAG）、政府部门倡议和私人提议者主导的跨国合作项目，并进行了深入的访谈。研究发现：地方领导者、社会企业和地方行动小组在促进地方社区参与、克服项目进程中的阻力等方面起到了关键作用；推动集体学习过程至关重要；社会支持网络越复杂，能够参与项目的贡献者就越多；推动发展进程和项目需要长期投入，以及需要将外生性和内生性发展相结合。

关键词： 社会创新；LEADER 方法；农村发展项目；跨国合作项目；农村规划；农村发展的参与者

---

　　* 本文原文请参见：https：//doi. org/10. 3390/su14116439。

　　** 作者简介：弗朗西斯科·纳瓦罗·瓦尔维德（Francisco Navarro-Valverde）和欧亨尼奥·塞胡多·加西亚（Eugenio Cejudo-García）供职于西班牙格拉纳达大学，玛丽莲娜·拉比安卡（Marilena Labianca）供职于意大利福贾大学，斯蒂凡诺·德·鲁伯蒂斯（Stefano De Rubertis）供职于意大利萨兰托大学。

一、引　言

近年来，广义的社会创新在欧盟农村发展政策中，尤其是在最贫困的农村地区发挥了核心作用。

在最近的农村发展研究中，人们对新内生发展方法越来越感兴趣。这些方法超越了完全的内生或外生发展模式，关注农村地区和更广泛的政治、制度和经济背景，以及与周围自然环境之间的动态关联。新内生方法试图融合外生和内生发展理论的积极方面，将"自下而上"和"自上而下"的规划、内外部的参与和社会支持网络、纵向的行政关系和横向的地方合作（包括地方行动者合作和邻近地区合作）结合起来。

这种新内生模式特别关注文化和社会方面的创新，具体表现为 LEADER 方法中对创新发展模式和"自下而上"农村发展方法的鼓励，而这些社会创新要归功于地方公私伙伴关系的行动，也就是地方行动小组（LAG）的设立。

1991 年诞生的 LEADER 计划已经成为欧盟乃至世界范围内最具象征意义的农村发展计划之一。基于最近的新内生性农村发展理论，LEADER 为鼓励农村发展提供了一种理论和实践方法。LEADER 之名源于法语 Liaisons Entre Actions de Developpement de l'Economie Rurale 的缩写，意思是"农村经济发展行动联合"。LEADER 孵化农村发展项目，使得地方经济得以生根发芽、茁壮成长。它结合了地方治理和政府管理，并以可操作的、具体的形式，为农村地区的一系列发展项目提供共同融资。

LEADER 方法有几个主要的特点：网络化、地方视角、综合多部门行动、地方决策、经济多样化、自下而上、创新、地方行动小组模式和公私伙伴关系。该计划已经实施了 30 余年，从 20 世纪 90 年代的一个欧盟范围内的倡议，经过 15 年的发展，沉淀为如今欧盟各国和地区农村发展计划（RDP）的具体行动。

跨国比较研究发现，LEADER 计划的实施在不同的欧洲国家呈现出特定的问题和局限性，这主要是长期以来地方发展特点各异所导致的，这些差异包括地方治理模式、政府管理风格、对地方资源和需求缺乏积极认知、社会资本和地方企业家禀赋不同等。这些研究还表明，LEADER 的长远发展必将涉及内生驱动，而非外部驱动的变化和创新。与此同时，小规模地方项目也需要综合内部决策和地方发展策略，在项目、参与者和推动方式上得到加强。

官方观察站（Official Observatory）在 1997 年发布的一份文件中强调了LEADER 的创新特点。LEADER 作为一种能够动员和实施地方发展的方法，不能被简化为一套固定的措施。换句话说，LEADER 必须成为一个"实验室"，在地方一级进行知识和实用技能的创新，实验满足地方社区发展需求的新方法。这也是这种整体的、自下而上的、综合的、参与性的农村发展方法的最终目的。实施的方法和阶段围绕着地方行动者的参与、公私伙伴关系的建立（即地方行动小组）、地方资源和需求的确定，以及地方战略的起草、实施和评估四个方面，它们都涉及对地方资源、行动者和发展动态的持续关注。

穆拉特等（Moulaert et al.，2005）将"社会创新"定义为公民参政、参与治理和民主化的新形式，有助于增强弱势群体的能力，并让更多的公民参与发展项目，从而改善特定地区的生活质量。

因此，从项目实施的角度来看，社会创新和 LEADER 之间有明显的联系。LEADER 试图通过创新、改善社会资本、建立公私伙伴关系、建立社会网络和组织等方式，以推进社区项目发展并实现发展目标。此外，LEADER 设立的培训课程，甚至是子项目立项过程本身，就能推动地方参与者对发展进行学习，并在地方行动者、社会资本和公私伙伴关系等各方之间建立信任。它还通过赠款和投资项目，积极鼓励地方创业。

根据诺伊梅尔的研究（Neumeier，2017），社会创新的作用是"至少影响一个参与者，或一种环境，或一类创新进程：产生一个比原方案更有效的解决方案；构成一个长期的解决方案；并将方案拓展到最初创新群体之外的'其他人'"。从模式上看，社会创新有三个基本阶段：一是"问题化"，指一个或一群行动者对社会需求或解决方案的认识；二是"利益表达"，指对地方比较优势和其他行动者价值的识别；三是"商定和协调"，指商定形成一种新的协调和组织形式，这也是最后一步。在大多数情况下，这些步骤反映在诸如"跨国合作项目"（TNCP）的多地区项目（multi-territorial projects）中，也是 LEADER 方法最突出的特点之一。这种方法同样适用于一个聚居区内多个小项目的实施，尤其是农村地区也积极参与其中。

事实上，在新内生发展的背景下，社会创新的成功与一系列现实环境和社会文化要素的质量密切相关，这些要素被共同称为"地域资本"（territorial capital）。鉴于地域环境对外部刺激的渗透性，LEADER 方法可以在促进社会创新方面发挥关键作用：通过公共和私人资金进行创造性的新投资、新项目，从而从外部消除基础设施建设的障碍和瓶颈。在这一意义上，重要的是评估外部干预对当地环境的影响，以及这些干预如何在地方利益相关者之间、地方利益相关者与地方资本之间建立关系；最后，还要探讨它们在地方机构中诱发的变化（例如，地方机构的身份转变或地位巩固）。在农村地区，LEADER 方法可以被认为是社会创新的一个重要组成部分，我们在研究中也要强调其包容的、广泛的地方发展方法，而不是局限于特定的发展内容或部门。

正如达根和沙克史密斯（Dargan and Shucksmith，2008）所强调的那样，农村发展相关文献在支持社会学习过程方面提供的知识和支撑发生了重大变化。为此，创新的概念已经从旧有的线性观点转向一种新模式：过去，人们认为农民被动接受外部服务机构所开发、编纂的知识和技术；如今，创新被视为在一系列行动者的社会网络中发生的、共同进步的学习过程。因此，社会创新的举措试图囊括整个环境，并关注具体的尤其是非物质的资产，如场地、知识和社会网络等形式的资产。这样一来，社会资本就发生了变化，获得了一些新的特征。解释和衡量这些特征仍然是具有挑战性的，因此在这个研究领域引起了一场重要且尚未得出一致结论的讨论。社会资本对于确保发展项目，尤其是 LEADER 方法的有效性至关重要，因为它有助于确认决定农村发展路径的所有重要的要素，并特别关注利益相关者反思区域社会经济发展所需的物质和非物质资源的能力。它还扩展了利益相关者的认知能力，以创造地方资本，并使他们能够在社会组织中建立共识和信任，以容纳不同的甚至相互对立的利益。

最后，LEADER 方法的价值在于在农村地区实施新内生项目而获得的有形和无形的投入、成果和影响，这些项目带来了可持续发展和社会变革，这也是社会创新项目的主要目标之一（Vercher et al.，2022）。

考虑到这一点，本文的目的是分析这些项目中社会创新的性质以及它所产生的附加价值，这要归功于所建立的行动者网络。为此，我们将重点关注最近在意大利和西班牙农村地区应用的 LEADER 方法的具体举措。这些项目考虑包括创业精神在内的多个维度，尤其针对面临严重的人口减少、交通不便、物质条件困难的地区。我们的研究并未提供详尽分析，而是探讨了在这些地区的做法、具体的项目和项目的规模，以便从社会创新的角度理解处理这个问题所产生的创新。这些具体项目的实施产生了各种各样的社会创新，在许多情况下，这些创新在农村发展实践分析中被忽视了。这主要是因为过去的农村发展计划往往侧重于利益相关者的参与，而不是关注他们所产生的变革和创新。

为此，我们特别关注被欧洲农村网络数据库（ENRD）定义为"有创新"的 LEADER 项目。我们还评估了这些项目在多大程度上受传统模式和/或外部影响的影响，以及 LEADER 对创新实践的贡献。在确立了社会创新的背景及其在农村发展中的作用后，本文介绍了方法论、对西班牙和意大利各个项目的分析结果，并进行了讨论和总结。

二、理论框架：LEADER 项目中的角色、社会创新和附加值

近年来，欧洲共同农业政策（CAP）做出必要修改，以考虑创新在该领域的重要作用（对各个农村发展计划产生了横向影响）。欧盟的一份题为《粮食和农业的未来》的官方公报承认发展政策在农业经济中的作用，特别是在帮助创造条件以阻止农村人口的下降方面。这不仅需要通过财务投资实现，还需要通过帮助农民获得技能、专业知识、培训和信息，即社会资本的提高来实现。考虑到这一点，2014～2020 年的农村发展计划已逐步尝试扩大创新，并减轻与以往周期相比农业存在的潜在风险。然而，以往的经验教训表明，这些工具不能孤立地发挥作用，它们对地区的影响需要更长时间来验证。它们在短期内肯定是无法衡量的，而且带来的收益远远超出了纯粹的经济效益。此外，由于距离大多数科学和学术中心的网络较远（宽带连接不佳）、土地面积狭小且位置偏僻，许多偏远农村地区的农民仍然难以获得最新的技术和掌握最新的科学进展，这在许多偏远农村地区尤为明显。此外，还必须尽量减少结构性障碍，如过度官僚化。在本文中，在解释这些 LEADER 项目所达成的社会创新类型时，我们遵循《奥斯陆手册》中的条目，这是收集和使用创新数据的国际参考指南。

在这一背景下，创业精神得到了新内生性农村发展实践的推动，并带来了重要的积极影响。当地企业家利用地方资产、传统技能和知识，并结合外部技术和科学知识及技术，推动了新的经济举措。这个过程不仅仅涉及企业家，镇议会、协会和地方行动小组也发挥了重要作用，通过建立公私合作伙伴关系来管理 LEADER 项目，将新内生农村发展付诸实践。LEADER 的其他成就包括经济多样化、增加生产链的附加值，以及促进与农业部门互补的其他商业活动。另一个重要的进步是，它使农村地区居民的心态发生了变化：从消极、被动地接受自己的处境，转变为更加积极、主动、努力地去实现农村发展目标的心态。

LEADER 还鼓励妇女和年轻人创业，这两个群体对农村地区的未来发展和繁荣至关重要。这些项目使不同的利益相关者相互联系，建立新的网络，以应对农村地区的边缘化问题。尽管许多项目的预算相对较少，但它们具有高度的创造性和灵活性，并成功地使资金与需求相匹配。从物质和身份的角度来看，赋权和重新占有生活空间已成为这些项目的关键方面。LEADER 项目涵盖的主题包括：提供以前不存在的基本服务，如配送服务；加强流动，提供物流解决方案；高速互联网和在线服务；支持年轻人和代际更新；社会融合和移民安置等。这些都产生了有利于整个社区的乘数效应，增强了社会融合，增进了民生福祉并提高了生活质量。此外，通过在农村地区开拓旅游等新的领域，推广高品质的食品产品和本地手工艺品，这些项目也促进了经济多样化。

然而，LEADER 在实际应用中也暴露出各种负面因素，例如，将项目集中在已经拥有完善商业网络的最有活力、人口最多的农村地区，而忽视了社会资本非常有限、企业稀缺的较为落后的地区，导致地区发展不平衡，因此需要引入针对位置最偏远、人口最稀少地区的具体支持措施。另一个缺点是，当地的决策往往被当地精英控制和支配，导致那些缺乏人脉和经济资源的人被排挤，无法提出能够成功获得 LEADER 资金的项目。尽管采取了具体的行动来促进居民参与，但相比男性企业家或已经建立起来的地方议会等公共机构，妇女和年轻人实施 LEADER 项目的可能性较低，因此有时会产生所谓的"项目阶层"。

尽管有这些缺点且 LEADER 项目本身不足以在农村发展方面带来全面突破，但它确实提供了一个很好的机会，可以观察、学习和测试良好实践，并且已经做出了非常重要的贡献，如鼓励乡村游，促进自然和文化遗产以及其他地方资源，提供重要的公共和私人服务，并促进高质量的本地食品生产等。

在这些有着高度创新元素的新内生发展的地方实践中，埃斯帕尔西亚（Esparcia，2014）注意到，项目的关键行动者扮演了不同角色，生成了各式各样的社会网络。这些项目产生了外部科学知识与传统本地知识的混合组合，构建了一个相互交织的结构，其中公共行动者的存在和财政支持在初始阶段往往是至关重要的。同样重要的是地方行动组织的参与和承诺，它们促进了创业和创新。然而，纳瓦罗等（Navarro et al.，2018）发现，大学和研究中心等机构本可以在创新项目付诸实施方面发挥关键作用，但现实并非如此。同样的情况也适用于商业协会。这些学者还强调，与 LEADER 项目的管理和地方行动小组的负责制度相比，地方政府的干预导致了低效和过度的官僚主义。

在创建社会创新项目方面，诺德伯格和维尔克拉（Nordberg and Virkkla，2020）强调了"四重螺旋"（企业、市民和公民社会、公共部门，以及大学和教育机构）的重要性。他们所创建的网络为当地社区带来了新的机会，并强调了农村社区与其他群体和组织之间合作的必要性。在达克斯等（Dax et al.，2013）看来，LEADER 方法在社会创新方面的潜在优势受到了僵化的协调结构和等级制度的限制。达根和沙克史密斯（Dargan and Shucksmith，2008）则坚持社会创新的重要性，认为它是将新形式的知识汇集在集体学习过程中以促进农村发展的手段。

在 LEADER 方法提供的附加价值方面，图森和尼尔森（Thuessen and Nielsen，2014）的研究表明，在地方行动小组层面，民主化和自下而上的决策是 LEADER 实施的主要积极影响，而其他潜在优点并没有得到充分利用。

三、研究资料与方法

本文所分析的项目来自欧洲农村发展网络（ENRD）的官方数据库。该数据库提供了对每个项目的概述（发起者、摘要、目标、结果、活动、经验教训和建议等），其中许多可以被视为良好实践。

本文通过选择特定的关键词，对意大利和西班牙农村地区的项目进行了选择。初始搜索时使用的关键词是"人口减少"和"边缘农村地区"，随后我们增加了"创新""企业家精神"和"LEADER"这几个关键词。在第一阶段的选择中，我们确定了 24 个项目，其中 13 个来自西班牙，11 个来自意大利。

在这个选择范围内，我们对每一类发起人的一至两个项目进行了分析：由多个地方行动小组（LAG）推动的跨国合作项目（TNCP），由公共机构（主要是地方议会）支持的项目，以及由小型公司和企业家领导的项目（见表 1）。这些项目代表了每个项目提议者的不同类型。我们的分析基于对这八个项目的描述信息。

表 1   分析案例概览

项目	提议者	地点	特点	项目预算（欧元）	项目实施时间
"奶牛猫计划"：促进加泰罗尼亚农村地区的协同工作	社会公益事业委员会	多地区 LAG 合作，西班牙加泰罗尼亚	社会包容和地方发展，创建了 14 个联合办公空间	31 542	2014 ~ 2017 年
"狼"计划	多个欧盟 LAG，西班牙卡斯蒂利亚－莱昂	跨国合作项目（TNCP），欧盟	协调多种利益相关者，包括保护协会、农业组织、畜牧业养殖户、农村企业家、地方和环保部门、个体农民、非农业或非林业企业、公共/地方政府、LAG、非政府组织	65 590	2009 ~ 2013 年
特尔－科穆尼计划	LAG LSNPA	意大利拉齐奥	社会包容和地方发展。该项目表明，共同的道路和共同的任务可以促进弱势人群（移民）的社会包容	50 000	2007 ~ 2013 年
生机乡村	市政当局、索蒙塔诺 LAG	西班牙阿拉贡	社会包容和地方发展。28 个市镇及其议会积极参与了该项目，并建立了一个拥有 100 名成员的志愿者网络	100 063	2013 ~ 2015 年
驴奶的创新商机	非凡合作社，比萨大学	意大利托斯卡纳	知识转移和创新。奶酪生产确保了合作社的额外收入来源，并且由于开展了宣传项目的活动，增加了游客的数量	73 704	2013 ~ 2015 年
"独家"计划	合作社	西班牙卡斯蒂利亚－莱昂	"独家"计划不仅仅是一个社会企业，它为老年人带来了希望，使他们能够继续生活在他们长大的村庄，保留他们所有的记忆	3 000	2013 年

续表

项目	提议者	地点	特点	项目预算（欧元）	项目实施时间
萨莫拉"农夫莓果"	自雇民营企业	西班牙卡斯蒂利亚-莱昂	社会包容和地方发展。创造了一个全职工作和五个临时工作，使得一名年轻妇女能够在该地区永久定居	55 985	2015 ~ 2019 年
通过投资农场旅游使年轻女性农民的收入多样化	自雇民营企业	意大利马尔凯	农场的业绩、结构调整和现代化。一位年轻的女性农民决定翻新家庭农场的一座旧楼，供游客住宿	543 057	2017 ~ 2018 年

资料来源：EURD. https：//enrd. ec. europa. eu/projects-practice（2022 年 2 月 1 日访问）。

根据埃斯帕尔西亚（Esparcia，2014）所采用的方法，我们考虑项目所涉及的关键角色及其职能（推广者、受益者、资金、企业家、促进者、信息提供者、为推广和组织提供支持的人、研究人员以及其他利益相关者），所发生的主要变化，以及项目的其他方面。

在下一阶段，使用兼容的指标来研究文献，特别是《奥斯陆手册》中提出的社会创新的类型和解释：社会创新包括参与者之间的合作，新网络和伙伴关系的建立，组织/身份的变化，为实现共同目标而努力的社会团体，并旨在改善对共同问题的认知的机构和集体学习，增强人们进行文化互动和交流的能力，以及在决策过程中组织和吸引人们参与的新方法（见表2）。

表2 方法论框架

关键点	提议者类型	社会创新指标（代码）
行为者和网络创新的性质和附加值	地方行动小组/跨国合作项目公共实体小企业主	行动者之间的合作（1） 建立新的网络和伙伴关系（2） 组织/身份变化（3） 社会团体为同一目标而努力（4） 旨在提高对共同问题认识的机构和集体学习（5） 提高人们参与文化互动和交流的能力（6） 组织和让人们参与决策过程的新方法（7）

我们还对每种类型的提议者进行了一次深度访谈，包括小企业主（萨莫拉"农夫莓果"）；地方行动小组（"狼"计划）；公共机构（"生机乡村"）。我们研究了实施阶段中的利益相关者类型及其所扮演的角色、这些项目在社会创新方面的贡献，以及它们提供的附加值。

在研究结果部分，我们将首先考察参与者的角色，然后关注社会创新和附加值。在实现社会创新之前，必须建立一个利益相关者网络。一个项目所实现的社会创新有时与其附加值是不可分割的。对社会创新的贡献也可以被视为附加值，反之亦然。

四、研究结果：对项目的比较分析

（一）参与者的角色

从这些项目的创立和实施起，不同的利益相关者开始与内外部的人员建立越来越多的联系和连接网络。他们直接或间接地为这些项目的成功实施做出贡献。这些网络可以是复杂或简单的、薄弱或强大的、大型或小型的，但它们提供的支持始终是新内生型农村发展实践的主要特点之一。地方行动小组本身构成了一个重要的网络，用于引入和实施 LEADER 方法，并制定地方战略："社区主导的地方发展"（CLLD）。它还承担着中介、培训和辅导等重要职能，并提供了一个让所有相关人员进行沟通的渠道。其他重要的角色包括地方行政机构，通常是市镇议会，它们不仅推动项目，还可以提供物质基础设施以供他人开展项目，或提供支持信息或建议。

就"生机乡村"项目而言，该项目重点是吸引移民，共有 28 个市镇在提高当地社区对人口减少问题的认识方面发挥了重要作用。各市镇为潜在的新定居者准备了一份实用的资源和服务清单，以及每个市镇的需求清单和行动计划，以提高其接纳新定居者的能力，并鼓励现有居民留下来。通过这种方式，他们建立了一个涉及西班牙阿拉贡地区的几个地方行动小组、当地志愿者、企业家和公民社会组织的网络。当地志愿者（100 人）的参与是该项目成功的关键，他们向居民提供有关就业、住房、互联网连接、通信网络和服务的信息。地方行动小组之间建立的网络促进了沟通，使项目的成果信息更容易传播和推广。

在意大利阿尔维托的特尔—科穆尼计划中，这种内部和外部参与者、边缘群体和当地志愿者之间的合作也发挥了作用。该项目旨在将当地人和移民团结起来，解决新移民和当地失业者遇到的一些社会问题。该项目是欧盟资金支持的一个更大的项目的一部分，是针对该特定地区的一系列问题而设立的，该地区是康米诺山谷的一个小社区，靠近两个来自非洲和中东的庇护者中心。当地社区正遭受着内陆农村地区的许多典型问题（如人口减少和老龄化），而移民社区在很大程度上缺乏动力，明显有被边缘化的风险。该项目的第一阶段涉及当地地方行动小组成立一家社会企业，该企业将吸纳越来越多的当地人和移民社区的参与者，旨在促进当地人和移民之间的融合。这种新形式的合作产生了重要的成果，如项目结束后，那些曾参加地方行动小组培训课程的参与者成立了文化协会（Rise Hub），这要归功于当地失业人员和移民在培训课程中获得的经验。通过与地方行动小组的密切合作，该协会已经成功地启动了各种中小型项目，这些项目"基于成员的知识，与其他涉及移民的项目相结合，并尝试创新的发展路径"。

其他类似项目或微型项目中的这类项目体现出的连续性，以及主要参与者（当地人和移民）发挥的重要作用，意味着社会创新取得了积极的成果，尤其是在提高社会包容性方面。另一个有趣的进展是，新定居者和当地居民之间以协会，甚至公私伙伴关系的形式建立起支持网络。

公共部门的参与主要集中在创业和就业方面。农村发展项目成功的另一个重要因素是教育机构的参与，正如特尔—科穆尼计划、"奶牛猫计划"和"驴奶的创新商机"项目所示。这些机构可以通过应用研究或为项目提供科学支持而做出直接贡献。总体而言，大学可以在这些过程中发挥更积极的作用。

其他群体，如当地商业协会，也可以通过支持企业家创业或提出创业计划来参与这一进程。最后，在持续财务支持以外，项目提议者的家庭也可以提供地方传统知识和经验等有价值的投入。这体现出部分项目能够建立复杂的网络来吸纳地方社区内外的个人、群体等不同行动者，而其他项目则只包含企业、家庭等相对简单的行动者。

一个典型的例子是来自意大利萨莫拉地区的"农夫莓果"项目。这一项目由一位年轻的女性农民发起，在一片小麦和大麦种植园区开辟黑莓种植园。通过这种方式，她开发了全新的产品品类，直接销售给消费者和水果店，从而增加了产业附加值。她的家庭通过提供有形基础设施和项目实施所需地块，从而为其提供了充分且重要的支持。这个简单的社会网络的建立同样涉及地方行动小组的工作，他们提供了重要建议（见图1）。

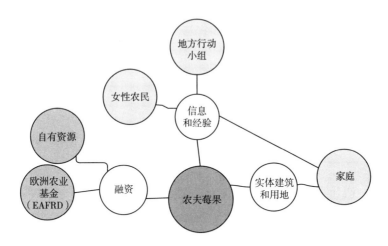

图1　个体企业主的小型项目的支持网络——以萨莫拉"农夫莓果"项目为例

在意大利的马尔凯大区也有一个类似的项目，名为"通过投资农场旅游使年轻女性农民的收入多样化"。这是一个小型的私人项目，由一位个体创业者根据自己的专业知识和经验发起，其目标是充分利用现有的资源。在这种情况下，地方行动小组主要提供财务支持。这种类型的项目在与其他参与者的互动和对整个社会的效益方面的连锁效应非常有限。另外，传统技能和经验、学术和科学知识以及现有的基础设施都是创立企业的基本支柱。

另一个目标完全不同、更加复杂的项目是"狼"计划。该项目的目标是试图调和当地社区成员之间存在的利益冲突。该项目旨在在欧盟仍有狼栖息的地区，尊重野生动物，特别是狼及其栖息地的同时，尽可能使其与人类的生产生活，尤其是畜牧业，和平共处。这个举措在很大程度上减少甚至消除了这一冲突。据地方行动小组的主要负责人说，农民和保护主义者现在可以就这种动物进行和平对话和公开讨论，而不再争吵不休。尽管狼仍然会袭击牲畜，但发生的频率较低，并且牧羊人的报复袭击也减少了，社交网络和关系得到了创建和改善。农民（农民工会）、森林所有者、地方当局、生态旅游企业和保护主义者（协会）的直接参与对项目取得成功起到了至关重要的作用（见图2）。

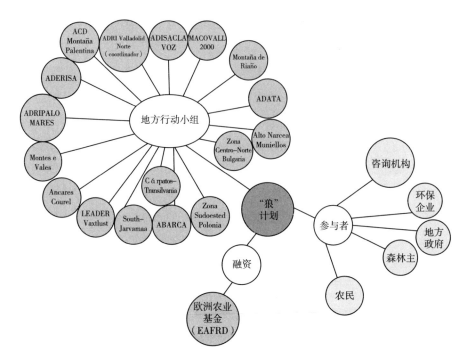

图2　"狼"计划的复杂网络

注：图中左上圆圈内为各地方行动小组。

"驴奶的创新商机"项目是由托斯卡纳的一个当地合作社与比萨大学兽医系合作推广的。该合作社的成员决定扩大他们的业务。项目的第一阶段是重新组织一个自然保护区内的老农场。之后，他们让该地区的地方议会参与进来，并开始了驴的养殖业务。该项目的后续阶段涉及其他各种参与者，特别是比萨大学。该大学已经在其他与环境和保护生物多样性有关的项目中进行了合作。"驴奶的创新商机"项目有三个主要阶段。最初的目标是生产高质量的奶产品，并通过引入不同的参与者来生产更多产品（奶酪、酸奶和化妆品）而逐步扩大。

在这两个项目中，主导者似乎都聚焦于解决一个具体的问题，提高地方资产，增强产品质量，并创造出有较高附加值的高品质品牌，而主要的行动者则是农民。

地方议会的参与、开展公私合作项目是这些案例的另一个共同特点。

此外，这些项目还有其他一些重要的共同特点，而这些特点在单个企业主推动的项目中并没有出现。这些特点包括网络的复杂性，以及公私部门参与者之间的伙伴关系。其他一些重要因素包括外部参与者（大学、移民、新定居者、青年提议者）和内部参与者（志愿者、市政当局、老年人、失业人员、企业家）的结合；包容边缘或被排斥的群体（年轻人、妇女、失业人员、农民、老年人和移民）；当地居民和农民的积极参与；由于这些初始项目而形成的新网络（协会、企业家之间或不同利益相关者之间的合作，如农民和生态学家与大学之间的合作），并扩展到其他农村地区；促进者（地方行动小组）和当地领导者（市长、企业家、有远见的人）的关键角色；这些项目与其他目标相似或互补的项目之间的长期协同关系；等等。

（二）社会创新的本质及其附加值

通过新内生的农村发展项目，建立网络和地区间合作伙伴关系可以增加地域资本的价值。地方行动小组可以与其他参与者（如当地政府、企业家和协会）单独或协调合作，改善和增强内生性资产，如为其提供竞争优势。它们还可以帮助实现发展目标并加强地区身份认同。此外，大量和多样化的参与者、网络和目标的结合可以使创新更加复杂多元，这也是 LEADER 项目的另一个特点。

最重要和最典型的创新类型是那些与创造和促进社会资本有关的创新，这是实施这类项目的主要原因之一。事实上，这些举措的主要目标包括知识推广、社会包容、解决冲突、维持年轻人尤其是女性人口数量、建立内部和外部行为者之间的网络，以及支持社会中的弱势群体。其他类型的创新虽然也很重要，但往往只是起次要作用。

为了确定这些项目的创新内容，与新内生方法相适应，我们建立了各种社会创新指标（见表 2）。获得社会创新指标最多的项目，其典型特征是吸引并逐步纳入项目中各种不同的参与者。地方社区在整个过程中发挥了积极作用。在社会创新指标方面，标志着不同项目之间明显区别的关键因素似乎不是（简单或复杂的）网络的类型，而是地方社区参与项目的程度。地方社区的参与和支持有助于推动项目，并为其构建一个发展和演进的框架。当地居民的充分参与是确保这些经验成功推广和巩固的必要条件。它也是地方赋权的源泉，是地方居民与所在地之间建立联系的重要途径。这有助于发展地区认同，建立人与居住地间的联系，以及对农村地区的承诺和纽带；简而言之，这些项目使人们能够继续在农村地区生活。地方参与最重要的好处之一是改变当地居民区的心态（区分"本地人"和"外来者"），赋予他们对未来的希望和信心。这些投入在其他类型的政策和项目中是极难获得的。地方行动者的参与，以及社会资本的改善产生了一种新的协调和组织形式，这在其他类型的项目中是很少见的。例如，LEADER 项目与最近在农业、林业和粮食领域由创新和运营团队/项目开展的项目显著不同，后者由不同类型的利益相关者（农民、农业食品工业、公共和私人研究中心、技术中心等）组成，旨在实现技术和/或可持续创新，解决问题或利用机会。在这些项目中，行业方法、高科技、科学和研究以及对经济因素的优先考虑往往会降低其他社会、地区和全球影响。

当地居民被视为主要受益者，并且他们之间具备一套实用、多样的技能和经验，可以形成复杂的网络，涉及各种参与者之间的新形式合作、知识和技能交流以及组织和人员参与决策过程的新方式（如农村共享办公空间、"独家"计划和"驴奶的创新商机"）。在比较简单的网络（如由个体私营企业家经营的网络）中，当地人只是间接地从项目中受益，这些项目主要强调以下要素：基于个人经验和当地传统知识的创新、项目提议者的心态变化，以及主要旨在获得新产品或服务的创新（如萨莫拉"农夫莓果"、"通过投资农场旅游使年轻女性农民的收入多样化"）。

LEADER 项目中隐形而关键的组成部分包括：通过集体学习以共同解决问题；提高人们参与文化互动和交流的能力；促进各方合作；开发识别和充分利用地方资源的新工具和方法；创新组织方式，将人们纳入决策过程；建立新的合作和合作形式；以及追求共同目标的社会团体。其中，许多项目有一个共同的决定性因素，即当地居民和处于边缘化和排斥风险中的人的积极参与。它们还有助于创造新形式的对话和共识，解决地方冲突所需要的信任，更好地了解问题并共同解决问题（如"狼"计划、"生机乡村"、特尔—科穆尼计划）。这些价值在大多数情况下很难通过其他类型的政策培养，并且很难进行衡量和评估。

在"狼"计划的案例中，引入了新的对话和共识形式，以帮助解决地方冲突。通过参与性工具，如研讨会、会议、辩论和活动，所有相关方都参与其中，同时开展一系列环境培训课程，从而实现了这一目标。

从西班牙和意大利的经验可以发现，地方行动组织发挥着核心作用，提供了必要的支持，但其作用仍然需要加强。另外，消除与基础设施有关的障碍和瓶颈也很重要。另一个必须考虑的因素是，当地居民往往被赋予边缘化的角色。他们常被视为干预措施的被动受益者，而很少被视为能够积极参与和合作、做出重要贡献的活跃分子。在后一种情况下，当地人的参与往往有助于保证项目的有效性和持久性，通过在初期阶段的参与，当地人能有效地提供资金帮助、志愿工作和进行知识分享。

总之，社会创新的复杂程度和项目提供的附加值取决于企业家类型，以及他们与其他利益相关者建立的网络。在地方行动小组的案例中，这些网络以公私合作伙伴关系的形式出现，有时与其他地方行动小组（或跨国合作小组）合作（如"奶牛猫计划"、"狼"计划、特尔—科穆尼计划），有时与其他利益相关者合作（如"生机乡村"）。这些项目几乎具备所有社会创新指标。对于"驴奶的创新商机"项目，内部（合作社）和外部（大学）参与者之间的合作产生了非常显著的社会创新成果。相比之下，由个人企业家开展的项目（如萨莫拉"农夫莓果"、"通过投资农场旅游使年轻女性农民的收入多样化"）获得的社会创新指标要少得多。然而，这些项目在增强地区认同和农业遗产方面可能有用，并且可以提升弱势群体参与知识交流和地方发展的能力（见表3）。

表3　　　　　　　　　　　本文所分析案例的社会创新因素

项目	社会创新因素（见表1中代码）
"奶牛猫计划"	1，2，3，4，5，6
"狼"计划	1，2，3，4，5，6，7
特尔—科穆尼计划	1，2，3，4，5，6，7
"生机乡村"	1，2，3，4，5，6，7
"驴奶的创新商机"	1，2，3，4，5，6
"独家"计划	1，3，4，5，6
萨莫拉"农夫莓果"	3，6
"通过投资农场旅游使年轻女性农民的收入多样化"	3，6

五、讨　论

本文的主要理论和实践结论及意义可归纳为以下几点：新内生的农村发展实践的产生需要外部知识和本地资源相结合，这对社会创新起到了至关重要的作用。此外，外生和内生的机制和规则影响着这些项目的质量，以及对社会创新的贡献的质量和数量。最后，烦琐的程序和自上而下的方法可能会减少社会创新项目的数量和影响力。

这些社会创新过程的成功和影响高度依赖于利益相关者建立的网络的复杂程度。因此，需要注意的是，在这些项目的实施阶段，需要大量的利益相关者的参与，而地方社区的高度参与对于项目的成功至关重要。此外，需要关注不同角色扮演者的不同作用：具有领导魅力和远见卓识的当地领导者，可以增强社区的意识；地方行动小组不仅作为公私合作伙伴关系，还可以作为技术和创新的技术人员，解决影响弱势群体的问题，创造学习空间或在不同问题和流程中进行调解；第三部门产生了更广泛的利益，超出了纯经济范畴。此外，需要注意的是，由小型私营企业主推动的项目在社会创新方面的成果较小且有限。

创新源于社区的具体需求，并且必须由社区来解决，社区的期望程度将决定这些社会创新的程度。这些项目的贡献、影响和效果比参与的利益相关者更为重要，而这些方面往往难以衡量和评估，如尊严、差异和团结。社会创新加强了农村发展实践、社区和农村社会的社会维度，提升了其福祉。

这些项目最重要的方面是，它们可以引导社会变革和可持续发展。因此，最显著和典型的创新类型是与社会资本的创建和促进相关的创新。此外，这种方法的必要性、社会创新项目的多样性、增加的价值、内部和外部利益相关者，以及当地社区面对深层农村地区的挑战和问题的承诺都是非常重要的。然而，LEADER 方法仍需要加强，这种方法还不足以解决这些领域的问题。

在我们的比较研究中，我们从项目对社会创新的贡献角度进行了分析，得出了几个关键点。

第一，根据定义，社会创新意味着新形式的公民参与、生活质量的改善、弱势群体的赋权，有时甚至意味着社会变革。在本文分析的所有项目中，至少有一些共享了这些组成部分，如特尔—科穆尼计划、"生机乡村"、"狼"计划、"奶牛猫计划"、"驴奶的创新商机"、萨莫拉"农夫莓果"，以及"通过投资农场旅游使年轻女性农民的收入多样化"。然而，社会创新过程的影响在很大程度上取决于利益相关者所建立网络的复杂程度，以及项目所提供的附加值和社会变革。

　　第二，创新源自一种特定的需求或紧急情况，而这种需求或紧急情况是由参与其中的人们共同分享和解决的（如特尔—科穆尼计划、"生机乡村"）。人们对社区需求的愿望必然会影响这些社会创新过程的根本性和深远性。

　　第三，提议者、当地领导者和有远见的人在其中发挥着至关重要的作用。他们深入了解当地的情况，并能够唤起社区的意识，往往能够减少当地的冲突（如"狼"计划）。另一个重要因素是提议者、LAG 成员的能力，这能够积极地创建协同网络（如"奶牛猫计划"和"狼"计划）。决策者强调需要不断共同创造知识，交流和展开对农村发展的批判性讨论；以及需要采用自下而上的框架来激励并鼓励居民参与。为了理解创新的性质和效果，应准确记录项目实施前后的当地情况，并留意所有的变化。在这方面，地方行动小组应发挥决定性的作用。

　　第四，社会创新强化了社区的社会维度和农村社会的福祉。这表现为社区（当地居民，有时包括其他处于边缘化风险中的人）积极参与农村发展项目（如"奶牛猫计划"、特尔—科穆尼计划），提供全面支持。在"独家"计划、特尔—科穆尼计划等案例中，第三部门通过创建合作社或协会发挥了主导作用，作为促进合作和支持弱势群体的工具，这是诺德伯格（Nordberg）等提出的推动社会创新的四重螺旋的一个例子。因此，这些项目取得成功的关键因素是当地社区的参与。LEADER 方法在减少农村差距方面发挥了重要作用。此外，在诸如萨莫拉"农夫莓果"等案例中，LEADER 方法在使妇女成为企业家方面起到了决定性的作用。它还凸显了将年轻人纳入农村发展战略的必要性。

　　第五，不同参与者之间尝试并测试了新形式的合作，增加并改善了他们的集体知识。在许多情况下，这些参与者的背景不同，当他们共享的对当地情况的专业知识在得到适当利用和引导时可以成为重要的资源（如"驴奶的创新商机"）。根据达克斯（Dax，2021）的观点，强调将外部知识系统提供的经验与当地资源和资产的独特性相结合，可能对长期激励和社会变革做出决定性的贡献。显然，这需要大学和教育机构的参与，正如诺德伯格和维尔克拉（Nordberg and Virkkla，2020）所指出的那样（如"驴奶的创新商机"）。

　　此外，如诺伊梅尔（Neumeier，2017）所说，项目的实施阶段需要更多的利益相关者，当一组参与者聚集在一起形成一个共同利益网络时，他们交流想法、专业知识、技能和新的经验教训（如"生机乡村"和"驴奶的创新商机"）。从社会创新的角度来看，这个网络的复杂程度将不可避免地影响其贡献的程度。

此外，在农村地区，对社会创新的接纳过程更长，并且通过类似或新的举措来保持其提案、目标和观点的连续性。社会冲突会随着时间的推移逐渐消弭（如"狼"计划）。这可能是阻碍这些项目对农村社会做出更广泛贡献的主要障碍之一。

因此，对不同项目及其推动者进行比较可以清楚地显示地方行动小组在发挥强大社会作用方面的重要性：解决影响弱势群体的问题（特尔—科穆尼计划）；创建学习和解决共同问题的空间（"狼"计划）或教授 LEADER 方法；不同参与者和地区之间的交流（"生机乡村"）；在冲突中进行讨论和调解（"狼"计划）；为当地企业家提供关于本地资源或潜力的培训、指导和建议（萨莫拉"农夫莓果"）；在具有相似问题的农村地区之间建立网络和联系（"狼"计划）；促进成果的沟通和推广，这对于保持当地参与者对社会创新项目的持续参与至关重要。由私营企业家推动的项目往往具有更有限的行动范围，因此在社会创新方面的结果更为简单。

也许，在未来，应该进一步增强这些项目的社会创新贡献。这是地方行动组织的任务，它们可以在上下方需求之间进行调解。没有地方行动组织的支持，私人项目的雄心壮志将大为减弱，经济、社会和地区影响也将受到更大的限制。在社会创新方面，好处通常是定性的和无形的，而在社区参与方面，所需要的价值观很难通过其他政策灌输，并且难以轻易衡量或评估。这解释了为什么第三部门以社会企业（"独家"计划）的形式在农村发展中也能起到至关重要的作用，它们追求超越纯经济层面的、更广泛的利益。

这些项目可以鼓励并使人们在农村地区安居（萨莫拉"农夫莓果"）。我们还必须记住，正如达根和沙克史密斯（Dargan and Shucksmith，2008）所指出的，"项目阶级"（LAG 技术人员）（"狼"计划）和有魅力的地方领导者（"独家"计划）在这些创新网络中建立信任的重要角色。在某些情况下，项目本身旨在创建集体学习经验（如"狼"计划）。

LEADER 方法论作为一种混合的外生—内生发展模式，将国家和地区层面制定的规则与地方发展战略和非书面规则相结合，在地方层面上，这些特定项目（乍看之下并不总是最合适的）适应并遵循这些外部和内部规则。这些外生—内生机制通过结合本地和专家知识，对这些项目的社会创新贡献的质量和数量产生影响（如"驴奶的创新商机"）。显然，特定的农村环境既带来挑战，也提供解决方案，并影响最适合实现期望的社会创新结果的机制类型（"狼"计划，"生机乡村"，特尔—科穆尼计划）。最后，为了使社会创新项目取得成功，所有利益相关者的共同参与和责任至关重要。

　　总之，这些项目的贡献、影响和效果比参与项目的利益相关者更重要。有时，项目本身旨在创建集体学习过程（如"狼"计划或"驴奶的创新商机"）。其他无形的全球影响则围绕促进尊严（新的参与者、技能、思想）（如"独家"计划或萨莫拉"农夫莓果"）、差异（独特的身份和贡献）（如"狼"计划或"驴奶的创新商机"）、对话（合作行动）（如"狼"计划）、民主（由地方行动小组实现）（如"生机乡村"），以及信任（如"生机乡村"和特尔—科穆尼计划）。正如韦尔奇等（Vercher et al.，2022）所述，这些项目可以在某些农村地区实现可持续发展和社会变革。

六、结　论

　　本文对这些项目的分析揭示了利益相关者的角色、社会创新的不同形式，以及这些项目在受到人口流失、交通不便和物理条件困难的意大利和西班牙农村地区所提供的附加值等重要方面。

　　鉴于社会创新涉及对社会变革的追求、新形式的公民参与、生活质量的提高和/或弱势群体的赋权，在此分析的项目可以被归类为社会创新项目。然而，由私营企业家发起的项目似乎并未对整个农村社会产生更广泛、更普遍的影响。尽管如此，它们确实可以带来一些明显的好处，如包容弱势群体或改善地区认同感。

　　在这个意义上，网络的复杂性往往形成了公私合作的四重螺旋，而推动变革的（内部和外部）参与者的角色对于农村发展项目的成功至关重要，并可以为更复杂的创新过程铺平道路。地方行动组织，无论是单独工作还是与地方政府、企业家和协会等其他实体协调合作，都在利用和改善内生资产方面发挥着关键作用。这为其在追求特定社会和经济目标时带来了许多竞争优势。而取得成功的项目反过来又为新的网络和项目的发展提供了有利的土壤，使其能够茁壮成长。

参与项目的利益相关者多种多样、并包括当地居民，这种丰富的人员构成也可以带来复合多样的创新。创新是 LEADER 方法的又一个重要特点，也是 LEADER 作为"实验性社会实验室"的职能之一。LEADER 的核心是支持各种不同类型的创新，尤其是社会创新，以最大限度地利用当地的社会资本。

最成功的地方行动小组是那些协调不同利益相关者的努力以实现共同目标的组织。它们支持建立新的联系和网络，以及进行机构和集体学习，以更详细地了解共同问题；增强人们进行文化互动和交流的能力；找到减少社会冲突和解决弱势群体所面临问题的共同路径。它们还促进了新的组织方式，让人们参与决策，并在潜在的动态环境中引发新形式的合作。尽管新内生型农村发展的实际应用不一定涉及特定的行动来应对农村人口减少问题，但通过地方赋权，它在形式上做出了许多重要贡献，帮助解决这些地区面临的严重问题。

本文中出现的一个关键方面是，需要将当地社区纳入项目和过程中。在自上而下的农村发展战略中，往往缺乏当地社区的参与，它们往往被忽视或边缘化。然而，在 LEADER 方法中，当地社区的积极作用至关重要。这对项目的成功和长期延续至关重要，因为当地居民对当地资源、需求和潜力有更深入的认识。正如我们分析的项目所显示的，当地社区在提供传统技能、知识和经验方面起着基础性的作用。在许多情况下，它们还提供经济支持，作为项目发起人，推动真正的变革。

在这些经验中，LEADER 方法通过引发实质性的文化和社会变革增加了附加值。这反过来可以显著改变当地社区的观念和认知，使它们通过更深入了解本地资源来找到自己的发展道路。我们对具体项目的分析突出了识别和评估农村地区真实情况的重要性，主要途径包括鼓励当地行动者提升对整个社区需求和有用资源的意识和认知；有效地纳入尽可能广泛的、现有的或潜在的参与者，从而为农村地区发展提出不同的视角和愿景。要实现农村地区的积极发展，当地社区的包容、参与和合作不可或缺。决策权不应仅仅掌握在当地领导者的手中。

参 考 文 献

Ray, C. Neoendogenous rural development in the EU. In Handbook of Rural Studies; Cloke, P., Marsden, T., Mooney, P. H., Eds.; Sage: London, UK, 2006; pp. 278 – 290.

Marsden, T. Mobilities, vulnerabilities andsustainabilities. Sociol. Rural. 2009, 49, 113 – 131.

Moulaert, F.; Martinelli, E. S.; Gonzales, S. Towards alternative model (s) of local innovation. Urban Stud. 2005, 42, 1969 – 1990.

Navarro, F.; Labianca, M.; Cejudo, E.; De Rubertis, S.; Salento, A.; Maroto, J.; Belliggiano, A. Interpretations of innovation in rural development. The cases of LEADER projects in Lecce (Italy) and Granada (Spain) in 2007-2013 period. Eur. Countrys. 2018, 10, 107 – 126.

Ray, C. Culture Economies (Newcastle: Centre for Rural Economy, Newcastle University) 2001. Available online: http://www. ncl. ac. uk/media/wwwnclacuk/centreforruraleconomy/files/culture-economy. pdf (accessed on 14 April 2022).

Steiner, A.; Calò, F.; Shucksmith, M. Rurality and social innovation processes and outcomes: A realist evaluation of rural social enterprise activities. J. Rural Stud. 2021, in press.

Barke, M.; Newton, M. The EU LEADER initiative and endogenous rural development: The application of the programme in two rural areas of Andalusia, Southern Spain. J. Rural Stud. 1997, 13, 319 – 341.

Dax, T. Development of mountains regions: Smart specialization approaches as a means of overcoming peripheralization. In Strategic Approaches to Regional Development, Smart Experimentation in Less Favoured Regions; Kristensen, I., Dubois, A., Teräs, J., Eds.; Routledge: Abingdon, UK, 2019; pp. 52 – 67.

ENRD-European Network for Rural Development (2019), Priority & Focus Area Summaries. Available online: https://enrd. ec. europa. eu/policy-in-885action/

rural-development-policy-figures/priority-focus-area-886summaries_en （accessed on 25 October 2019）.

Navarro, F.; Woods, M.; Cejudo, E. The LEADER Initiative has been a victim of its own success. The decline of the bottom-up approach in rural development programmes. The cases of Wales and Andalusia. Sociol. Rural. 2016, 56, 270 – 288.

Chen, H.; Knierim, A.; Bock, B. The emergence of social innovation in rural revitalization practices: A comparative case study from Taiwan. J. Rural Stud. 2022, in press.

Dax, T. Enhancing local development through trans-regional cooperation: Lessons from long-term practice of the LEADER concept. TERRA Rev. Desarro. Local 2021, 310 – 331.

Esparcia, J. The LEADER programme and the rise of rural development in Spain. Sociol. Rural. 2000, 40, 200 – 207.

Neumeier, S. Social innovation in rural development: Identifying the key factors of success. Geogr. J. 2017, 183, 34 – 46.

Dargan, L.; Shucksmith, M. LEADER and innovation. Sociol. Rural. 2008, 48, 274 – 291.

Nemes, G.; High, C.; Augustyn, A. Beyond the New Rural Paradigm. Project state and collective reflexive agency. In Territorial Cohesion in Rural Europe. The Relational Turn in Rural Development; Copus, A., de Lima, F., Eds.; Routledge: Oxfordshire, UK, 2015; pp. 212 – 235.

Cejudo, E.; Navarro, F. Neoendogenous Development in European Rural Areas. In Results and Lessons; Springer: Cham, Switzerland, 2020; p. 313.

García-Arias, M.; Tolón-Becerra, A.; Lastra-Bravo, X.; Torres-Parejo, U. The out-migration of young people from a region of the "Empty Spain": Between a constant slump cycle and a pending innovation spiral. J. Rural Stud. 2021, 87, 314 – 326.

Neumeier, S. Why do social innovations in rural development matter and should they be considered more seriously in rural development research? – Proposal for a stronger focus on social innovations in rural development research. Sociol. Rural.

2012, 52, 48 – 69.

Vercher, N. ; Bosworth, G. ; Esparcia, J. Developing a framework for radical and incremental social innovation in rural areas. J. Rural Stud. 2022, in press.

Moulaert, F. ; Mehmood, A. ; MacCallum, D. ; Leubolt, B. Social Innovation as a Trigger for Transformations – The Role of Research; European Commission: Brussels, Belgium, 2017.

Labianca, M. ; De Rubertis, S. ; Belliggiano, A. ; Salento, A. ; Navarro, F. Social Innovation, Territorial Capital and LEADER Experiences in Andalusia (Spain) and in Molise (Italy). In Neoendogenous Development in European Rural Areas. Results and Lessons; Cejudo, E. , Navarro, F. , Eds. ; Springer: Dordrecht, The Netherlands, 2020; pp. 111 – 131.

European Union. Guide to Social Innovation, Bruxelles. 2013. Available online: https: //ec. europa. eu (accessed on 31 January 2022).

European Commission, Communication from the Commission to the European Parliament, the Council, the European Economic and Social Committee and the Committee of the regions, The Future of Food and Farming. 2017. Available online: https: //eur-lex. europa. eu/legal-content/EN/TXT/PDF/? uri = CELEX: 52017DC 0713&from = IT (accessed on 31 January 2022).

Organisation for Economic Co-Operation and Development/European Communities. Oslo Manual. Guidelines for Collecting and Interpreting Innovation Data; OECD: Oslo, Norway, 2005.

Esparcia, J. Innovative and networks in rural areas. An analysis from European innovative projects. J. Rural Stud. 2014, 34, 1 – 14.

Nordberg, K. ; Mariussen, A. ; Virkkala, S. Community-driven social innovation and quadruple helix coordination in rural development. Case study on LEADER group Aktion Österbotten. J. Rural Stud. 2020, 79, 157 – 168.

Dax, T. ; Strahl, W. ; Kirwan, J. ; Maye, D. The Leader programme 2007-2013: Enabling or disabling social innovation and neo-endogenous development? Insights from Austria and Ireland. Eur. Urban Reg. Stud. 2016, 23, 56 – 68.

Thuessen, A. ; Nielsen, N. A Territorial Perspective On Eu'S Leader Approach In Denmark: The Added Value of Community-Led Local Development of Rural and Coastal Areas In A Multi-Level Governance Settings. Eur. Countrys. 2014, 6, 307 – 326.

ENRD. Projects & Practice: Pueblos Vivos – Living Villages. Available online: https://enrd. ec. europa. eu/projects-practice/pueblos-vivos-living-villages_en（accessed on 27 February 2022）.

February ENRD, Projects & Practice: Cowocat Project. Available online: https://enrd. ec. europa. eu/projects-practice/cowocatrural-promoting-coworking-rural-catalonia_en（accessed on 31 January 2022）.

ENRD. Projects & Practice: Agroberry – Original from Zamora. Available online: https://enrd. ec. europa. eu/projects-practice/agroberry-original-zamora _ en（accessed on 27 February 2022）.

ENRD. Projects & Practice: Diversifying a Young Female Farmer's Income by Investing in Farm Tourism. Available online: https://enrd. ec. europa. eu/projects-practice/diversifying-young-female-farmers-income-investing-farm-tourism _ en（accessed on 27 February 2022）.

ENRD. Projects & Practice: Innovative Business Opportunities from Donkey Milk. Available online: https://enrd. ec. europa. eu/projects-practice/innovative-business-opportunities-donkey-milk_en（accessed on 27 February 2022）.

ENRD. Projects & Practice: Wolf Project. Available online: https://enrd. ec. europa. eu/projects-practice/wolf_en（accessed on 30 December 2020）.

ENRD. Projects & Practice: Terre & Comuni. Available online: https://enrd. ec. europa. eu/projects-practice/terre-comuni_en（accessed on 27 February 2022）.

Gkartzios, M.; Lowe, P. Revisiting Neo-Endogenous Rural Development. In The Routledge Companion to Rural Planning; Scott, M., Gallent, N., Gkartzios, M., Eds.; Routledge: New York, NY, USA, 2019.

Müller, O.; Sutter, O.; Wohlgemuth, S. Everyday negotiations of the European Union's Rural Development Programme LEADER in Germany. Anthropol. J. Eur. Cult. 2019, 28, 45 – 65.

Barlagne, C.; Melnykovych, M.; Miller, D.; Hewitt, R. J.; Secco, L.;

Pisani, E. ; Nijnik, M. What Are the Impacts of Social Innovation? A Synthetic Review and Case Study of Community Forestry in the Scottish Highlands. Sustainability 2021, 13, 4359.

Opria, A. ; Rosu, L. ; Iatu, C. LEADER Program – An Inclusive or Selective Instrument for the Development of Rural Space in Romania? Sustainability 2021, 13, 12187.

Furmankiewicz, M. ; Janc, K. ; Macken-Walsh, A. The impact of EU governance and rural development policy on the development of the third sector in rural Poland: A nation-wide analysis. J. Rural Stud. 2016, 43, 225 – 234.

Nicolás, C. ; García, C. ; Manzanares, A. ; Riquelme, P. LEADER una política para la dinamización del emprendimiento rural femenino en Murcia. Convergencia 2021, 28, 1 – 36.

Sarkki, S. ; Torre, C. D. ; Fransala, J. ; Živojinović, I. ; Ludvig, A. ; Górriz-Mifsud, E. ; Melnykovych, M. ; Sfeir, P. R. ; Arbia, L. ; Bengoumi, M. ; et al. Reconstructive Social Innovation Cycles in Women-Led Initiatives in Rural Areas. Sustainability 2021, 13, 1231.

改变农村农业生计[*]

——印度国家农村生计计划

安贾尼·库马尔·辛格、阿琳娜·雷尼塔·平托、

帕拉姆维尔·辛格、阿洛克·德

在印度，农业部门提供的就业岗位最多，全印度50%以上的劳动力能够在农业部门直接就业。拥有不到2公顷土地的小农和边际农民（marginal farmer）占所有劳动力的86%，这反映了土地高度分散和规模经济低的特点。① 其中，只有41%的农民能够从国有和民营银行获得正规信贷。② 主流的推广和农业扶持服务的对象并不是这些农民，因此抑制了他们获得改良生产技术和投入的能力。所有农产品中只有12%出售给了合作社和其他有组织的采购渠道，这使得绝大多数小农依赖复杂、不可预测且往往具有剥削性的中介市场。对于占印度农业劳动力人口近43%的农村妇女来说，情况更加复杂。《2017～2018年经济调查》指出，印度农业日益女性化，特别是在大量人口从农村流向城市的低收入邦，这种现象更加普遍。因此，越来越多的农村妇女成为庄稼人、企业主和劳动者。由于土地所有权有限，这些妇女面临难以获得信贷的巨大困难，现有的推广系统不足以让她们获得信贷。农村妇女仅占Krishi Vigyan Kendras（旨在传播新的农业技术和生产方法的主要机构）培训的所有人员的28%。③ DAY-NRLM农村生计战略就是在这一背景下发展起来的，目的是利用该计划的社会基础设施，动员6 800万个家庭加入完全由妇女组成的自助团体和更高级别的联合会，以便对小农进行密集的且有针对性的能力建设，并简化获得信贷的途径，以满足农业需求。该计划采用分阶段的方法来培养家庭能力，首

---

* 本文源自世界银行开放知识库：http://hdl.handle.net/10986/34726。

① 参见《2015～2016年农业普查》。

② 参见《公共部门预付款年度回报（2015～2016年）》。

③ 参见ICAR。

先重点加强和稳定现有生计，然后推动他们获得多样化的维持生计的能力。

截至 2020 年 3 月，有 630 万小农受益于提高生产力和改善自然资源管理做法的咨询服务。DAY-NRLM 农村生计主要涉及农业、畜牧业和非木材林产品（NTFP），通过包括 Mahila Kisan Sashaktikaran Pariyojna（MKSP）、全国农村生计项目（NRLP）以及可持续生计与适应气候变化（SLACC）在内的一系列计划给予支持。多年来，DAY-NRLM 计划下的农村生计战略已从最初的重点通过改进投入和生产方法来提高生产力，发展成为一套针对农业价值链多个切入点的干预措施。①

一、干预：能力建设和实施架构

DAY-NRLM 是一个大规模的生计支持计划，通过一个强大的三层能力建设架构，与印度全国 34 个邦和联邦属地合作，以确保高质量的培训和技术援助支持。

在村一级，组建以社区为基础的推广系统，由 50 000 多名当地社区资源专员（其中大多数是妇女）组成，为小农提供商品价值链各个方面的培训、实地示范和技术援助。根据所提供的支持，他们被划分到农业部门、畜牧业部门和非农业部门。这些社区资源专员填补了田间推广方面的空白，并且能够在经济上动员农民加入生产者团体。社区资源专员通常配备了现代技术工具，包括手持投影仪和移动应用程序，以进行视频形式的培训，并创作反映当地农民最佳实践的内容。在邦一级，所有邦农村生计计划都得到了邦资源专员的支持，包括邦生计小组的高级成员、MKSP 的工作人员、非政府组织伙伴和邦农村生计计划的个人顾问。邦资源专员是相关领域的专家，经过正式培训和认证，能够通过高质量的技术援助，实施维持农业生计的干预措施。截至 2020 年 3 月，608 名邦资源专员（309 名在可持续农业领域，299 名在牲畜领域）已经得到鉴定、培训和认证。

---

①　这些计划支持提高生产力，提供推广服务和发展价值链，以改善市场准入，将其作为干预的优先领域，同时通过价值链中的企业机会支持生计多样化。

在国家一级，90 名国家资源专员被选中参与 DAY-NRLM 计划并接受培训，以向各邦提供技术支持。这些国家资源专员在农业生态实践、畜牧业、非木材林产品附加值和基于市场的价值链方面拥有专业技术和实施经验。他们可以通过国家农村发展研究所（NIRD），随时参与邦农村生计计划，提供规划生计干预措施、培训和能力建设、制定规程，以及确定和记录良好实践等服务。

农村发展部（MoRD）还设立了一个专门的农业价值链支持小组，以提供技术支持服务，并加强邦农村生计计划的规划和实施能力。这个小组正在发展成为一个卓越中心，以促进生产者所有的和以市场为中心的价值链企业的发展。它被定位为国家一级的一个自主的实体，并将继续向各种基层执行组织提供高质量的技术援助。

（一）变革理论：多种干预途径如何惠及农民

在 DAY-NRLM 下创建的社区组织生态系统，统一了各种干预途径。DAY-NRLM 的包容性动员协议保证了一个村庄中的大多数女性小农是自助团体成员，并且容易获得支持服务。自助团体简化了基层服务的渠道，并在简化获取信贷以满足季节性农业需求和通过土地租赁进行扩张方面发挥了重要作用。像 VO 和 CLF 这样的高级别联盟会利用政府项目的额外资源，同时管理诸如农具、工具库和专门的公共资产这样的社区级资源以实现团体自助。

小农户得到了 Krishi Sakhis、Pashu Sakhis 和 Van Mitras 的大力支持。这些资源专员加强了有关农业实践和资源保护技术培训，如作物改良、直接播种、免耕，以及非化学农药管理。这些小农被组织起来成立村级生产者小组，作为生产规划、采购改良投入品、联合培训和初级产品汇总的中心。在大规模聚集潜力巨大的地区，农民生产者组织以小农为股东发展起来。

改善获取信贷、投入品和推广服务的机会，使小农能够实现更高效和更有韧性的生产，并提高盈利能力。生产者小组主要负责村级农产品的初级汇总、分级和分类，并通过透明的价格捕捉系统实现更好的回报。农民生产组织主要负责在更大的市场和机构买家销售农产品或增值产品。这使得由农民组建的农民生产者组织能够获得批发市场和农场之间差价的更大份额，从而使得产品的单价更高。这些组织在专业农业企业管理方面得到邦和国家一级技术援助伙伴机构的支持，进而可以与机构买家建立联系。

（二）DAY-NRLM 下的计划流程：补充干预途径

DAY-NRLM 下的农业生计框架利用社区机构的生态系统，使小农能够更好地进行规划、生产和营销，以实现更高的价格、营养安全和生态韧性。在该计划范围内采取的综合干预途径包括通过邦行动计划的通用的农业生计干预，以及通过与市场挂钩的干预的农业价值链发展。

1. 通过各邦农村生计计划的年度行动计划，实施农业生计干预措施

在所有街区推广一套通用的基于农场的干预措施，以促进社会动员和金融包容性。各邦提交的年度行动计划可以在这些密集区域促进可持续农业、非木材林产品和牲畜饲养方面的干预措施，这些措施由社区资源专员实施。这些计划侧重于通过非化学虫害治理（NPM）的多元化作物模式来提高生产力、改善粮食和营养安全以及增加净收入。在部落地区支持基于非木材林产品的干预措施，以促进科学采摘、采后加工、增值和市场联接。在畜牧业部门，重点是通过向自助团体成员家庭提供上门推广服务，降低牲畜的发病率和死亡率。

2. MKSP

MKSP 于 2010～2011 年在 DAY-NRLM 框架下启动，专门支持农村妇女的技能发展。该计划最初是通过著名的非政府组织作为项目执行机构实施的，后来也鼓励邦农村生计计划将这些项目纳入 DAY-NRLM 的农业干预措施。该计划总支出为 117.4 亿卢比（约合 1.7 亿美元），对超过 360 万名农村妇女进行了培训和技能发展方面的指导。自启动以来，MKSP 在社区管理的可持续农业、非木材林产品和畜牧业领域为 81 个特定地点的项目提供了支持。

MKSP 最初的重点是提高生产力，多年来已经发展到通过发展生产者企业为农村妇女提供市场联系方面的支持。该计划支持在经济上动员农村妇女加入了 86 000 多个特定商品生产者团体和 118 个农民生产者组织。

3. 基于市场的农业价值链发展：NRLP 和 MKSP

DAY-NRLM 推出了一些干预措施，将重点从以生产为中心的农民能力建设扩展到通过提高小农户更好地参与农村市场体系的能力，以加强农业价值链。世界银行支持的全国农村生计项目（NRLP）和 MKSP 的价值链干预措施为提升生产者集体（即生产者团体和生产者企业）做出了重大贡献，使小农

和边际农村妇女能够以有竞争力的价格进入市场。

NRLP 的目标是在 DAY-NRLM 主要邦的选定区域集中实施该计划，并发展机构能力和社区资源，以便随后扩大推广，同时，设立了专门的融资窗口，以支持一系列商品的更高级别的价值链干预。

截至 2019 年 3 月，全国农村生计计划已支持了涵盖 254 000 名自助团体成员的价值链发展提案。干预措施的重点是通过蔬菜、乳制品、渔业和牧羊业、花卉栽培、芒果和生姜、腰果、山金车、罗望子、印度醋栗、印度枳、萨拉伊树胶和其他非木材林产品的生产企业来增加价值并加大市场联系。此外，通过一个名为 Udyog Mitra 的专门社区部门来支持价值链上农业企业的创业机会。

（三）新一代计划：构建具有韧性的价值链

1. 与 NDS 合作提升乳制品价值链

在全国乳制品发展服务局（NDS）的支持下，全国农村生计计划正在建立大型乳制品生产企业。在有组织的牛奶营销渠道渗透率较低的地区成立这些企业，通过竞争性、包容性和可持续的商业组织，支持奶农提升价格变现。到目前为止，全国农村生计计划已经启动了六个乳制品项目，目标覆盖超过 2 200 个村庄以及超过 114 000 个家庭，年总营业额为 65.4 亿卢比（约合 9 500 万美元）。截至 2018 年，该计划已将 3 家公司合并，涵盖来自 258 个村庄的 8 363 名生产者（66% 为自助团体成员），平均每天收集牛奶约 10 000 升。除了通过质量公平定价来支持奶农，这些企业还专注于落后的综合服务，如牛饲料供应、矿物混合物、品种改良和人工授精服务。

2. 有机集群的发展

有机农业被视为全国农村生计计划的农业干预和集群发展的下一个前沿领域，其重点是有机认证和市场渠道开发，以提高小农和边际农村妇女的利益。自助团体成员生产的有机产品的有机生产、采后管理、认证、增值和集体营销，是集群式方法的一部分。迄今为止，在该计划下 14 个邦的 548 个集群得到了当地动员的妇女生计团体的支持，这些团体在中央参与式保障系统（PGS）门户网站上进行了注册。

参与式保障系统计划使小农户和边际农民能够通过一个简单、分散的认证系统获得有机认证，旨在应对国内对高质量有机产品的需求。对于有足够能力的农民群体，该计划还设想为出口等级认证工作提供便利支持。

3. 可持续生计和适应气候变化（SLACC）

农村发展部通过全球环境基金的气候变化特别基金（SCCF）支持世界银行的"可持续生计和适应气候变化"的四年期项目。该试点项目旨在通过基于社区的干预措施，提高农村贫困人口对影响农业生计的气候变化的适应能力。此外，还实施了广泛的补充干预措施来支持气候韧性，包括替换为具有气候韧性的品种、资源保护技术（如直接播种水稻和免耕），以及生态服务（如社区管理的土壤测试实验室和自动气象站）。

在比哈尔邦和中央邦的 793 个村庄实施了 SLACC，通过社区机构将好的技术方法纳入主流，帮助 8 000 多名农民采用具有气候韧性的农业实践。根据这一倡议，当地社区和企业主对土壤健康检测中心、工具库和自动气象站的社区基础设施进行投资。一个由邦、地区官员、推广和农村服务提供者组成的 20 人小组已经接受了相关方面的培训，同时还开发和推出了气候变化适应规划工具包。

（四）与政府计划的融合

DAY-NRLM 的机构平台促进了针对小农或低收入家庭的几个政府项目的集中实施。这种共生安排能够更好地确定目标，同时引入额外的资源来支持项目本身的干预措施。鼓励所有邦农村生计计划与农村发展部门以及农业及其相关部门的其他计划达成伙伴关系。这方面的例子包括：（1）与圣雄甘地全国农村就业保障计划相结合，以发展生产性基础设施，支持在 DAY-NRLM 下推广的农业价值链；（2）与农业部合作，以发展社区管理的工具库和雇佣中心，提供小农无法获得的机械化服务；（3）与园林部合作，推广用于全年种植外来蔬菜的由社区管理的温室大棚，作为当地农民团体的培训收入来源。

专　栏

1. 通过自助团体平台改善营养

全国农村生计计划引入了"农业营养花园"（agrinutri gardens），作为一项以营养为重点的干预措施，支持营养粮食作物的供应，并加强所有自助团体家庭的粮食安全，包括那些无法获得大块土地的家庭。该措施支持对女性成员进行家庭一级的培训，以在任何可用空间开辟小"花园"进行种植。

2. 通过畜牧业提高收入和营养

认识到小型牲畜对小农户和无地农民的重要性，对家禽、小型反刍动物和牛的结构化干预措施已被纳入相关农业措施。重点是通过人工授精来改善品种，通过定期接种疫苗来降低牲畜的发病率和死亡率，通过在销售点引入数字称重秤来改善喂养和公平价格的支持。在乡村一级，16 097 名 Pashu Sakhis 作为一线推广人员，向自助团体成员家庭提供有关牲畜的有偿服务。

3. 通过定制雇佣中心减少困难

正在建立由社区管理的定制雇佣中心/工具库，以为自助团体女性成员及时提供农业设备。截至 2020 年 3 月，在 21 个邦建立了 11 426 个定制雇佣中心/工具库。在北方邦、比哈尔邦和恰尔肯德邦，正在通过与农业部的融合计划建立定制雇佣中心。

二、实施：伙伴关系和 DAY-NRLM 支持组织

DAY-NRLM 与不同生计次级部门的支持组织合作，以确保在实施这些举措时获得高质量的技术援助。这些组织在项目制定、实施支持，以及在对邦农村生计计划工作人员、社区资源专员和社区的培训和能力建设方面，为邦农村生计计划提供支持。这些伙伴关系的重点是向项目官员和社区专业人员有效传授知识，加强这些措施的可持续性。

三、经验教训和前进的道路

（一）与 DAY-NRLM 生态系统的整合

DAY-NRLM 的农业和畜牧业干预措施利用了农村家庭现成的机构基础。

分阶段引入生计支持的方法确保了这些社区机构在采取更高级别的举措之前达到了预期的社会凝聚力和获得了信贷能力。以妇女为基础的专门平台意味着该计划能够充分发掘女性小农的潜力，而迄今为止这一群体一直被忽视。

（二）从生产力到盈利

NRLM 的一揽子干预措施已经从一套主要以生产为重点的举措发展成为一套补充性干预途径，在价值链的各个层面提供支持，包括生产前规划、信贷和投入、农业推广、收获后管理、市场联系和增值。该计划的巨大规模使其能够在进行推广之前在不同的环境中进行快速试点。最初对提高生产力的干预措施的关注使各邦能够在项目和社区层面培养足够的内部能力，以可持续地管理这些干预措施。因此，接下来的干预措施的重点是加强小农户的市场能力。

（三）有效和可持续的同行学习系统

在 DAY-NRLM 下开发的、强大的、基于社区的推广系统已被证明是一个有效的和可持续的同行学习机制。专注于确定和培训女性成员作为社区资源专员，确保了能力建设支持惠及女性小农。当地最佳的数字推广系统的使用提高了培训内容的可信度。大多数邦正在转向推广服务的收费模式，为长期可持续性铺平道路。许多邦还成功地尝试将社区资源专员培养成农业服务创业者，以支持提供优质投入品，并促进农民生产者组织的聚合。同行学习方法也适用于邦农村生计计划，在 DAY-NRLM 的国家级机构的支持下，各邦之间可以相互学习。

（四）对内部能力发展的技术援助

全国农村生计计划大力强调引入高质量的技术援助和专业知识来支持这一国家计划。所有技术援助伙伴关系都侧重于建设长期的内部能力，以扩大和深化最初通过外部技术援助的支持。许多邦在通过技术援助伙伴建立初步能力后，成功地自行扩大了价值链。在国家一级，农业价值链被设定为遵循类似原则的自我维持实体。

（五）农民生产者组织是具有包容性的农业企业中介

全国农村生计计划下的农民生产者组织成功地展示了在获得更便宜的投入

品、提高议价能力并进入多样化市场方面的集体化的潜力。据观察，由小农组成的农民生产者组织通过洞悉农场与批发价格之间的价格差异，可使其产品单价更高，同时这也起到了纠正当地市场做法的效果，使现有中介机构采用更公平的市场做法与新机构进行竞争。

（六）建设可持续的扶贫农业企业

全国农村生计计划正在支持长期能力建设和培育大规模农民生产者组织。迄今为止的经验表明，这些组织对专业人力资源和业务流程有着强烈的需求，这些已被作为关键原则纳入该计划的政策中。农民生产者组织业务运营的长期融资渠道正在与 DAY-NRLM 生态系统整合，使该计划能够利用其在银行业的长期经验和信誉来可持续地支持这些新的企业组织。

（七）基于经验教训的变革方法

在实施 MKSP 和全国农村生计项目的经验教训的基础上，在世界银行的支持下，DAY-NRLM 现在正在实施全国农村经济转型项目，以便在农业、牲畜业和企业发展领域进行更高级别的干预。全国农村经济转型项目通过对专门的技术援助合作伙伴以及在村级动员生产者团体的投资，支持大规模生产者企业的发展。全国农村经济转型项目还将通过提供培训、启动资金和持续性的支持，大力支持农业价值链中的企业发展相关举措。

第三部分

全球化发展与减贫新机遇

外国直接投资对越南减贫的影响[*]

杜琼英、黎国会、阮青唐、武文安、庄兰洪、阮菊诗秋[**]

摘　要：在本研究中，笔者分析了外商直接投资（FDI）对越南减贫的空间效应。本文使用省级面板数据、固定效应回归和空间计量模型，实证研究了FDI对越南减贫的影响。研究发现，FDI对减贫不仅有直接影响，还通过影响人力资本间接促进了减贫。不过，FDI也会通过国际贸易间接加剧贫困。此外，空间计量模型的实证结果表明，FDI有助于越南各省减贫。最后，本研究对降低FDI对越南减贫的负面影响给出了一些政策建议。

关键词：外国直接投资；减贫；越南

一、引　言

经济发展的最终目标是为民众带来社会进步，为了实现经济发展，减贫目标始终被放在首位。为了实现这一目标，发展中国家需要利用国内外资源促进经济增长，增加人民收入，从而减少贫困。外商直接投资（FDI）在改善东道国的福利方面发挥着重要作用，这不仅有助于弥补资本短缺，而且也是转让新技术、提升新管理技术和技能、提高工人资质、促进经济增长、创造就业机会和增加东道国国家预算的渠道（Haddad and Harrison，1993；Markusen and Venables，1999）。

从理论和实证上看，大多数经济学家认为，FDI可以通过创造就业机会和

　＊　本文原文请参见：https：//doi. org/10. 3390/jrfm14070292。

　＊＊　作者简介：杜琼英（Quynh Anh Do）、黎国会（Quoc Hoi Le）、武文安（Van Anh Vu）、庄兰洪（Lan Huong Tran）均供职于越南国立经济大学经济学院。阮青唐（Thanh Duong Nguyen）供职于越南国立经济大学银行与金融学院。阮菊诗秋（Cuc Thi Thu Nguyen）供职于越南荣市大学经济学院。

传播知识对减贫产生积极影响，从而为经济增长做出贡献（Gohou and Soumare，2012；Shamim et al.，2014；Fowowe and Shuaibu，2014；Soumare，2015）。然而，对这一问题人们看法不一。一些经济学家认为，经济增长（由FDI推动）不会减少贫困。如果伴随着日益严重的社会不平等，经济增长甚至会加剧贫困（Reuveny and Li，2003；Choi，2006；Basu and Guariglia，2007；Pham and Riedel，2019）。尽管关于 FDI 对世界减贫影响的研究有所增加，但其结果仍然没有定论。此外，当前关于 FDI 对越南减贫影响的研究数量仍然不足。

近年来，越南的贫困率显著下降，但降速缓慢，而再贫困率波动较大。此外，社会经济区域之间的减贫成效差距较大。具体而言，穷人仍然主要集中在农村地区和少数民族社区。这是减贫工作的难点所在，因此寻找更有效的方式来减少未来的贫困势在必行。FDI 被认为是一种有效的解决方案，它为经济发展贡献了大量资本，为工人创造了就业机会，提高了工人的收入，向国内企业传播了技术知识，增加了进出口，促进了经济增长和宏观经济稳定，扩大了国际投资合作，并最终推动了东道国与世界其他国家的一体化。在越南，关于FDI 与减贫之间关系的研究数量有限（Nguyen，2002；Hung，2006；Dat，2017）。此外，这些研究尚未表明在国际贸易和教育水平的调节作用下，FDI对减贫的影响。最后，FDI 对贫困的影响可能存在空间自相关，需要采用空间回归模型进行检验。传统的面板数据分析忽略了空间相关性的影响，导致结果可能存在偏差。据笔者所知，尚无研究通过应用空间回归模型来关注 FDI 对减贫的影响。因此，本文将重点填补这一研究空白。

在本研究中，笔者重点分析了 FDI 对越南减贫的影响。首先，本文提出了一个理论模型来描述 FDI 对贫困的影响。其次，本研究选取了 2010～2016 年越南 63 个省份的面板数据，通过进行固定效应回归和空间计量经济模型回归，分析了 FDI 对于贫困的影响。此外，本文还研究了在教育和国际贸易的调节作用下，FDI 与减贫之间的关系。最后，通过应用固定效应回归和空间计量经济模型回归，本研究发现 FDI 有助于减少越南的贫困。本文还发现，就国际贸易和越南东道省份的教育水平而言，FDI 对减贫的影响存在差异。除 FDI 外，研究表明，经济发展水平、贸易开放度、人力资本和通货膨胀也是越南减贫的重要决定因素。

本文分为六个部分，分别是引言；文献综述；越南案例；计量分析；实证结果与讨论；结论和政策影响。

二、文献综述

根据有关 FDI 对减贫的影响的研究，FDI 可以对减贫产生积极或消极的影响，甚至不会对减贫产生影响。关于 FDI 减贫作用的理论和实证研究可分为以下两个方面：

（一） FDI 对减贫有积极影响

根据邓宁（Dunning，1993）的 "OLI" 理论框架（OLI 指所有权、位置和内部化），由于跨国公司的所有权优势，通过 FDI 能将发达国家公司的资本、技术和其他无形资产带到发展中国家。因此，FDI 不仅能通过增长和经济发展促进减贫，还能通过影响发展中国家的就业和工资结构对贫困产生影响。此外，FDI 能够通过创造就业机会和资本形成、技术转让和知识传播来刺激发展中国家的增长。这些效益随后会惠及整个经济。从理论上讲，本研究还指出了 FDI 对减贫产生影响的渠道。

首先，如果 FDI 为大量低收入非技术工人或穷人创造就业机会，那么 FDI 将能够有助于减少贫困。在发展中国家，FDI 创造的就业机会数量变得很重要，因为这些国家拥有大量剩余劳动力。根据 Heckscher-Ohlin 模型（1991），为了利用非熟练劳动力相对较多的发展中国家丰富的生产要素，FDI 将集中在这些国家主要使用非熟练劳动的领域（Lee and Vivarelli，2006；Ucal et al.，2014）。因此，FDI 将导致对非技术工人的需求增加，这不仅将为失业工人创造机会获得收入，而且与发展中国家熟练劳动力相比，还将提高非熟练劳动力的工资水平。因此，通过直接渠道，FDI 可以对减贫产生积极影响。

其次，FDI 可以通过经济增长影响东道国的减贫进程。经济增长有助于创造更多的就业机会，增加整个社会的支出。没有经济增长，各国就无法提高人民的生活水平和收入。在发展中国家，当缺乏为其发展所需积累足够的资本时，FDI 就成为整个社会总投资中的主要资本来源。理论和实践研究都表明，

FDI 通过为经济体提供关键资源，如资本、技术和管理技能，对经济增长产生了积极影响（Alfaro et al.，2006；Carkovic and Levine，2002）。另外，增长是减贫的必要条件，因为增长往往会提高穷人的收入，同时增加整个经济体的收入（Dollar and Kraay，2002）。

克莱因等（Klein et al.，2001）认为，FDI 促进了发展中国家的经济增长，而经济增长是减贫最重要的渠道。FDI 为国家提供了税收来源，这有助于政府拥有更多资源来支持减贫项目。这些研究表明，FDI 是发达国家向发展中国家转移知识、技能和管理经验的重要途径，可以提高发展中国家的劳动生产率，为这些国家的增长和经济发展做出巨大贡献。因此，通过经济增长，FDI 有望对减贫产生积极影响。

最后，FDI 可以对东道国的减贫产生正向的空间溢出效应。由于其具有所有权优势，FDI 能够产生跨区域的知识的正向溢出效应，从而促进整个国家的经济增长。第一，FDI 刺激了地区之间的劳动力流动，因此一个地区的跨国公司雇用和培训的员工可以为其他地区的当地企业带来知识（Du et al.，2005；Fosfuri et al.，2001；Holger and Strobl，2005）。第二，FDI 可以与其他地区的企业发展前向和后向产业联系，从而为其他地区的企业通过供应链中的联系扩大规模和提高生产力提供机会（Chen et al.，2013；Javorcik，2004；Kugler，2006；Liu，2008）。因此，当 FDI 对经济增长产生积极的空间影响时，它将有助于其他领域的减贫。

基于上述理论，大量实证研究发现，FDI 对减贫具有积极影响。米尔扎等（Mirza et al.，2003）、莫德（Mold，2004）、卡尔沃和赫南德斯（Calvo and Hernnandez，2006）、戈霍和苏马雷（Gohou and Soumare，2012）、马哈茂德和乔杜里（Mahmood and Chaudhary，2012）、伊斯立（Israel，2014）、沙米等（Shamim et al.，2014）、福沃维和舒埃布（Fowowe and Shuaibu，2014）、乌卡勒等（Ucal et al.，2014）、苏马雷（Soumare，2015）、乌塔马（Uttama，2015）和加尼奇（Ganic，2019）进行了一些典型的实证研究。

卡尔沃和赫南德斯（Calvo and Hernnandez，2006）运用20世纪90年代15个拉丁美洲国家（包括墨西哥）的数据进行研究得出，FDI 将不仅通过间接渠道（经济增长）对减贫产生影响，还将通过直接渠道（创造就业机会）对减贫产生影响。利用来自15个拉丁美洲国家的数据，笔者指出，经济中缺乏投资资本是影响贫困的一个重要因素，因此，FDI 可以帮助减少贫困。政府应制定具体的减贫政策，而非采取低效政策来吸引 FDI 进入该国。

米尔扎等（Mirza et al.，2003）研究了区域化和 FDI 通过间接渠道（经济增长）及直接渠道（其他变量）对东盟国家贫困的影响。研究结果表明，高经济增长有助于减少贫困。虽然高经济增长对这些国家的减贫贡献率仅为 40%，但未来这一比例可能提高。研究还表明，FDI 有助于创造就业机会和提高人力资本，对这些国家的减贫贡献高达 60%。然而，研究没有表明哪些 FDI 部门将有助于创造更多的就业机会，从而更快地减少贫困。

莫德（Mold，2004）认为，FDI 在减贫中发挥着至关重要但复杂多维的作用。他还认为，经济增长可以消除贫困。利用来自 60 个发展中国家的数据，莫德得出了 FDI 与减贫之间存在着紧密联系这一最终结论。

加尼奇（Ganic，2019）评估了 2000～2015 年 12 个欧洲国家的 FDI 与减贫之间的关系。研究人员根据转型和转型后的类别，将欧洲国家分为两个区域，即西巴尔干地区和中欧地区。研究人员得出结论，在这两个区域，FDI 与减贫之间的关系都各不相同。在西巴尔干地区，FDI 对减贫有积极影响，而在中欧地区，这种影响是消极且不显著的。此外，研究结果证实了之前的一些假设，即 FDI 对西巴尔干地区新兴国家的减贫影响比中欧地区富裕国家更为显著。

在越南，大量关于 FDI 对减贫影响的研究表明，FDI 对于减贫有积极影响。阮（Nguyen，2002）指出，FDI 直接和间接地对减贫产生影响。他认为，从短期来看，FDI 能够促进增长，进而推动减贫。研究还表明，劳动密集型产业的 FDI 将有助于减少东道国的贫困。熊（Hung，2006）还指出，FDI 能够通过创造就业机会和从加强社会保障体系的 FDI 公司获得税收，直接对减贫产生影响。作为增长最重要的影响因素，FDI 也间接影响了减贫进程。

（二）FDI 对减贫有负面影响或没有重大影响

理论和实证研究表明了 FDI 可以通过哪些机制对减贫产生负面影响或没有重大影响。

第一，通过创造就业机会和工资，FDI 并不总是有助于减少东道国的贫困。在发展中国家，许多外国公司拥有密集的资本，因此它们没有为本国的非熟练工人创造多少就业机会。

此外，根据芬斯特拉和汉森（Feenstra and Hanson，1997）的一般贸易均衡模型理论，一些工作在一个国家被视为低技能工作，但在其他国家可能被认为是高技能工作。笔者认为，与东道国现有经济活动相比，FDI 需要技能较高的新经济活动，这意味着流入发展中国家的资本增加了对熟练劳动力的需求，而不是对低技能非熟练劳动力的需求。因此，当对熟练工人的需求增加时，非熟练工人将失业。在这种情况下，FDI 对减贫没有积极影响。

为了评估 FDI 对减贫的影响，当前已进行了许多实证研究。詹金斯（Jenkins，1986）通过其于 1985 年对南非跨国公司子公司进行的调查，提供了这方面的一些证据。调查显示，外国公司倾向于采用资本密集型生产方法和使用从其他国家进口的技术。博拉特和波斯威尔（Bhorat and Poswell，2003）还研究了新技术如何通过 FDI 的作用影响南非的劳动力市场。结果表明，技术变革会导致对熟练劳动力的需求增加。新技术为非熟练工人创造就业机会的能力很低。在南非，FDI 流入不太可能对就业产生积极影响，换言之，它们会导致短期失业。此外，FDI 在技术开发中的作用加剧了收入不平等。

米哈洛娃（Mihaylova，2015）还指出，虽然 FDI 最初可能会导致传统部门的工资上涨，但它很可能伴随着生产更为资本密集型的情况，导致传统部门失业率上升，从而致使贫困率上升。因此，在这种情况下，FDI 公司只招聘高技能工人，而非给非熟练工人创造就业机会，这会使得 FDI 对减贫产生负面影响。

第二，FDI 进入机会将影响东道国的经济结构转型（An and Yeh，2021）。FDI 相关企业往往投资于工业和服务业等有利可图的领域，利用受益于政府和地方当局的投资政策的行业。这将影响经济中各行业之间的收入不平等，并可能会导致经济部门和领域之间的不平衡。FDI 涉及较少的行业（如农业）的非熟练工人可能无法从 FDI 相关企业中受益，使得以农业为主的东道国因而无法减少贫困。

一些学者（如 Mohey-ud-din，2006；Huang et al.，2010；Ali et al.，2010）进行了实证研究，指出 FDI 对减贫有负面影响。这些研究的结果表明，FDI 流入会导致贫困加剧。此外，其他一些研究（如 Tsai and Huang，2007；Akinmulegun，2012；Ogunniyi and Igberi，2014）表明，FDI 对贫困没有显著影响。

总之，可以看出，关于 FDI 对减贫的直接影响的研究结果因国家/地区、贫困的代理变量、研究方法和研究周期而异。

三、越南案例

2010～2016 年，越南注册外商直接投资总额为 1 471 亿美元，实际使用外商直接投资总额为 863.05 亿美元。目前，有 135 个国家和地区在越南投资，其中，韩国是越南最大的合作伙伴，其次是日本、新加坡和中国台湾地区。除了带来经济利益外，通过推动越南民众与世界各地许多国家和地区的民众之间的互利合作，FDI 还对不同文化之间的交流产生了积极影响。

从图 1 可以看出，2010～2016 年由于国家对 FDI 的政策以及世界经济和政治形势，流入越南的 FDI 有所波动。2011 年，由于全球经济衰退和越南通货膨胀加剧，投资者信心下降，注册资本总额比 2010 年下降了 21.57%。2012～2016 年，FDI 项目数量和注册资本总额有所增加，但已实现资本与注册资本的比率仍然较低。

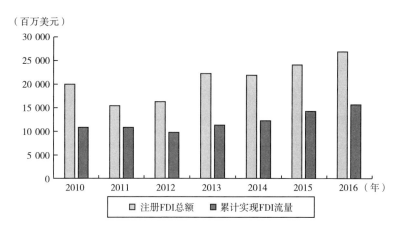

图 1　2010～2016 年越南的 FDI 流量

资料来源：越南国家统计局。

为了履行与世界贸易组织（WTO）的承诺，越南取消了对高出口率项目的奖励，FDI 企业不再被要求采用地方化利率和使用国内材料。因此，FDI 能够被投资于多个领域，包括石油和天然气勘探及开采、高科技生产、电气产品和电子产品、钢铁生产、纺织和服装生产，这些领域有助于经济增长，为居民创造更多就业机会和增加收入。

此外，FDI 在越南的重要特征之一是对国际贸易的积极影响。据越南海关总署、工业和贸易部统计，2016 年越南全国进出口总额达 3 507.43 亿美元，比 2010 年增加了 1 936.67 亿美元。值得注意的是，FDI 企业进出口总值达 1 289 亿美元，占越南全国进出口总额的 36.8%。特别是 FDI 企业在高科技部门（如计算机、电子产品）和一些传统出口产品（如纺织品、鞋类）领域具有很强的竞争力并起着主导作用。

皮革和鞋类 FDI 企业的出口占该行业出口的近 80%。即使在农业部门，FDI 相关企业在水产品、咖啡、蔬菜和胡椒方面的出口营业额最近也大幅增加，单个集团的出口额高达数亿美元。

根据越南国家统计局（GSO）的数据，从表 1 可以看出，采用一维方法的国家贫困家庭比例从 2010 年的 14.2% 迅速下降到 2016 年的 5.8%，平均每年下降 1.4%。总体而言，农村和城市地区的减贫趋势非常相似。2010~2016 年间农村地区的减贫成就尤其引人注目。在 2010 年，近 17.4% 的农村家庭陷入贫困，但到 2016 年，这一数字下降了至少一半（约 7.5%）。这是源于剩余贫困家庭中很大一部分为极端贫困，需要付出更多努力来支持这些家庭摆脱贫困。

表 1   2010~2016 年按政府贫困标准划分的城乡地区贫困家庭的比例   单位:%

地区	2010 年	2012 年	2014 年	2016 年
总计	14.2	11.1	8.4	5.8
城市地区	6.9	4.3	3.0	2.0
农村地区	17.4	14.1	10.8	7.5

资料来源：越南国家统计局。

四、计量分析

（一）实证模型

1. 基线模型

基于邓宁（Dunning，1993）的"OLI"框架、芬斯特拉和汉森（Feenstra

and Hanson，1997）的一般均衡贸易模型理论，以及之前的实证研究（如 Oguniyi and Igberi，2014；Huang et al.，2010；Mahmood and Chaudhary，2012），本文使用以下实证模型来估计 FDI 对越南减贫的影响：

$$
\begin{aligned}
Pov_{it} = \beta_0 + \beta_1.\ FDI_{it} + \beta_2.\ \mathrm{Ln}PGDP_{it} + \beta_3.\ Trade_{it} + \beta_4.\ HC_{it} \\
+ \beta_5.\ UNEM_{it} + \beta_6.\ CPI_{it} + c_i + \varepsilon_{it}
\end{aligned}
\tag{1}
$$

其中，i（$i=1$，2，…，63）和 t（$t=2010$，2011，…，2016）分别表示省份 i 和年份 t。

Pov_{it} 是根据第 t 年 i 省/市（以下简称省份）收入计算的贫困家庭比率。这是评估贫困和减贫的最常见和最一般的指标。贫困率是指处于贫困线以下的人口的百分比，用每个地区贫困人口总数与总人口的比率来衡量。

FDI_{it} 是第 t 年 i 省/市的 FDI 流量与 GDP 的比率。在研究 FDI 对减贫的影响时，FDI 存量和 FDI 流量是两种常用的衡量标准。FDI 流量可以直接反映 FDI 在给定时间如何进入特定区域，而存量数据可以揭示 FDI 与当地特征之间的关系（Galan et al.，2007）。另外，使用流量数据而不是存量数据的优点是可以规避因后者较高的持续性所引起的序列单位根问题。此外，使用静态模型更适合 FDI 流量，快速响应使其成为评估政策变化等协变量快速变化的有力措施。因此，在本研究中，笔者使用 FDI 年流入量作为自变量。

模型中与减贫相关的控制变量，其显著性在之前的研究中得到了验证，包括：

（1）关于发展水平，蔡（Tsai，1995），菲吉尼和戈格（Figini and Görg，2011）之前的研究建议使用人均 GDP 作为标准。该变量是衡量经济增长水平的最常见的指标。人均 GDP 的预期指标为正或负。一方面，如果每个人都不能平等地享受经济增长的成果，那么经济增长会导致一个国家的贫困加剧。另一方面，如果能够吸纳劳动力从而实现经济增长，以及有更好的收入分配政策，那么经济增长可以推动减贫。

变量 PGDP 是一个省份在第 t 年按 2010 年不变价格（百万越南盾/人）计算的人均 GDP。该变量是衡量经济发展和增长水平的最常见的指标，用于观察经济增长和发展对减贫的影响。

（2）理论和实证研究都表明，贸易能够影响贫困人口。根据温特斯

（Winters，2002）的研究，贸易开放通过商品价格的变化、影响市场和经济增长而对贫困产生影响。弗朗索瓦和纳尔逊（Francois and Nelson，2003）以及赫克歇尔等（Heckscher et al.，1991）的研究也表明了贸易的这一作用。他们认为，在非熟练工人占多数的国家，增加贸易可以减少贫困。另外，贸易可能会增加对熟练劳动力而不是非熟练劳动力的需求，从而导致贫困状况未得到改善（Feenstra and Hanson，1997；Te Velde，2003）。变量贸易是指第 t 年 i 省份贸易总额（包括进出口）占该省份 GDP 的百分比，从宏观角度反映了贸易开放程度（总出口和进口占 GDP 的百分比）。

（3）变量 HC 是指人力资本积累，它通过该省份的劳动质量反映出来。人力资本可以用许多不同的方式定义，如在校学生占总人口的比例、中学在校生占总人口的比例、高等教育在校生占中等教育在校生的比例、接受过培训的工人或教育投资的百分比。阿加瓦尔等（Agarwal et al.，2015）使用经典线性回归模型估计 GLS（广义最小二乘估计量），该模型使用了以受教育年限衡量的人力资本变量。在本研究中，变量人力资本由第 t 年在第 i 省份工作的接受过培训的工人占雇员总数的百分比表示。

（4）通货膨胀变量由消费者价格指数（CPI）衡量。该指数用于捕捉宏观经济稳定性，并反映了经济波动与贫困之间的各种关系。达特和拉瓦雷（Datt and Ravallion，1992）、多尔马等（Dolmas et al.，2000）、伊勒斯文图拉（Erosa and Ventura，2002）、克罗（Crowe，2004）的研究表明，通货膨胀增加了收入，导致了个人之间的收入再分配，但这无助于减少贫困。根据伊斯特利和费舍尔（Easterly and Fischer，2000）的研究，通货膨胀对穷人的伤害大于富人，因为那些财务状况较好的人更容易获得金融工具以避免通货膨胀的影响，而穷人的投资组合中主要是现金。因此，通货膨胀会减少穷人的可支配收入。此外，如果名义工资增长低于商品价格，人们的实际收入将下降，这会导致贫困人口增加。

（5）模型中使用了失业水平，因为当前年轻人的失业率增加了未来的贫困风险。桑德斯（Saunders，2002）指出，有证据表明，失业会增加贫困风险。父母失业给家里的孩子带来了很大的压力。在这种情况下，儿童更有可能辍学并加入劳动力大军。如果不完成基础教育，较低的人力资本水平将使这些儿童在未来面临不稳定的工作环境。这些结果往往造成贫困的代际传递。UNEM

变量表示第 t 年 i 省份 15 岁及以上人口的失业率。

c_i 反映了当地的具体影响，并假设随着时间、地理位置和当地文化的变化而保持不变。ε_{it} 是模型的误差项。

本研究通过在模型中加入 FDI 与贸易之间的交互变量（FDI×TRADE），继续检验 FDI 是否通过国际贸易对减贫产生间接影响。如前所述，FDI 对国际贸易有很大的影响，这反映在越南的进出口营业额中 FDI 的占比上。由于在越南的外国投资增加了经济的贸易开放度，FDI 可以通过其主导国际贸易的活动对减贫产生负面影响。本文的假设是，FDI 将通过其在国际贸易中的作用提高贫困率，因为 FDI 一直是越南国际贸易扩张的主要贡献者。我们使用以下实证模型来检验假设：

$$
\begin{aligned}
Pov_{it} = {} & \beta_0 + \beta_1. FDI_{it} + \beta_2. LnPGDP_{it} + \beta_3. Trade_{it} + \beta_4. FDI_{it} \\
& \times Trade_{it} + \beta_5. HC_{it} + \beta_6. UNEM_{it} + \beta_7. CPI_{it} + c_i + \varepsilon_{it}
\end{aligned} \tag{2}
$$

在式（2）中，FDI×Trade 是 FDI 和贸易之间的相互作用项，其他变量的定义与式（1）相同。

最后，流入经济的 FDI 通常被视为增加东道国人力资本的一种方式，包括新的知识和技能（Todaro and Smith，2009）。外国公司投资知识和技能教育的意愿取决于东道国的初级教育水平，以及继续教育和培训的成本。因此，初级教育水平高、继续教育成本低的国家往往会成为其首选（Alfaro and Rodriguez-Clare，2004；Te Velde and Zenogiani，2007；Dutta and Osei-Yeboah，2013）。东道国需要有适当水平的人力资本以及其他经济和政治机构，才能从 FDI 中受益。尤其是一些学者的研究（如 Abramovitz，1986；Benhabib and Spiegel，1994；Borensztein et al.，1998；Xu，2000；Ford et al.，2008；Wang and Wong，2009）表明，只有当东道国达到人力资本阈值时，FDI 才会促进生产力增长或经济增长。

通过在模型中加入 FDI 与人力资本之间的交互变量（FDI×HC），本研究对 FDI 通过当地人力资本/教育对减贫的间接影响进行了检验。假设在人力资本的调节作用下，FDI 将有助于降低贫困率。本文使用以下实证模型来检验该假设：

$$Pov_{it} = \beta_0 + \beta_1. FDI_{it} + \beta_2. \mathrm{Ln}PGDP_{it} + \beta_3. Trade_{it} + \beta_4. HC_{it}$$

$$+ \beta_5. FDI_{it} \times HC_{it} + \beta_6. UNEM_{it} + \beta_7. CPI_{it} + c_i + \varepsilon_{it} \qquad (3)$$

在式（3）中，$FDI \times HC$ 是 FDI 与人力资本之间的相互作用项，其他变量的定义与式（1）相同。

2. 空间回归模型

理论上，固定效应模型和随机效应模型通常用于估计面板数据，但问题是，可能存在这两种模型无法估计的空间效应。因此，考虑到空间因素，本研究使用空间计量经济模型来考虑变量的影响。

最近，带有面板数据的空间计量经济模型得到了广泛的普及，并且因其在观测值之间存在空间相关性时对研究的空间和时间特征进行了解释而被认为是一种更精确的估计方法（Anselin et al.，2004；Elhorst，2017）。空间面板数据是面板数据的一种特殊情况，在空间和时间两个维度上进行观察。

实际上，与传统的横截面或时间序列回归相比，使用空间面板数据进行回归具有许多优势。虽然常用的面板数据考虑了国家之间或同一国家内省份之间的个体特征，但忽略了它们之间的空间关系。梅利西亚尼和佩拉基（Meliciani and Peracchi，2006）指出，相邻地区和邻国之间的经济增长存在很强的相关性。安德森和范·温库普（Anderson and Van Wincoop，2003）还认为，同一个国家的不同地区往往因受制于相同的政府政策而有着密切的联系。一个地方与邻近的省份进行商业交易会更方便。根据勒·盖洛等（Le Gallo et al.，2003）的研究，在不考虑空间相关性的情况下衡量经济关系可能会导致估计结果有偏差和不可靠。事实上，在模型中，我们无法观察或控制的相邻省份的许多特征可能同时改变。除了通常适用于一个地区的政府政策外，类似的自然特征（如气候和地形）也使那些相邻的省份具有相似的特征和变化，而更远的省份则不具备这一特征。

空间回归模型的类型包括空间自相关模型（SAC）、空间杜宾模型（SDM）、空间自回归模型（SAR）、空间误差模型（SEM）和广义空间面板随机效应模型（GSPRE）。在本研究中，我们将选择合适的空间模型进行必要的检验。

本文以省份为空间单元，构建了空间矩阵。越南有 63 个省份，它们具有伸展性的特点，因此我们选择省份作为空间单位，省人民委员会总部的行政单位作为地理位置。

（二）数据

本研究使用了 2010～2016 年越南 63 个省份的省级面板数据，所有数据均来自越南国家统计局。由于本文的主要目的是调查 FDI 对越南减贫的影响，因此本研究中使用的因变量是贫困率。按照前述理论分析，本文预期 FDI 会对减贫产生积极影响。

如表 2 所示，平均贫困率（POV）为 12.95918，标准差为 9.95728。这表明越南的贫困率在不同省份之间有很大差异。各地区 FDI 与 GDP 之比的标准差也相对较大，为 12.02176，表明各省份之间的 FDI 资本差异较大。

表 2　　　　　　　　　　　　　　数据摘要

描述性统计

变量	POV	FDI	PGDP	HC	TRADE	CPI	UNEM
观察量	441	441	441	441	441	441	441
均值	12.9592	5.2582	30.3429	15.5891	111.1991	6.9869	1.9273
标准差	9.9573	12.0218	32.0650	6.6827	213.3727	6.1777	1.1530
最小值	0	0	0.0708	5.1	0.0223	−0.8	0.0284
最大值	50.8	124.5034	270.0642	42.7	3 902.686	30.7	6.5445

相关矩阵

变量	POV	FDI	lnPGDP	HC	TRADE	CPI	UNEM
POV	1.0000						
FDI	−0.1316	1.0000					
lnPGDP	−0.6287	0.1647	1.0000				
HC	−0.3414	0.1934	0.5729	1.0000			
TRADE	−0.0875	0.1715	0.1532	0.1234	1.0000		
CPI	0.2711	−0.0188	−0.1923	−0.2022	−0.0112	1.0000	
UNEM	−0.5228	−0.0053	0.3717	0.2424	0.0120	−0.0637	1.0000

五、实证结果与讨论

（一）使用固定效应回归模型估计 FDI 对减贫的影响

为了选择合适的模型，本研究使用了 Breusch 和 Pagan-Lagrangian 检验以及 Hausman 检验。检验结果表明，选取固定效应模型较为合适。理论上，在平衡面板数据的情况下，即所有横截面数据变量都是常数且无缺失值，采用固定效应模型是合适的。此外，固定效应模型也有助于控制一些未观察到的变量（在区域层面，如地方机构或区分一个行业与另一个行业的某些特征），这些变量不会随时间变化，但可能会导致因变量发生变化。

表3第2列显示了模型1的估计结果，该模型用于检验 FDI 对减贫的直接影响。第一，估计固定效应数据（FE）回归模型表明，FDI 对越南的减贫具有积极影响。这意味着吸引 FDI 进入越南有助于降低越南的贫困率。本研究结果与阮（Nguyen，2002）、熊（Hung，2006）和达特（Dat，2017）的研究结果一致。FDI 对越南减贫的积极影响可以解释为以下原因。首先，根据世界银行的分析，越南的 FDI 集中在低技术制造业、加工业和劳动密集型行业。因此，FDI 企业有助于为非熟练工人和穷人创造就业和收入。除了通过雇用劳动力产生的直接影响外，FDI 还通过经济增长间接影响就业——由于 FDI 促进了经济增长，各地为工人创造了就业机会。其次是溢出效应。当 FDI 企业雇用的工人返回家乡并创办自己的企业时，他们可以使用从 FDI 企业那里学到的知识和技能。这不仅促进了 FDI 企业向当地经济传播知识，而且还增加了当地民众的收入，并有助于减贫。最后，FDI 有助于地方经济增长，其效益最终会惠及整个经济体，从而有助于解决贫困问题。研究结果凸显了 FDI 流入对越南省一级减贫的重要性。第二，贸易开放度变量（TRADE）在5%的水平上显著为负，表明贸易开放程度高的省份将降低贫困率。第三，经济增长率变量（PGDP）在1%的水平上显著为负，意味着越南的经济增长有助于减贫，穷人从经济增长中受益。第四，人力资本变量（HC）在1%的水平上显著为负，表示人力资本对减贫有正向影响的趋势。换句话说，人力资本较好的省份更能推动

减贫。第五，通货膨胀变量以消费者价格指数（CPI）衡量，在5%的水平上显著为正。这表明通货膨胀加剧导致贫困增加，宏观经济稳定有利于减贫。第六，失业变量的影响是不确定的，需要更多的研究来确定其影响为正还是为负。

表3　　　　　　　　　　　　　固定效应回归估计结果

自变量	模型 1	模型 2	模型 3
FDI	− 0. 210 *** （0. 075）	− 0. 787 *** （0. 135）	0. 642 *** （0. 272）
lnPGDP	− 13. 599 *** （1. 038）	− 16. 734 *** （1. 315）	− 15. 666 *** （1. 312）
TRADE	− 0. 241 *** （0. 057）	− 0. 521 *** （0. 077）	− 0. 009 （0. 096）
HC	− 0. 163 *** （0. 045）	− 0. 098 * （0. 056）	− 0. 134 * （0. 079）
UNEM	0. 075 （0. 222）	0. 264 （0. 218）	0. 270 （0. 222）
CPI	0. 181 *** （0. 030）	0. 137 *** （0. 032）	0. 142 *** （0. 032）
FDI × Trade	—	0. 004 *** （0. 000）	—
FDI × HC	—	—	0. 074 *** （0. 022）
常数项	57. 28 *** （3. 24）	67. 18 *** （4. 031）	64. 191 *** （4. 034）
平均 VIF	1. 26	1. 42	3. 24
观察量	441	441	441
组数	63	63	63
条件数	9. 21	9. 38	9. 98
Hausman 检验	chi2 （6） = 31. 32 Prob > chi2 = 0	chi2 （6） = 34. 20 Prob > chi2 = 0	chi2 （6） = 32. 14 Prob > chi2 = 0

注：因变量：POV，2010～2016 年。*** 表示 $p < 0.01$，* 表示 $p < 0.1$。括号中为稳健的标准误差。

表 3 第 3 列显示了模型 2——检验 FDI 通过国际贸易对减贫产生间接影响的模型的估计结果。模型 2 中要考虑的主要变量是 FDI 和贸易之间的交互变量（FDI×Trade）。交互变量的系数在 1% 的水平上显著为正，表明在贸易开放程度较高的省份，FDI 将对贫困加剧产生更大的影响。因此，这一结果支持了本文的假设，即通过 FDI 相关部门在国际贸易中的广泛活动，FDI 将对减贫产生负面影响。换言之，虽然 FDI 对越南的国际贸易做出了很大贡献，但其在促进国际贸易的同时也增加了越南的贫困率。

表 3 第 4 列显示了模型 3——检验 FDI 通过人力资本对减贫产生间接影响的模型的估计结果。模型 3 中主要关注的变量是交互变量 FDI×HC，其系数在 1% 的水平上显著为负，表明 FDI 通过人力资本/教育水平间接影响减贫。在教育水平较高、人力资本质量较高的地区，FDI 将对减贫产生重大影响。

（二）使用空间回归模型估计 FDI 对减贫的影响

我们以固定效应和随机效应的形式估计了空间杜宾模型，并对这两种模型进行了 Hausman 检验。Hausman 检验结果表明，在这种情况下应选择固定效应模型。我们进行了时间固定效应检验，结果表明该模型具有时间固定效应，如表 4 所示。

表 4　　　具有时间固定效应回归结果的空间杜宾模型

自变量	模型 1	模型 2	模型 3
FDI	−0.1908 *** (0.045)	−0.6595 *** (0.127)	−0.5452 ** (0.256)
lnPGDP	−9.9811 *** (2.603)	−10.0802 *** (2.636)	−10.0745 *** (2.622)
HC	−0.1344 (0.098)	−0.1420 (0.098)	−0.1454 (0.099)
TRADE	−0.1414 *** (0.051)	−0.3247 *** (0.075)	−0.1551 *** (0.050)
CPI	2.9904 *** (0.527)	2.9769 *** (0.528)	2.9866 *** (0.528)

自变量	模型 1	模型 2	模型 3
UNEM	0.1552 (0.129)	0.1360 (0.130)	0.1565 (0.130)
FDI × TRADE	—	0.0031 *** (0.001)	—
FDI × HC	—	—	− 0.0796 *** (0.014)
Rho	0.1306 (0.097)	0.1298 (0.098)	0.1298 (0.098)
sigma2_e	34.0977 *** (6.117)	33.7249 *** (6.103)	33.8493 *** (6.101)
观察量	441	441	441
R²	0.379	0.388	0.378
Number of id	63	63	63

注：因变量为 POV，2010 ~ 2016 年。*** 表示 p < 0.01，** 表示 p < 0.05。括号中为稳健的标准误差。

对空间自回归模型（SAR）和空间杜宾模型（SDM）选择的测试结果表明，chi2 = 49.75，Prob > chi2 = 0，从而否定了 H0 是 SAR 模型选择的假设。因此，在分析中选择 SDM 模型。同样，结构方程模型（SEM）和 SDM 模型选择的测试结果表明 chi2（5）= 80.35，Prob > chi2 = 0，从而否定了 H0 是 SEM 模型选择的假设。最终，选择 SDM 模型作为分析模型。

六、结论和政策影响

本研究的主要目的是通过实证分析研究 FDI 对越南减贫的直接影响，以及在越南各省份教育水平和国际贸易的调节作用下，FDI 对减贫的影响。在概述 FDI 与减贫间关系的理论和实证研究的基础上，本研究使用了 2010 ~ 2016 年越南 63 个省份的面板数据，并通过使用固定效应和空间模型回归估计了一个定量模型。

　　研究的主要结论如下。第一，研究表明，通过为非熟练工人创造就业机会、知识溢出效应和对当地经济增长的贡献，FDI 对减贫产生了积极影响。第二，FDI 还通过改善当地教育，对减贫产生间接影响。第三，FDI 间接加剧了贸易开放程度高的省份的贫困。第四，越南的经济增长因使工人受益而推动了减贫。第五，人力资本高、教育体系发达以及训练有素的劳动力增加的省份将更有可能减少贫困。第六，当宏观经济稳定时，针对减贫问题将会有更好的解决方案。

　　本文对现在文献做出了两大贡献。首先，本文采用空间回归模型来检验空间相关性在估计 FDI 对减贫的影响方面的作用，并得出了更一致的估计。其次，本文不仅考察了 FDI 对减贫的直接影响，还考察了在各省份教育水平和国际贸易的调节作用下，FDI 对减贫产生的影响，为 FDI 对越南减贫影响的文献综述增添了新的实证证据。

　　从研究结果来看，本文提出以下政策建议。首先，研究表明，除了改善经济条件、教育和技术外，越南还应该重新设计其 FDI 政策，从鼓励出口导向型 FDI 流入能够创造更多就业机会的行业和部门转变为吸引更多的 FDI。其次，人力资本的发展对减贫具有重大影响，这意味着提高人力资源的整体质量将惠及所有人，并对减贫产生积极影响，而越南未能成功提供优质与适当的教育和培训。在劳动力市场低端，实现高质量的人力资源开发这一宗旨也将对 FDI 影响减贫的方式产生积极影响。因此，越南需要提高人力资本、工人资质和训练有素的工人的比例，以满足 FDI 企业的人力资源需求。这不仅有助于越南吸引现代高科技项目，而且有助于减少当地的贫困。为了改善人力资本，政策应侧重于增加对公共教育的投资，并提供良好的基础教育（至少是中等教育）和适当的技术教育。此外，政府可以为跨国公司和其他公司进行的培训提供激励。当公司支付培训费用时，员工并没有从培训中获得全部利益；事实上，企业能通过提高生产力而非工资来获取一定利润。最后，应优先考虑抑制通货膨胀和稳定宏观经济，以推动减少贫困和吸引 FDI。

　　不过，本研究存在一些不应忽视的局限性。首先，将本文研究结果推广到其他环境时应当慎重，因为本研究只关注越南。复制和推广到其他转型经济体是未来研究的一个方向。其次，FDI 和贫困都是复杂的现象，本研究仅考察了它们之间的部分关系。不同部门的 FDI 可能对贫困产生不同的影响。然而，由

于越南 63 个省份按部门划分的 FDI 数据有限，本研究仅使用已实现的 FDI 总
流入的数据作为代理变量。关于贫困问题，该研究只使用了按收入或消费标准
衡量的一维贫困指数。因此，使用按部门划分的 FDI 数据和多维贫困指数进行
研究将是未来工作的方向。

参 考 文 献

Abramovitz, Moses. 1986. Catching up, Forging Ahead and Falling Behind. Journal of Economic History 46: 385 – 406.

Agarwal, Manmohan, Pragya Atri, and Srikanta Kundu. 2015. Foreign Direct Investment and Poverty Reduction: India in Regional Context, Research and Information System for Developing Countries. New Delhi: RIS Discussion Papers.

Akinmulegun, Sunday Ojo. 2012. Foreign direct investment and standard of living in Nigeria. Journal of Applied Finance and Banking 2: 295.

Alfaro, Laura, and Andres Rodriguez-Clare. 2004. Multinationals and linkages: Evidence from Latin America. Economics 4: 113 – 70.

Alfaro, Laura, Sebnem Kalemli-Ozcan, and Vadym Volosovych. 2006. Why Doesn't Capital Flow from Rich to Poor Countries? An Empirical Investigation. Working Paper No. 06 – 04. Cambridge, MA, USA: Weatherhead Center for International Affairs.

Ali, Muhammad, Muhammad Nishat, and Talat Anwar. 2010. Do foreign inflows benefit Pakistan poor? The Pakistan Development Review 48: 715 – 38.

An, Thu-Ha Thi, and Kuo-Chun Yeh. 2021. Growth effect of foreign direct investment and financial development: New insights from a threshold approach. Journal of Economics and Development 23: 144 – 62.

Anderson, James E., and Eric Van Wincoop. 2003. Gravity And Gravitas: A Solution To The Border Puzzle. American Economic Review 93: 170 – 92.

Anselin, Luc, Raymond J. G. M. Florax, and Sergio J. Rey, eds. 2004. Econometrics for spatial model's, recent advances. In Advances in Spatial Econometrics. Methodology, Tools and Applications. Berlin: Springer, pp. 1 – 25.

Basu, Parantap, and Alessandra Guariglia. 2007. Foreign Direct Investment, Inequality, and Growth. Journal of Macroeconomics 29: 824 – 39.

Benhabib, Jess, and Mark M. Spiegel. 1994. The roles of human capital in economic development: Evidence from aggregate cross-country data. Journal of Monetary Economics 34: 143 – 73.

Bhorat, Haroon, and Laura Poswell. 2003. Employment and Household Poverty: The Effects of Trade, Investment and Technology in South Africa. Discussion Paper No. 14, Global and Poverty. Cape Town: Development Policy Research Unit, University of Cape Town.

Borensztein, E., J. De Gregorio, and J. W. Lee. 1998. How does foreign Direct Investment Affect Economic Growth? Journal International of Economics 45: 35 – 115.

Calvo, Cesar, and Marco A. Hernnandez. 2006. Foreign Direct Investment và Poverty in Latin America. Paper presented at Globalisation and Economic Policy Fifth Annual Postgraduate Conference, Nottingham, UK, April 21 – 22.

Carkovic, Maria, and Ross Levine. 2002. Does Foreign Direct Investment Accelerate Economic Growth? Available online: http://www. worldbank. org/research/conferences/financial_globalization/fdi. pdf (accessed on 15 December 2020).

Chen, Chunlai, Yu Sheng, and Christopher Findlay. 2013. Export spillovers of FDI on domestic firms. Review of International Economics 21: 841 – 56.

Choi, Changkyu. 2006. Does Foreign Direct Investment Affect Domestic Income Inequality. Applied Economics Letters 13: 811 – 14.

Crowe, Christopher. 2004. Inflation, Inequality and Social Conflict. CEP Discussion Paper, No 657. Yonkers: CEP, pp. 1 – 40.

Dat, Duy Nguyen. 2017. The Impact of Foregn Direct Investment FDI on Poverty Reduction in Vietnam. Ph. D Thesis, University of Commerce Vietnam, Hanoi, Vietnam.

Datt, Gaurav, and Martin Ravallion. 1992. Growth and redistribution components of changes in poverty measures. Journal of Development Economics 38: 275 – 95.

Dollar, David, and Aart Kraay. 2002. Growth is Good for the Poor. Journal of Economic Growth 7: 195 – 225.

Dolmas, Jim, Gregory W. Huffman, and Mark A. Wynne. 2000. Inequality, Inflation and Central Bank Independence. Canadian Journal of Economics 33: 271 – 87.

Du, Yang, Albert Park, and Sangui Wang. 2005. Migration and rural poverty in China. Journal of Comparative Economics 33: 688 – 709.

Dunning, John H. 1993. Multinational Enterprises and the Global Economy. Wokingham: Addison-Wesley.

Dutta, Nabamita, and Kwasi Osei-Yeboah. 2013. A new dimension of the relationship between foreign direct investment and human capital: The role of political and civil rights. Journal of International Development 25: 160 – 79.

Easterly, William, and Stanley Fischer. 2000. Inflation and the Poor. NBER Working Paper, No 2335. Cambridge: NBER.

Elhorst, Paul. 2017. Spatial Panel Data Analysis. Edited by Shashi Shekhar, Hui Xiong and Xun Zhou. Encyclopedia of GIS. Cham: Springer.

Erosa, Andres, and Gustavo Ventura. 2002. On Inflation as a Regressive Consumption Tax. Journal of Monetary Economics 49: 761 – 95.

Feenstra, Robert, and Gordon Hanson. 1997. Foreign direct investment and relative wages: Evidence from Mexico's maquiladoras. Journal of International Economics 42: 371 – 93.

Figini, Paolo, and Holger Görg. 2011. Does Foreign Direct Investment Affect Wage Inequality? An Empirical Investigation. The World Economy 34: 1455 – 75.

Ford, Timothy C., Jonathon C. Rork, and Bruce T. Elmslie. 2008. Foreign Direct Investment, Economic Growth, and the Human Capital Threshold: Evidence from US States. Review of International Economics 16: 96 – 113.

Fosfuri, Andrea, Massimo Motta, and Thomas Ronde. 2001. Foreign direct investment and spillovers through workers' mobility. Journal of International Economics 53: 205 – 22.

Fowowe, Babajide, and Mohammed Shuaibu. 2014. Is foreign direct investment good for the poor? New evidence from African Countries. Economic Change and Restructuring 47: 321 – 39.

Francois, J., and D. Nelson. 2003. Globalization and relative wages: Some theory and evidence. In Leverhulme Centrefor Research on Globalisation and Economic Policy. Research Paper 2003/15. Princeton: CiteSeerX.

Ganic, Mehmed. 2019. Does Foreign Direct Investment (FDI) Contribute to Poverty Reduction? Empirical Evidence from Central European and Western Balkan Countries. Scientific Annals of Economics and Business 66: 15 – 26.

Gohou, Gaston, and Issouf Soumare. 2012. Does foreign direct investment reduce poverty in Africa and are there regional differences. World Development 40: 75 – 95.

Galan, Jose I., Javier Gonzalez-Benito, and Jose A. Zuniga-Vincente. 2007. Factors determining the location decisions of Spanish MNEs: An analysis based on the investment development path. Journal of International Business Studies 38: 975 – 97.

Haddad, Mona, and Ann Harrison. 1993. Are there positive spillovers from direct foreign investment? Evidence from panel data for morocco. Journal of Development Economics 42: 51 – 74.

Heckscher, Eli F., Bertil Ohlin, Harry Flam, and M. June Flanders. 1991. Heckscher-Ohlin Trade Theory. Cambridge: MIT Press.

Holger, Gorg, and Eric Strobl. 2005. Spillovers from foreign firms through worker mobility: An empirical investigation. The Scandinavian Journal of Economics 107: 693 – 709.

Huang, Chao-Hsi, Kai-Fang Teng, and Pan-Long Tsai. 2010. Inward and outward foreign direct investment and poverty reduction: East Asia versus Latin America. Review of World Economics 164: 763 – 79.

Hung, Trong Tran. 2006. Impacts of Foreign Direct Investment on Poverty Reduction in Vietnam. Tokyo: IDS Program, GRIPS.

Israel, Adesiyan Olusegun. 2014. Impact of foreign direct investment on poverty reduction in Nigeria (1980 – 2009). Journal of Economics and Sustainable Development 5： 34 –45.

Javorcik， Beata Smarzynska. 2004. Does foreign direct investment increase the productivity of domestic firms? In search of spillovers through backward linkages. The American Economic Review 94： 605 – 27.

Jenkins， Carolyn. 1986. Disinvestment： Implicationsfor the South African Economy. Durban： Economic Research Unit， University of Natal.

Klein， Michael， Carl Aaron， and Bita Hadjimichael. 2001. Foreign Direct Investment and Poverty Reduction. Policy Research Working Paper 2613. Washington， DC： World Bank.

Kugler， Maurice. 2006. Spillover from foreign direct investment： Within or between industries. Journal of Development Economics 88： 444 – 77.

Le Gallo， Julie， Catherine Baumont， and Cem Ertur. 2003. Spatial Convergence Clubs and the European Regional Growth Process 1980 – 1995. European Regional Growth， 131 –58.

Lee， Eddy， and Marco Vivarelli. 2006. The Social Impact of Globalisation in the Developing Countries. IZA Discussion Paper Series， No. 1925. Available online： http： //ftp. iza. org/dp1925. pdf （accessed on 10 February 2021）.

Liu， Zhiqiang. 2008. Foreign direct investment and technology spillovers： Theory and evidence. Journal of Development Economics 85： 176 –93.

Mahmood， Haider， and Amatul R. Chaudhary. 2012. A contribution of foreign direct investment in poverty reduction in Pakistan. Middle East Journal of Scientific Research 12： 89 –97.

Markusen， James， and Anthony Venables. 1999. Foreign direct investment as a catalyst for industrial development. European Economic Review 43： 335 –56.

Meliciani， Valentina， and Franco Peracchi. 2006. Convergence in per-capita GDP across European regions： A reappraisal. Empirical Economics 31： 549 –68.

Mihaylova， Svilena. 2015. Foreign direct investment and income inequality in Central and Eastern Europe. Theoretical & Applied Economics 22.

Mirza， Hafiz， Axele Giroud， Hossein Jalilian， John Weiss， Nick Freeman， and Mya Than. 2003. Regionalisation， Foreign Direct Investment vi Poverty Reduction: The Case of ASEAN. Bradford: University Bradford.

Mohey-ud-din, Ghulam. 2006. Impact of Foreign Capital Inflows (FCI) on Economic Growth in Pakistan [1975 – 2004]. MPRA Paper 1233. Munich: University Library of Munich.

Mold, Andrew. 2004. FDIvi Poverty Reduction, A Critical Reappraisal of The Arguments. Toulon: Region et Developpement, Region et Developpement, LEAD, Universite du Sud, pp. 91 – 122.

Nguyen, Hoa Thi Phuong. 2002. Foreign Direct Investment and its Contributions to Economic Growth and Poverty Reduction in Vietnam (1986 – 2001). Frankfurt am Main: Peter Lang.

Ogunniyi, Matthew Babatope, and Christiana Ogonna Igberi. 2014. The impact of foreign direct investment on poverty reduction in Nigeria. Journal of Economics and Sustainable Development 5: 12 – 13.

Pham, Thu Hang, and James Riedel. 2019. Impacts of the sectoral composition of growth on poverty reduction in Vietnam. Journal of Economics and Development 21: 213 – 22.

Reuveny, Rafael, and Quan Li. 2003. Economic Openness, Democracy and Income Inequality: An Empirical Analysis. Comparative Political Studies 36: 575 – 601.

Saunders, Peter. 2002. The Direct and Indirect Effects of Unemployment on Poverty and Inequality. Sydney: The Social Policy Research Centre, University of New South Wales.

Shamim, Anisa, Pervaiz Azeem, and Syed M. Muddassir Abbas Naqvi. 2014. Impact of foreign direct investment on poverty reduction in Pakistan. International Journal of Academic Research in Business and Social Sciences 4: 465.

Soumare, Issouf. 2015. Does Foreign Direct Investment Improve Welfare in North Africa? Abidjan: Africa Development Bank, Africa Development Bank. Areas for New Research, Bangkok, Thailand. April 29.

Te Velde, Dirk. 2003. Foreign Direct Investment and Income Inequality in Latin America Experiences and Policy Implications. London: Overseas Development Institute.

Te Velde, Dirk Willem, and Theodora Zenogiani. 2007. Foreign direct investment and interational skill inequality. Oxford Development Studies 35: 83 – 104.

Todaro, Michael P., and Stephen C. Smith. 2009. Economic Development, 10th ed. Boston: Addison Wesley, Pearson Education.

Tsai, Pan-Long. 1995. Foreign direct investment and income inequality: Further evidence. World Development 23: 469 – 83.

Tsai, Pan-Long, and Chao-Hsi Huang. 2007. Openness, growth and poverty: The case of Taiwan. World Development 35: 1858 – 71.

Ucal, Meltem, Mehmet Hüseyin Bilgin, and Alfred Haug. 2014. Income Inequality and FDI: Evidence with Turkish Data. MPRA Paper No. 61104. Fort Leonard Wood: MPRA.

Uttama, Nathapornpan Piyaareekul. 2015. Foreign Direct Investment and Poverty Reduction Nexus in South East Asia. Poverty Reduction Policies and Practices in Developing 20: 73 – 89.

Wang, Miao, and M. C. Sunny Wong. 2009. Foreign Direct Investment and Economic Growth: The Growth Accounting Perspective. Economic Inquiry 47: 701 – 10.

Winters, L. Alan. 2002. Trade Liberalisation and Poverty: What are the Links? World Economy 25: 1339 – 67.

Xu, Bin. 2000. Multinational Enterprises, Technology Diffusion, and host country productivity growth. Journal Development Economics 67: 34 – 621.

OPEC 成员国的人力资本与减贫[*]

博塞德·奥洛佩德、亨利·奥卡多、穆伊瓦·奥拉多松、

阿比奥拉·约翰·阿萨利耶[**]

摘　要： 大量研究显示，自然资源对经济增长和贫困有着复杂的影响。从理论上讲，"资源诅咒"假说强调自然资源对经济增长起抑制作用。但是，有关 OPEC 成员国人力资本与贫困之间的关系的研究仍不充分。为了确保增长的包容性，应重点研究加入减贫要素的人力资本模式。本文采用 OPEC 地区 12 个国家的面板数据，分析了人力资本结构与减贫之间的交互作用。研究发现，人力资本组成要素的交互作用对 OPEC 成员国减贫具有长期影响，同时人力资本组成要素对减贫产生了积极作用。因此，由于人力资本是改善经济增长的重要因素，OPEC 成员国应在教育和医疗卫生领域进行更多投资，提高人力资本质量，从而提高民众的社会福利和生活水平。

关键词： 经济学；社会福利；人力资本；OPEC；减贫

一、引　言

在过去二十年里，全球经济状况得到明显改善，这得益于人力资本的形成和发展。例如，全球产出从 1996 年的 31.3 万亿美元增加至 2015 年的 73.4 万亿美元，增长了 134.4%。然而，官方统计数据显示，在 OPEC 成员国中，教育和医疗卫生方面的人力资本对贫困产生的影响较弱。例如，2015 年油价下

---

　　* 本文原文请参见：https://doi.org/10.1016/j.heliyon.2019.e02279。

　　** 作者简介：博塞德·奥洛佩德（Bosede Comfort Olopade）、亨利·奥卡多（Henry Okodua）、穆伊瓦·奥拉多松（Muyiwa Oladosun）供职于尼日利亚蒙约大学商业与社会科学学院经济与发展研究系。阿比奥拉·约翰·阿萨利耶（Abiola John Asaleye）供职于尼日利亚地标大学商业和社会科学学院经济系。

跌导致所有成员国的石油总产出下降，进而导致一些 OPEC 成员国的经济发生衰退，包括尼日利亚和委内瑞拉。衰退不仅是由石油价格下降引起的，也由于尼日利亚石油管道持续遭受攻击产生的负面影响。同样，委内瑞拉的政治和经济危机导致生产下降，资金紧缩等。同时，大多数 OPEC 成员国尽管拥有丰富的自然资源，但是较高的失业率和收入不平等仍然普遍存在（Muzima et al.，2018；Messkoub et al.，2008；Popoola et al.，2018；IMF，2014；Asaleye et al.，2018a；ANND，2009；Fosu et al.，2017；Asaleye et al.，2019）。官方统计数据表明，尽管在 2016 年油价下降之前，阿尔及利亚、尼日利亚、伊朗和伊拉克的增长表现良好，但贫困和非包容性增长等问题仍然十分严重（WDI，2016；Oloni et al.，2017）。尼日利亚、安哥拉、阿尔及利亚和厄瓜多尔等国家的贫困率在近些年一直超过 20%。相反，伊拉克和委内瑞拉在同期保持着非常低的贫困率（低于 6%）（WDI，2016）。

　　同样，各 OPEC 成员国的教育水平也有所不同。2010 年，安哥拉和尼日利亚的中学入学率分别低至 29% 和 44%。相反，阿尔及利亚、厄瓜多尔、沙特阿拉伯和卡塔尔的毛入学率已超过 100%（世界银行，2016）。同样，以婴儿死亡率作为衡量指标，OPEC 成员国的医疗卫生状况数据表明，在过去的十年中，安哥拉和尼日利亚有了显著的改善，而其他 OPEC 成员国，特别是撒哈拉以南非洲国家的死亡率仍然非常高（世界银行，2016）。关于教育投资，伊朗和沙特阿拉伯的政府在过去十年间用于发展教育部门的财政支出（平均）占 20% 以上。另外，安哥拉的医疗卫生支出占政府医疗卫生总支出的比例不到 10%（世界银行，2016）。2014 年全球的人均医疗卫生总支出的范围为 9 673 美元（瑞士）至 13 美元（马达加斯加）（世界银行，2016），其中印度尼西亚为 99 美元，卡塔尔为 2 106 美元。

　　理论和实证研究都表明，自然资源对经济增长和贫困有着不同的影响（Apergis et al.，2018；Sachs et al.，1997）。从消极方面来看，一些学者认为自然资源，尤其是能源，不会缓解贫困，反而会使贫困率上升（Bulte et al.，2005；Ross，2003；Goderis et al.，2011；Asaleye et al.，2018）。最近的一项研究（Apergis and Katsaiti，2018）对全球不同国家的贫困和资源诅咒之间的关系进行了分析。学者们指出，能源资源加剧了各国的贫困。同样，资源诅咒假说强调自然资源阻碍经济的增长（Sachs et al.，1995）。帕皮拉基斯和格拉夫（Papyrakis and Gerlagh，2004）以及布拉沃—奥尔特加和德格雷戈里奥（Bravo-Ortega and De Gregorio，2005）指出，人力资本投资率低是导致资源诅咒的原因之一。因此，甘尔法森等（Gylfason et al.，1999）以及甘尔法森（Gylfason，2000）强调人力资本是自然资源转化为发展和可持续增长的主要途径之一。此外，戈德里斯和马龙（Goderis and Malone，2011）建立了一个模型来研究人力资本、不平等和自然资源之间的关系。在自然资源存在的情况下，人力资本在促进可持续增长过程中起到了关键作用。

相关文献强调，人力资本与贫困之间有着强烈的交互作用。人力资本的形成提高了经济效益，如平等的收入分配、提高生产力和降低失业率（Becker，1975；Santos，2009；Silva and Sumarto，2014；Fisher，1946；Schultz，1962；Teixeira，2014；Roemer，1998；World Bank，2005）。在实证方面，贝克尔（Becker，1995）指出人力资本与贫困之间存在联系。例如日本、韩国、中国台湾和中国香港，虽然这些国家和地区的自然资源不足，但人力资本促进了可持续增长。随后，官方统计数据显示，在过去十年中，尽管伊朗和沙特阿拉伯在教育支出上有很大的改善，但 OPEC 国家的政府平均教育支出所占比例仍不到 12%（UNESCO，2018）。人力资本发展对减贫至关重要。现在，无论是发达国家还是发展中国家，减贫都是每个经济体的首要目标。

从世界银行（2015）的报告可知，贫困是对福祉的剥夺，具体表现在多个方面，包括收入低，且无法满足有尊严的生活所需要的基本商品和服务。同时还包括低水平的教育和医疗卫生，难以获得清洁的水和卫生设施，人身安全无法得到保障，缺乏发言权，缺乏改善生活的能力和机会。本研究将减贫理解为：通过人力资本发展来实现经济增长，使人们能够为经济增长做出贡献并从中受益。促进人力资本发展的因素主要包括人力资本投资、创造就业机会、结构转型、企业家精神以及社会保障和制度等（Punam，2014；多维贫困指数模型，2016；Cumming et al.，2019）。然而，其中最值得注意的是通过终身学习来发展人力资本（世界银行，2015）。"增长与发展委员会"（CGD，2008）指出，通过改善教育和医疗卫生状况获得人力资本能促进机会平等、保护市场、推动就业转型，这是成功的增长战略必不可少的重要组成部分。它认为，人力资本投资将创造增长机会，其中包括投资时无法预见的机会。人力资本通过对全要素生产率的影响，进而促进经济增长。除了在提高整体要素生产率方面发挥的作用外，我们发现人力资本的组成（教育和医疗卫生）对一国公民创造平等机会具有积极影响（Mincer，1991；Ridell and Song，2011；Larionova and Varlamova，2015）。

阿塔纳西奥等（Attanasio et al.，2017）的研究考察了埃塞俄比亚和秘鲁人力资本增长与贫困之间的关系。布库斯等（Bhukuth et al.，2018）分析了人力资本和贫困之间的关系。此外，乌卡尔和比尔金（Ucal and Bilgin，2009）使用修正后的 OLS 模型研究了土耳其收入不平等和外国直接投资（FDI）之间的关系。然而，很少有研究分析 OPEC 成员国的人力资本与贫困之间的关系，尽管在文献中建立了强有力的联系，但许多关于这些国家的人力资本和贫困的研究都集中在对单个国家的分析上。例如，沙帕尔和达沃迪（Shahpari and Davoudi，2014）调查了伊朗人力资本和收入不平等之间的关系。奥古米克和奥祖加鲁（Ogwumike and Ozughalu，2018）研究了尼日利亚儿童贫困和对福祉的剥夺之间的关系。文献仅仅对其不同的组成部分进行了分析。因此，在人力资本和贫困中存在着关于以下关系的理论和实证研究（WHO，2002）：人力资本和不平等（Branden and Machin，2004）、人力资本和失业（Arrow，1973；Mincer，1994）；创业与贫困及其影响之间的因果关系（Cumming et al.，2019）等。本研究旨在扩充人力资本对减贫影响领域的文献，基于资源诅咒假说和教育推动经济增长论，对那些有丰富自然资源的国家进行研究（Barro，1997；Aghion et al.，1999；Marischal，1920；Pappuraki and Gerlagh，2004；Bravo-Ortega and De Gregorio，2005）。

因此，本研究对现有文献有两方面的贡献。首先，目前大多数使用横截面数据的研究只关注教育方面或贫困和自然资源方面（Gamu et al.，2015；Loayza and Raddatz，2010；Goderis and Malone，2011；Fashina et al.，2018）。本研究将医疗卫生作为衡量人力资本的指标之一。虽然许多实证研究在衡量贫困方面做出了贡献，无论是从绝对还是整体角度，都使用了不同的指数，然而，这个指数随着变量的数量和分配给每个指标的权重的变化而变化。因此，根据人力资本和贫困指数的组成，实证结果将具有高度的主观性，这使得实证结果在测量方面存在偏差，并使政策建议的包容性降低。为了保证包容性，人力资本发展的实证研究必须关注纳入减贫要素的人力资本模型。其次，本研究的重点是 OPEC 成员国，这是验证"资源诅咒假说"原理的必要研究对象。低水平的人力资源投资被视为导致大多数资源丰富经济体落后的主要因素之一。因此，这项研究涉及对 OPEC 成员国一个完全修正的最小二乘法的跨国分析。相信这项研究将为如何利用医疗卫生和教育来加快经济增长、提高人均收入和减少 OPEC 成员国贫困问题提供深入的见解。

本文首先进行简要的介绍和文献回顾，之后设立模型，介绍实证模型和数据来源，然后对实证结果和研究结果进行讨论，最后是政策建议和结论。

二、模型和方法

为了实证检验人力资本发展与减贫之间的关系，我们采用了交互模型，以研究当教育和医疗卫生公共投资低于或高于全球基准时，人力资本发展对减贫的影响。该模型被应用于选定的 OPEC 成员国。然而，为了实现这一点，需要利用教育公共投资和公共医疗卫生支出之间的乘积项来开发多元线性模型，其中包括一个交互项。相反，这个乘积项是以一个量表表示的，它预测了在所选定 OPEC 成员国中，教育和医疗卫生方面的公共投资的效果及其在减贫方面的影响。本文是在布兰伯等（Bramber et al.，2006）和伯里尔（Burrill，2003）的实证研究的基础上进行研究。他们在多元回归中建模并解释交互作用，使用线性模型将一个因变量的变化表示为几个解释变量的线性函数。同样地，奥索巴等（Osoba et al.，2017）利用交互作用解释了人力资本投资组成与经济增长之间的关系。因此，本研究引入了一个交互模型，以研究人力资本发展对选定的 OPEC 成员国减贫的影响。所选定的 OPEC 成员国包括阿尔及利亚、安哥拉、刚果共和国、厄瓜多尔、赤道几内亚、加蓬、伊朗、科威特、利比亚、尼日利亚、沙特阿拉伯和委内瑞拉。

本研究目的的基线模型见式（1）：

$$pov_{it} = \alpha_0 + \alpha_1 educ_{it} + \alpha_2 i.\, health_{it} + \alpha_3 educ_{it} \times i.\, health_{it} + \varepsilon_{it} \qquad (1)$$

其中，pov 表示贫困率，为因变量；$educ$ 表示教育；$health$ 表示医疗卫生；$educ \times health$ 表示教育与医疗卫生的交互作用；i 表示虚拟变量；α_0 为常数项；α_1、α_2、α_3 表示外生变量的参数；ε 表示误差项。式（1）描述了多元线性回归

（MLR）。但是，考虑到人力资本发展和减贫在该模式中可能存在交互作用，影响政府在教育和医疗卫生方面的投资，可以修改为以下明确的形式：

$$pov_{it} = \beta_0 + \beta_1 health_{it} + \beta_2 i.educ_{it} + \beta_3 health_{it} \times i.educ_{it} + \varphi_{it} \qquad (2)$$

在式（2）中，以 pov_{it} 贫困率为因变量，β_0 为截距；β_1、β_2、β_3 代表外生变量的参数，φ 代表误差项，用来衡量模型中没有捕捉到的其他解释变量。在多元线性回归（MLR）中，相互作用意味着斜率（贫困对教育和医疗卫生投资的回归）从 β_1 值到 β_2 值的变化，斜率的变化用 β_3 值进行量化。

我们通过对以下四个变量进行回归分析，来推进对贫困率的研究：适当的教育虚拟变量、适当的医疗卫生虚拟变量、教育投资与适当的医疗卫生虚拟变量之间的相互作用，以及医疗卫生投资与适当的教育虚拟变量之间的相互作用。这种特定的模型适用于所研究的每个 OPEC 成员国。

$$pov_{it} = \gamma_0 + \gamma_1 i.educ_{it} + \gamma_2 i.health_{it} + \gamma_3 educ_{it} \times i.health_{it} + \\ \gamma_4 i.educ_{it} \times health_{it} + \mu_{it} \qquad (3)$$

在式（3）中，γ_0 代表常数项，$\gamma_1 i.educ_{it}$ 代表教育的虚拟变量，$\gamma_2 i.health_{it}$ 代表医疗卫生的虚拟变量，$\gamma_3 educ_{it} \times i.health_{it}$ 代表教育投资与医疗卫生虚拟变量之间的交互作用，$\gamma_4 i.educ_{it} \times health_{it}$ 代表医疗卫生投资与教育虚拟变量之间的交互作用，γ_1、γ_2、γ_3 和 γ_4 为外生变量的参数，μ_{it} 为误差项。

式（1）中的因变量是贫困率，以国际贫困线 1.90 美元/天来衡量。这是人口统计最常用的计算贫困的方法。教育由政府的教育支出表示，医疗卫生由政府的医疗卫生支出表示。教育和医疗卫生方面的公共投资用人力资本发展指数来衡量。决策者认为，人力资本是经济增长的先决条件，也是减贫的关键。然而，要在发展中国家实现发展，人力资本必须成为增长与发展二者的中介因素。根据奥索巴（Osoba，2017）引用的布卢姆和坎宁（Bloom and Canning，2003）的研究显示，教育和医疗卫生服务是提高生产力和人力资源质量的主要方法之一。该模型假定教育和医疗卫生对经济增长至关重要。教育和医疗卫生方面公共投资的正相关关系满足了减贫的条件。

（一）先验预期

先验预期：式（1）中，$\alpha_1 < 0$，$\alpha_2 < 0$；式（2）中，$\beta_1 < 0$，$\beta_2 < 0$；

式（3）中，$\gamma_1 < 0$，$\gamma_2 < 0$；这意味着增加对医疗卫生的公共投资和增加对教育的公共投资可以降低贫困率。α_3、β_3 和 γ_3 的符号不能先验地推断出来，因为它取决于各自交互作用的性质。在此方面，这意味着如果 $\dfrac{\partial pov}{\partial interact\ educ \times health}$，即 $\alpha_3 < 0$，$\beta_3 < 0$，$\gamma_3 < 0$，那么在教育和医疗卫生方面的公共投资将减少贫困。然而，这两个领域（教育和医疗卫生）在 OPEC 成员国的人力资本发展和减贫方面具有互补作用。如果 $\alpha_3 > 0$，$\beta_3 > 0$，$\gamma_3 > 0$，则情况相反，教育和医疗卫生方面的人力资本投资将加剧贫困。然而，教育和医疗卫生作为变量，假设两个数值中的任何一个为"0"或"1"，在这种情况下，它们在本研究中被视为虚拟变量。也就是说，假设教育和医疗卫生可以减少贫困（当 $\alpha_3 > 0$，$\beta_3 > 0$，$\gamma_3 > 0$），其值为"0"。因此，假定贫困增加（当 $\alpha_3 > 0$，$\beta_3 > 0$，$\gamma_3 > 0$），在这种情况下，其值为"1"。

（二）估算的方法

式（1）和式（2）是用三种最小二乘法（OLS）进行估计的。然而，通过 OLS 估计式（1）和式（2）存在一些问题，因为它没有考虑解释变量的内生性问题。根据卡席特（Kaasschieter，2014）和尼克尔（Nickell，1981）的研究，一个直接的问题是，pov_{it} 与误差项中的固定效应 η_i 有关，这会引起动态面板偏误。pov_{it} 的系数估计会被夸大，因为这将属于四个选定国家固定效应的预测能力归因于 pov_{it}。此外，有学者（Hsiao，1986）指出，由于解释变量和被解释变量之间的因果关系可能是双向的，解释变量也可能与扰动项相关，违反了 OLS 一致性所必需的假设。因此，OLS 将产生有偏差和不一致的系数估计。这种内生性问题是跨国研究中的一个常见问题，同时还存在不可观测变量和测量误差的内生性问题。

首先，本文通过描述性统计和单位根检验来确定序列的性质。然后，利用 Johansen Fisher 面板协整和完全修正的最小二乘法对长期关系进行了研究。在过去几十年中，面板单位根和平稳性检验变得极为流行并被广泛使用，面板序列变量往往在水平上是非平稳的，这可能会影响模型的参数稳定性和一致性。实证研究中最常见的检验是 Levin-Lin（LL）检验、Im-PasaramShin（IPS）检验和 Maddala-Wu（MW）检验。IPS 检验能够与任何参数单位根检验一起使用，只要数据是平衡面板，并且每个交叉部分中的单位根 t 统计值具有相同的方差和均值。因为 IPS 检验简单易用，所以它是最常用的检验方法。到目前为止，大多数研究人员在估计方程时使用 IPS 检验和 ADF 检验或 DF 检验。本研究采用平衡面板数据，为了确定变量的平稳性条件，使用了四个检验，分别是Levin、Lin & Chu 检验，LPS 检验，ADF-Fisher 检验和 PP-Fisher 检验。当存在单位根时，变量之间有存在长期关系的倾向（Phillips et al.，1990）。因此，使用 Johansen Fisher 面板协整来检验序列之间的长期关系。由于协整的存在，本研究继续使用面板完全修正的 OLS 估计长期方程。面板修正的 OLS 给出了系数的一致估计，有助于消除误差项的内质性和相关性（Ramirez，2016；Kao and Chiang，2000）。

（三）数据来源和测量

本研究主要对以下 12 个 OPEC 成员国进行研究：阿尔及利亚、安哥拉、刚果共和国、厄瓜多尔、赤道几内亚、加蓬、伊朗、科威特、利比亚、尼日利亚、沙特阿拉伯和委内瑞拉，时间范围为 1980 年至 2016 年。本研究中考虑的变量是贫困率（以人类发展指数表示）、教育（以教育支出表示）和医疗卫生（以医疗卫生支出表示）。贫困数据来自世界银行、贫困行动实验室和社会经济数据和应用中心全球贫困分布。教育和医疗卫生支出由世界银行、非洲经济展望以及经济合作与发展组织（经合组织）提供。该研究使用了平衡的面板数据。

三、结果与讨论

（一）描述性统计

表 1 列出了本研究中所有变量的描述性特征。政府在医疗卫生和教育方面的支出以对数形式表示，贫困率以正常形式表示。医疗卫生支出的均值为24.44087，中位数为 24.20399。贫困率的均值和中位数分别为 20.06635 和11.95458。观察到医疗卫生和贫困率这两个变量为正偏态，分别为 1.101892

和0.767934。其均值显著高于中位数，而教育支出的均值和中位数分别为20.61246和21.18389。报告显示，均值低于中位数，这是教育这一变量负偏态（-1.000033）的反映。使用 Jarque Bera 检验进行正态性检验，确定表1所述的结果。根据 Jarque Bera 统计，所有变量在5%的显著性水平上均不符合正态分布，这使我们决定对变量进行对数转换以增强它们的正态性和一致性，因为非正态性可能会削弱它们的一致性。从表1中还可以看出，教育对数变量的标准差为2.259482，医疗卫生对数为3.403478，贫困率为17.66546，这表明上述变量具有较高水平的波动效率。

表1 统计性描述

	教育	医疗卫生	贫困率
均值	20.61246	24.44087	20.06635
中位数	21.18389	24.20399	11.95458
最大值	24.73652	33.87386	63.50000
最小值	13.02188	19.63481	-0.055764
标准差	2.259482	3.403478	17.66546
偏态系数	-1.000033	1.101892	0.767934
峰度	4.282138	3.960550	2.224831
Jarque-Bera 检验	95.95038	101.3788	54.75585
p 值	0	0	0
总和	8 409.883	10 289.61	8 909.459
平方和	2 077.841	4 865.137	138 246.4
样本量	444	444	444

资料来源：作者使用 Eviews 10 计算得到。

（二）平稳性检验：变量的面板单位根检验

面板单位根检验起源于时间序列单位根检验。单位根检验与时间序列检验的主要区别在于，我们必须考虑时间序列维数 T 和横截面维数 N 的渐近性。N 和 T 如何趋近于无限是至关重要的。如果想要通过序列极限理论确定用于非平稳面板的估计值和检验的渐近行为，那么就需要考虑无固定维度的情况，沿对角线路径的极限。也就是说，N 和 T 沿着对角线路径趋近于无限，并在相同时间内允许 N 和 T 一起趋近于无限。

表 2 中关于教育和医疗卫生的单位根检验结果表明，所有变量在原序列上都不是平稳的。然而，所有变量在一阶差分后都变得平稳，也就是说，它们在 5% 的水平上是显著的，除了贫困率（ - 0.75771），在一阶差分之后，贫困率的 IPS 检验不是一阶单整，在 5% 的水平上不显著。尽管如此，它表明所有的变量都是一阶单整。因此，有必要进行协整检验，以确定变量之间的长期关系。协整检验的结果证明了面板 FMOLS 的使用是合理的（Filipps and Hanson，1990；Asaleye et al.，2018a，2018c）。

表 2 面板协整单位根检验

变量	方法	原序列	一阶差分
教育	Levin、Lin & Chu 检验	0.84891	13.9956*
	LPS 检验	2.60622	- 12.9046
	ADF_fisher 检验	9.72371	216.378
	PP-Fisher 检验	10.2846	222.061*
医疗卫生	Levin、Lin & Chu 检验	2.74398	- 15.9539*
	LPS 检验	5.49628	- 16.6773
	ADF_fisher 检验	10.2300	246.397*
	PP-Fisher 检验	10.4716	274.876*
贫困率	Levin、Lin & Chu 检验	- 1.04141	3.95467*
	LPS 检验	- 0.62787	- 0.75771
	ADF_fisher 检验	15.0489	37.3375*
	PP-Fisher 检验	27.5218*	23.5017*

注：*表示在 5% 的水平上显著。
资料来源：作者使用 Eviews 10 计算得到。

（三）协整检验结果

表 3 中列出的 Johansen Fisher 面板协整检验表明，各变量在一阶差分是平稳的，因此有必要采用 Johansen Fisher 面板协整检验来证明在选定的 OPEC 成员国中，人力资本发展和减贫之间存在长期关系。表 3 中的协整检验结果表

明，在 5% 显著性水平上拒绝原假设。统计结果显示，各变量之间至少存在两个协整关系，这意味着这些变量具有长期关系，表明在指定模型的短期动态中存在长期反馈效应。

表 3　　　　　　　　　　Johansen Fisher 面板协整检验

Johansen Fisher 面板协整检验

无限制的协整秩检验（迹检验和最大特征值检验）

Hypothesised No. of CE（s）	Fisher Stat* （迹检验）	Prob.	Fisher Stat* （最大特征值检验）	Prob.
None*	173.6	0	156.9	0
At most 1	48.64	0.0009	37.81	0.0193
At most 2	44.82	0.0028	44.82	0.0028

资料来源：作者使用 Eviews 10 计算得到。

表 4 显示，在教育领域的公共投资超过全球建议的年度公共投资基准的 OPEC 成员国，其贫困率与在医疗卫生领域的公共投资超过建议基准的 OPEC 成员国的不同。该表显示，在教育方面的支出高于全球建议基准的 OPEC 成员国与在医疗卫生方面的支出高于建议基准的国家相比，贫困率降低了 1.472%。在医疗卫生支出方面超过建议基准的国家将贫困率降低了 0.521 个百分点，这意味着国家对医疗卫生和教育的投资会相互作用，使贫困率减少 1.766 个百分点，而在医疗卫生和教育支出超过建议基准的情况下，贫困率将减少 0.08 个百分点。

表 4　　　　　　　　　　贫困率差异的估计实证结果

因变量：POV 观察值：444			
变量	系数	统计量	P 值
I. EDUC	− 1.472515	− 3.716987	0.0002
I. HEALTH	− 0.521839	− 0.870689	0.3846
I. EDUC × HEALTH	− 1.766108	− 9.840604	0
I. HEALTH × EDUC	0.080557	1.650907	0.0998
R^2	0.961888		

续表

变量	系数	统计量	P 值
调整后的 R^2	0.860139		
标准误	3.655756		
长期方差	8.668462		
F 统计量	70.98556		
P 值	0		

资料来源：作者使用《世界发展指标》（WDI, 2016）数据计算得到。

四、结　论

（一）研究结论

人们普遍认为，人力资本是经济增长和发展的关键因素。无论在发达国家还是发展中国家，对教育和医疗卫生的投资都被认为是推动经济发展的重要手段。向人们提供这些服务是提高人力资本质量的主要途径之一。因此，本研究分析了所选定的 12 个 OPEC 成员国的人力资本与减贫之间的交互作用。这是一项跨国研究，运用了面板完全修正的最小二乘法。本研究还尝试在公共教育和医疗卫生方面的投资分别超过全球基准的 26% 和 5% 的条件下，检验选定OPEC 成员国的减贫效应。

为了确定变量的平稳性条件，本研究使用了 Levin、Lin & Chu 检验，LPS检验，ADF-Fisher 检验和 PP-Fisher 检验四个检验。Levin、Lin & Chu 检验，IPS 检验，ADF-Fisher 检验和 PP-Fisher 检验对 EDU 和 HEALTH 的单位根检验结果表明，并非所有变量都在原序列上是平稳的。然而，在进行一阶差分后，除贫困率外的所有变量均变为平稳，贫困率在一阶差分后的 IPS 检验不是一阶单整，因此在 5% 的水平上不具有显著的统计学意义。

由于数据有限，本研究只选定 12 个 OPEC 国家作为研究对象。研究结果显示：各类人力资本的相互作用对所选定的 OPEC 成员国的减贫具有长期影响。人力资本对 OPEC 成员国的减贫具有积极而显著的作用。医疗卫生支出和贫困率描述性统计数据显示，各变量呈正偏态分布，均值显著高于中位数，而教育支出的均值小于中位数，这反映了变量的负偏斜性。研究结果还表明，教育对数、医疗卫生对数和贫困率对数变量的标准差具有较高的波动效率。我们还注意到，人力资本发展、政府在教育和医疗卫生方面的支出分别低于全球财政支出最低标准的 26% 和 5%，这导致了这些领域的贫困率增加和经济增长减缓。同样，在教育方面的支出高于全球建议的年度公共投资基准的 OPEC 成员国，与在医疗卫生方面的支出高于基准的国家相比，贫困率降低了 1.472%。

研究结果还说明，当教育方面的公共投资超过全球基准的 26% 时，医疗卫生方面的公共支出往往对选定国家的贫困率在统计上产生不显著的影响，这意味着医疗卫生方面的支出未能实现积极的涓滴效应。综上所述，教育和医疗卫生等人力资源的重要性通过本研究得到了证实，这对推动经济发展有着显著的影响。

（二）政策建议

基于这项研究的结果，模型中所包含的所有变量都对减贫有重要影响。因此，本研究建议在所有被研究的 OPEC 成员国，政府应提升获取学习资料的教育预算；确保有利的教学环境；提高和丰富学习场景，从而使人们具备优秀的技能学习能力，提高自主创业的水平。对石油的过度依赖限制了多样化战略，阻碍了经济活动的集中开展。因此，各国应多关注除石油以外的其他部门，努力提高经济的多样化程度。

政府应增加医疗卫生设施的建设，并以合理的报酬激励医护人员，以确保提高各经济部门的生产力。政府还应在增加教育基础设施的同时，通过激励和再培训各级教师来提高教育水平。尽管 OPEC 成员国在政府支出方面有了明显增长，但这些国家仍然面临着低水平的人力资本投资，这导致了资源诅咒的问题，从而阻碍了经济增长。因此，有必要将取得的增长与健全的经济政策以及执行这些政策的能力联系起来，以使 OPEC 成员国在减贫方面利用这些政策取得更好的成效。由于人力资本是促进经济增长的决定性因素，教育和医疗卫生方面应该以人力资本的质量提升为发展源泉，以提高民众的生活水平和社会福利。

参 考 文 献

Aghion, P., Caroli, E., García-Peñnalosa, C., 1999. Inequality and economic growth: the perspective of the new growth theories. J. Econ. Lit. 37, 1615 – 1660. December.

ANND, 2009. Facing Challenges of Poverty, Unemployment, and Inequalities in the Arab Region, Do Policy Choices of Arab Governments Still Hold after the Crisis? Arab NGO Network for Development, Mazraa, Beirut-Lebanon.

Apergis, N., Katsaiti, M., 2018. Poverty and the resource curse: evidence from a global panel of countries. Res. Econ. 72, 211 – 223.

Arrow, K., 1973. Higher education as a filter. J. Public Econ. 2 (3), 193216. https: //econpapers. repec. org/RePEc: eee: pubeco: v: 2: y: 1973: i: 3: p: 193 – 216.

Asaleye, A. J., Adama, J. I., Ogunjobi, J. O., 2018a. Financial sector and manufacturing sector performance: evidence from Nigeria. Invest. Manag. Financ. Innov. 15 (3), 35 – 48.

Asaleye, A. J., Lawal, A. I., Popoola, O., Alege, P. O., Oyetade, O. O., 2019. Financialintegration, employment and wages nexus: evidence from Nigeria. Montenegrin J. Econ. 15 (1), 141 – 154.

Asaleye, A. J., Popoola, O., Lawal, A. I., Ogundipe, A., Ezenwoke, O., 2018b. The creditchannels of monetary policy transmission: implications on output and employment in Nigeria. Banks Bank Syst. 13 (4), 103 – 118.

Asaleye, A. J., Isoha, L. A., Asamu, F., Inegbedion, H., Arisukwu, O., Popoola, O., 2018c. Financial development, manufacturing sector and sustainability: evidence from Nigeria. J. Soc. Sci. Res. 4 (12), 539 – 546.

Attanasio, O., Meghir, C., Nix, E., Salvati, F., 2017. Human capital growth and poverty: evidence from Ethiopia and Peru. Rev. Econ. Dyn. 25, 234 – 259.

Barro, R. J., 1997. The Determinants of Economic Growth. MIT Press, Cambridge,

Massachusetts.

Becker, G. S., 1975. Human Capital: A Theoretical and Empirical Analysis, with Special Reference to Education. NBER, pp. 13 – 44. http: //www. nber. org/ books/beck75-1.

Becker, G. S., 1995. Human Capital and Poverty Alleviation. Human Resources Development and Operations Policy (HRO) Working Papers 14458. Available. http: // documents. worldbank. org/curated/en/121791468764735830/pdf/multi0page. pdf.

Bhukuth, A., Roumane, A., Terrany, B., 2018. Cooperative, human capital and poverty: atheoretical framework. Econ. Sociol. 11 (2), 11 – 18.

Blanden, J., Machin, S., 2004. Educational inequality and the expansion of UK higher education. Scott. J. Political Econ. 51 (2), 230 – 249.

Bloom, D. E., Canning, D., 2003. The health and poverty of nations: from theory to practice. J. Hum. Dev. 4 (1), 47 – 71.

Brambor, T., Clark, W. R., Golder, M., 2006. Understanding interaction models: improving empirical analyses. Political Anal. 14, 63 – 82.

Bravo-Ortega, C., De Gregorio, J., 2005. The Relative Richness of the Poor? Natural Resources, Human Capital, and Economic Growth. Natural Resources, Human Capital, and Economic Growth (January 2005). World Bank Policy Research Working Paper (3484).

Bulte, E. H., Damania, R., Deacon, R. T., 2005. Resource intensity, institutions, and development. World Dev. 33, 1029 – 1044.

Burrill, D. F., 2003. Modeling and Interpreting Interactions in Multiple Regression. The Ontario Institute for Studies in Education, Toronto, Ontario Canada.

Commission on Growth and Development, 2008. The Growth Report: Strategies for Sustained Growth and Inclusive Development. World Bank, Washington DC.

Cumming, D. J., Johan, S., Uzuegbunam, I. S., 2019. An anatomy of entrepreneurial pursuits in relation to poverty. Entrepreneurship and Regional Development.

Fashina, O. A., Asaleye, A. J., Ogunjobi, J. O., Lawal, A. I., 2018. Foreign aid, human capital and economic growth nexus: evidence from Nigeria.

J. Int. Stud. 11 (2), 104 – 117.

Fisher, A. G. B., 1946. Education and Economic Change. W. E. A. Press, South Australia.

Fosu, A. K., 2017. Growth, inequality, and poverty reduction in developing countries: recent global evidence. Res. Econ. 71, 306 – 336.

Gamu, J., Le Billon, P., Spiegel, S., 2015. Extractive industries and poverty: a review of recent findings and linkage mechanisms. Extr. Ind. Soc. 2, 162 – 176.

Goderis, B., Malone, S. W., 2011. Natural resource booms and inequality: theory and Evidence. Scand. J. Econ. 388 – 417.

Gylfason, T., 2000. Natural Resources, Education, and Economic Development, for the 15th Annual Congress of the European Economic Association, Bolzano, 30 August – 2 September 2000.

Gylfason, T., Herbertsson, T., Zoega, G., 1999. A mixed blessing: natural resources and economic growth. Macroecon. Dyn. 3, 204 – 225. June.

Hsiao, C., 1986. Analysis of Panel Data. Cambridge University Press, Cambridge. IMF, 2014. Algeria Selected Issues, International Monetary Fund (IMF) Country Report No. 14/342. IMF, Washington DC.

Kaasschieter, J., 2014. Remittances, economic growth, and the role of institutions and government policies. https://www. semanticscholar. org/paper/Remittances%2C-Economic-Growth%2C-and-the-Role-of-and-Kaasschieter/7a29a9adcafee 53266c823ee 9cd9db7c49e06576.

Kao, C., Chiang, M. H., 2000. On the estimation and inference of a cointegrated regression in panel data. In: Baltagi, B. H., et al. (Eds.), Nonstationary Panels, Panel Cointegration and Dynamic Panel, 15. Elsevier, Amsterdam, pp. 179 – 222.

Larionova, N. I., Varlamova, J. A., 2015. Analysis of human capital level and inequality interaction. Mediterr. J. Soc. Sci. 6 (1), S3.

Loayza, N., Raddatz, C., 2010. The composition of growth matters for poverty alleviation. J. Dev. Econ. 33 (1), 137 – 151.

Marshall, A., 1920. Principles of Economics, eighth ed. Macmillan, London.

Messkoub, M., 2008. Economic Growth, Employment and Poverty in the Middle

East and North Africa, Employment and Poverty Programme, Working Paper No. 19. International Labour Office, Geneva. Mincer, 1991. Education and Unemployment. National Bureau of economic research.

NBER working paper. No. 3838. Mincer, 1994. Investment in U. S Education and Training. National Bureau of economic research. NBER working paper. No. 3838.

Multidimensional Poverty Index Model, 2016. By Duncan Green. From Poverty to Power.

Muzima, J., 2018. 2018 African Economic Outlook. African Development Bank Group.

Nickell, S., 1981. Biases in dynamic models with fixed effects. Econometrica 49 (6), 1417 – 1426.

Ogwumike, F. O., Ozughalu, U. M., 2018. Empirical evidence of child poverty and deprivation in Nigeria. Child Abuse Negl. 77, 13 – 22.

Oloni, E., Asaleye, A., Abiodun, F., Adeyemi, O., 2017. Inclusive growth, agriculture and employment in Nigeria. J. Environ. Manag. Tour. Ⅷ (17), 183 – 194. Spring, 1.

Osabuobien, Efobi, 2013. Africa's money in Africa. SAJE. South Afr. J. Econ. 81, 2.

Osoba, A., Tella, S., 2017. Human capital variables and economic growth in Nigeria: an interactive effect. Euro Economica 36 (1).

Papyrakis, E., Gerlagh, R., 2004. The resource curse hypothesis and its transmission channels. J. Comp. Econ. 32, 181 – 193.

Phillips, P., Hansen, B., 1990. Statistical inference in instrumental variables regression with I (1) processes. Rev. Econ. Stud. 57 (1), 99 – 125.

Popoola, O., Asaleye, A., Eluyela, D., 2018. Domestic revenue mobilization and agricultural productivity: evidence from Nigeria. J. Adv. Res. Law Econ. 9 (4), 1439 – 1450.

Punam, P., 2014. Africa new economic landscape. Brown J. World Aff. xxi (1).

Ramirez, M. D., 2016. A Panel Unit Root and Panel Cointegration Test of the Complementarity Hypothesis in the Mexican Case, 1960 – 2001 Center Discussion

Paper No. 942.

Ridell, Song, 2011. The Impact of Education on Employment Incidence and Re-employment success: Evidence from the U. S. Labour Markets. EconPaper. Working Paper.

Roemer, J. E. , 1998. Equality of Opportunity. Harvard University Press, Cambridge, MA.

Ross, M. L. , 2003. The natural resource curse: how wealth can make you poor. Nat. Resour. Violent Conflict 17 – 42.

Sachs, J. D. , Warner, A. M. , 1997. Sources of slow growth in African economies. J. Afr. Econ. 6 (3), 335 – 376. B. C. Olopade et al. Heliyon 5 (2019) e022796Sachs, J. D. , Warner, A. M. , 1995. Natural Resource Abundance and Economic Growth. NBER Working Paper, 5398. National Bureau of Economic Research, Cambridge, MA.

Santos, M. E. , 2009. Human Capital and the Quality of Education in a Poverty Trap Model, Oxford Poverty & Human Development Initiative (OPHI). Oxford Department of International Development.

Schultz, T. W. , 1962. Investment in Human Beings. JPE Supplement, University of Chicago Press, Chicago.

Shahpari, G. , Davoudi, P. , 2014. Studying effects of human capital on income inequality in Iran, 2nd world conference on business, economics and management-WCBEM 2013. Procedia-Soc. Behav. Sci. 109, 1386 – 1389.

Silva, I. , Sumarto, S. , 2014. Dynamics of Growth, Poverty and Human Capital: Evidence from Indonesian Sub-national Data, Munich Personal RePEc Archive (MPRA) Paper No. 65328. http: //mpra. ub. uni-muenchen. de/65328/.

Teixeira, P. N. , 2014. Gary Becker's early work on human capital: collaborations and distinctiveness. IZA J. Lab. Econ. ISSN: 2193 – 8997 3, 1 – 20. Springer, Heidelberg.

Ucal, M. , Bilgin, M. H. , 2009. Income Inequality and FDI in Turkey: FM-OLS (Phillips Hansen) Estimation and ARDL Approach to Cointegration, Munich Personal RePEc Archive (MPRA) Paper No. 48765. http: //mpra. ub. uni-muenchen. de/

48765/.

UNESCO，2018. Government Expenditure Per Student as a Percentage of GDP Per Capita.

WDI，2016. Poverty Headcount Ratio at National Poverty Line（Per Cent of the Population）. The World Bank，IBRID-IIDA.

WHO，2002. The World Health Report 2002-Reducing Risks，Promoting Healthy Life. World Bank，2005. Introduction to poverty analysis. World Bank Institute. http：//siteres ources. worldbank. org/PGLP/Resources/PovertyManual. pdf.

World Bank，2015. Poverty Forecasts，Monitoring Global Development Prospects. Demographic Trends and Economic Development，Washington DC.

World Bank，2016. Talking on inequality，poverty and shared prosperity 2016. International Bank for Reconstruction and Development，the World Bank.